U0617559

权威·前沿·原创

皮书系列为
"十二五""十三五"国家重点图书出版规划项目

BLUE BOOK

智 库 成 果 出 版 与 传 播 平 台

公共关系蓝皮书

BLUE BOOK OF
CHINA'S PUBLIC RELATIONS

中国公共关系发展报告
（2020）

ANNUAL REPORT ON THE DEVELOPMENT OF CHINA'S
PUBLIC RELATIONS (2020)

扶贫公共关系

主　编／郭卫民
副主编／王大平　董关鹏

社会科学文献出版社
SOCIAL SCIENCES ACADEMIC PRESS (CHINA)

图书在版编目（CIP）数据

中国公共关系发展报告. 2020：扶贫公共关系／郭
卫民主编. -- 北京：社会科学文献出版社，2021.10
（公共关系蓝皮书）
ISBN 978 - 7 - 5201 - 8222 - 5

Ⅰ.①中… Ⅱ.①郭… Ⅲ.①公共关系学 - 发展 - 研
究报告 - 中国 - 2020 Ⅳ.①C912.3

中国版本图书馆 CIP 数据核字（2021）第 064176 号

公共关系蓝皮书

中国公共关系发展报告（2020）
——扶贫公共关系

主　　编／郭卫民
副 主 编／王大平　董关鹏

出 版 人／王利民
组稿编辑／邓泳红
责任编辑／桂　芳
责任印制／王京美

出　　版／社会科学文献出版社·皮书出版分社（010）59367127
　　　　　地址：北京市北三环中路甲 29 号院华龙大厦　邮编：100029
　　　　　网址：www. ssap. com. cn
发　　行／市场营销中心（010）59367081　59367083
印　　装／天津千鹤文化传播有限公司

规　　格／开 本：787mm×1092mm　1/16
　　　　　印 张：21.75　字 数：323 千字
版　　次／2021 年 10 月第 1 版　2021 年 10 月第 1 次印刷
书　　号／ISBN 978 - 7 - 5201 - 8222 - 5
定　　价／128.00 元

《中国公共关系发展报告（2020）——扶贫公共关系》编委会

中国传媒大学媒介与公共事务研究院健康与环境传播研究首席专家

吴秀江 中核环保有限公司党委书记、董事长

左 跃 中核环保有限公司党群工作部主任

学 界 专 家：

曹 立 中共中央党校（国家行政学院）经济学教研部副主任、教授、博士生导师

崔 炜 中国传媒大学政府与公共事务学院副教授、媒介与公共事务研究院公益传播研究中心执行主任

董 强 中国农业大学人文与发展学院副教授、博士生导师

郜书锴 河南理工大学文法学院教授

郭洪水 西北农林科技大学马克思主义学院教授、副院长

李红艳 中国农业大学人文与发展学院教授、博士生导师

李兴洲 北京师范大学中国教育扶贫研究中心执行主任、教授、博士生导师

燕连福 西安交通大学马克思主义学院院长、教授、博士生导师

杨宇军 国防部原新闻发言人、新闻局局长
中国传媒大学媒介与公共事务研究院院长

余明阳 上海交通大学安泰经济与管理学院教授、博士生导师
中国企业发展研究院院长

郑冬芳 西安交通大学马克思主义学院教授、博士生导师

周 亭 中国传媒大学教授、博士生导师、政府与公共事务学院副院长、媒介与公共事务研究院副院长

主要编撰者简介

郭卫民 十三届全国政协委员、全国政协外事委员会委员，全国政协十三届二次、三次、四次会议新闻发言人、副秘书长，中国公共关系协会会长，国务院新闻办公室原副主任、新闻发言人。1989年至1996年在全国人大外委会工作。1996年后到国务院新闻办工作，参与、负责中国政府新闻发布工作和中央各部门、各省（区、市）新闻发布制度建设，重大活动新闻宣传组织，境外媒体记者工作，对外文化交流等。曾参加香港和澳门回归及政权交接仪式的新闻宣传工作，任中方首席新闻联络官。曾任中共新疆维吾尔自治区区委宣传部副部长。2006年曾赴美国斯坦福大学学习公共政策与管理。在北京奥运会期间担任奥运会新闻发言人。曾任中共十九大新闻发言人。

王大平 中国公共关系协会常务副会长兼秘书长。在长期从事新闻、出版、传媒工作中，运用公共关系理论指导实践工作，成功参与策划了多个具有广泛社会影响力的大型主题公共关系活动，如：环青海湖国际自行车赛、绿色旅游饭店万里行、"影像的力量"中国（大同）国际摄影文化展、"一带一路"年度汉字发布活动等，创办了国内第一本饭店科技类期刊《饭店现代化》，参与制定《中国旅游饭店－绿色饭店标准》，并担任多部纪录片的总制片人和总策划。获得原国家新闻出版总署"党员先锋岗"荣誉称号，国际饭店与餐馆协会"国际饭店传媒特殊贡献奖"，世界金钥匙组织"金质勋章奖"等奖项。

董关鹏 中国传媒大学教授、博士生导师、政府与公共事务学院院长。

先后获得北京大学法学学士、剑桥大学经济学硕士和杜伦大学哲学博士。历任英国 BBC 国际台播音员、中国中央电视台新闻主播、清华大学公共关系与战略传播研究所首任所长和哈佛大学肯尼迪政府学院索林斯汀席位媒介政治与公共政策研究员等。兼任多个部委和省市新闻发布与公共事务顾问和专家组成员。曾获清华大学年度十大良师益友和范止安奖教金一等奖。2020年初获聘全国新型冠状病毒肺炎专家组成员，作为中央赴湖北指导组新闻发布专家参与抗疫一线发布工作。

摘　要

在中国脱贫攻坚战役取得全面胜利之际，中国公共关系协会和中国传媒大学媒介与公共事务研究院合作推出《中国公共关系发展报告（2020）——扶贫公共关系》，总结中国脱贫攻坚的成功经验，梳理决战脱贫攻坚中有关公共关系的理论研究和实践活动，全书由 8 个部分组成，分别是总报告、主题报告、理论篇、专项篇、地域篇、传播篇、案例篇和附录。

总报告《2019～2020 年中国公共关系发展报告》总结梳理全年公共关系发展成就，展望发展前景。主题报告《2018～2020 年中国决战脱贫攻坚公共关系研究报告》聚焦决战脱贫攻坚以来扶贫领域公共关系的发展轨迹，研究探讨脱贫攻坚故事的国际传播路径和方法。

分报告由全国研究公共关系和扶贫工作领域的知名专家学者和政府相关部门领导撰写，深入学习习近平总书记关于脱贫攻坚的系列论述和重要指示，从理论篇、专项篇、地域篇、传播篇和案例篇五个维度展开研究，涉及扶贫公共关系的多方主体，深入探讨了中国决战脱贫攻坚的公共关系理论、教育扶贫、健康扶贫、公益扶贫、文化扶贫、中国减贫经验的国际传播及影响力、中国妇女事业与减贫、扶贫领域舆情风险与舆论引导等重要问题。同时，还对具有典型意义的地方脱贫攻坚实践，以及央企开展产业扶贫、脱贫攻坚奖示范效应、名人网络直播带货现象等进行了实证研究。

本书从脱贫攻坚公共关系视角出发，通过审视中国脱贫攻坚背景下的中国公共关系工作，总结新时代公共关系发展的特点规律，为公共关系更好地服务于国家治理、形象塑造、经济发展、企业运营等方面提供思路和参考。

关键词：脱贫攻坚　公共关系　中国减贫经验

序言一　共享脱贫攻坚的成就经验
　　　　 共话减贫故事的国际传播

郭卫民*

　　2021 年 2 月，习近平总书记在全国脱贫攻坚总结表彰大会上庄严宣告："经过全党全国各族人民共同努力，在迎来中国共产党成立一百周年的重要时刻，我国脱贫攻坚战取得了全面胜利。"共享中国脱贫攻坚的成就经验，共话中国减贫故事的国际传播，共商全球减贫合作的务实举措，具有重要意义。中国公共关系协会始终心系中国脱贫攻坚事业，致力于脱贫公共关系的推动与实践。《中国公共关系发展报告（2020）》即以脱贫攻坚为主题，旨在更好地向世界讲述脱贫攻坚的中国故事、分享脱贫攻坚的中国经验、研究探讨脱贫攻坚故事的国际传播路径和方法。

　　消除贫困、改善民生、实现共同富裕，是社会主义的本质要求，也是中国共产党的重要使命。新中国成立以来，中国政府持续向贫困宣战，扶贫工作取得巨大成就。改革开放特别是党的十八大以来，以习近平同志为核心的党中央，始终把脱贫攻坚摆在治国理政的突出位置，带领全党全国人民全面打响脱贫攻坚战，成功走出一条中国特色减贫道路，取得了令全世界刮目相看的重大胜利。经过 8 年持续奋斗，中国如期完成了新时代脱贫攻坚目标任务，现行标准下农村贫困 9899 万人口全部脱贫，832 个贫困县全部摘帽，消除了绝对贫困和区域性整体贫困。中国对世界减贫的贡献率超过 70%，提前 10 年实现联合国《2030 年可持续发展议程》的减贫目标，为全球减贫

＊ 郭卫民，十三届全国政协委员、全国政协外事委员会委员，中国公共关系协会会长，国务院新闻办公室原副主任、新闻发言人。

事业做出了重大贡献。

当前，国际社会普遍关注中国的脱贫攻坚进程和取得的成效，加强脱贫攻坚的国际传播具有重要的现实意义。

一 脱贫攻坚彰显了中国特色社会主义制度优势

脱贫攻坚是一项系统工程。中国政府举全国之力，采取了一系列具有原创性、独特性的重大举措，组织实施了人类历史上规模最大、力度最强的脱贫攻坚战，积累了宝贵的实践经验，充分彰显了中国特色社会主义制度的优越性、生命力。

着力加强党对脱贫攻坚工作的全面领导。坚持发挥各级党委总揽全局、协调各方的作用，建立"中央统筹、省负总责、市县抓落实"的管理体制，落实"省市县乡村五级书记"一起抓脱贫的工作机制，确保了党中央的决策部署得以落实，筑牢了决战决胜脱贫攻坚的坚强政治保证。

贯彻实施精准脱贫方略。建立和完善精准识别、精准脱贫的工作体系，着力做好"六个精准"，因村因户因人施策，建档立卡，对致贫病因进行"把脉问诊"，运用"靶向治疗"拔除"穷根"，有效解决了"扶持谁、谁来扶、怎么扶、如何退"的问题，确保扶贫工作取得实效。

统筹各方资源、力量构建大扶贫格局。充分发挥集中力量办大事的制度优势，坚持全国一盘棋、调动各方积极性，深入推进东西部扶贫协作、党政机关定点扶贫、社会力量参与扶贫、央企民企多种形式扶贫，形成了跨地区、跨部门、跨单位、全社会共同参与的多元主体的社会扶贫体系，有效构筑起政府、社会、市场协同推进的脱贫攻坚大格局。

充分激发贫困群众的内生动力。坚持相信和依靠人民群众，充分调动贫困群众的积极性、主动性、创造性，把扶贫和扶志、扶智相结合，正确处理外部帮扶和贫困群众自身努力的关系，培育贫困群众自力更生、脱贫致富的主体意识，引导和支持贫困群众发展生产、务工经商，用人民群众的内生动力支撑脱贫攻坚。

组织开展脱贫攻坚正面舆论引导。通过媒体等多种平台渠道，及时宣传党和政府关于脱贫攻坚的决策部署，介绍各地脱贫攻坚的新举措、好办法，弘扬基层扶贫干部的典型事迹，讲好贫困群众艰苦奋斗的感人故事，主动发声、正面引导，为脱贫攻坚营造良好社会和舆论氛围。

倡导推动国际减贫合作。致力于将减贫作为国际合作优先领域，中国的扶贫事业得到了国际社会的大力支持。同时，注重分享和交流减贫经验，努力帮助发展中国家特别是最不发达国家增强自身发展能力。我们大力推动国际减贫发展环境改善，深化"一带一路"倡议同联合国《2030 年可持续发展议程》对接，为实现各国共同发展贡献了中国智慧、中国方案。

二　脱贫攻坚提升了国家治理能力和水平

中国在脱贫攻坚进程中形成了具有中国特色的贫困治理体系，这也是新时代国家治理体系和治理能力现代化的生动实践。

顶层制度设计更加完善。为确保脱贫攻坚始终沿着正确方向前进，以习近平同志为核心的党中央始终举旗定向，加强统筹协调、做好顶层设计、强化体制机制，将脱贫攻坚纳入国家总体发展战略布局，不断出台有利于贫困地区和贫困人口发展的政策，针对妇女、儿童、残疾人、少数民族等特定人群，分门别类制定和实施发展规划。建立多渠道全方位的督查巡查机制，实施最严格的考核评估体系，建立稳定脱贫的长效机制，为大规模减贫和巩固拓展脱贫攻坚成果奠定了坚实的制度基础。

社会保障体系更加健全。围绕实现"两不愁三保障"，中国政府持续加大贫困地区就业、教育、医疗、住房等公共服务体系建设力度，编织起强大的贫困群众基本生活保障网，提升了国家应对贫困等各种风险挑战的能力，实现了从源头上治理贫困，进而提高了贫困地区乃至广大农村地区的社会治理水平。

区域经济发展更加协调。借助东西部对口帮扶、"万企帮万村"等政策举措，贫困地区特色产业不断壮大，产业扶贫、电商扶贫、光伏扶贫、旅游

扶贫、生态扶贫等快速发展，贫困地区的经济活力明显增强，带动了中国区域经济朝着更加协调、均衡、可持续的方向不断发展。

基层治理能力显著提升。把夯实农村基层建设同脱贫攻坚有机结合起来，选派300多万名第一书记和驻村干部，同近200万名乡镇干部和数百万村干部一道奋战在扶贫一线，指导帮扶贫困群众脱贫致富，密切了党群干群关系。各村"两委"积极承担脱贫攻坚主体责任，加强移风易俗工作，发挥村规民约作用，推广扶贫理事会、道德评议会、红白理事会等做法，引导贫困群众改变陈规陋习，有力地推动了农村地区精神文明建设。

三 向世界讲好脱贫攻坚的中国故事

习近平总书记多次指出，中国要为全球贫困治理"提出中国方案""分享减贫经验""贡献中国智慧"。在脱贫攻坚的伟大历程中，有许多弥足珍贵的经验，有大量感人至深的故事。如何把这些故事讲清楚、讲生动，值得我们共同思考。

讲好脱贫攻坚的中国故事，是塑造中国国家形象、提升国际话语权、促进国际减贫合作的需要。讲好脱贫攻坚的中国故事，可以充分展示中国共产党坚持以人民为中心的执政理念，展示中国特色社会主义制度的优势，展示国家治理的经验和做法；可以充分展示中国坚持和平发展、努力构建人类命运共同体的理念与实践，更好地展现中国负责任大国的形象与担当。在目前复杂多变的国际舆论环境下，讲好脱贫攻坚的中国故事，有助于对冲反制国际上抹黑攻击我国的一些势力，消除一些人的误解、质疑，有助于密切中国与外界的良性互动，提升中国国际话语权。讲好脱贫攻坚的中国故事，可以更好地为广大发展中国家摆脱贫困提供帮助，为优化全球贫困治理贡献中国智慧，促进减贫事业的国际合作。

讲好脱贫攻坚的中国故事，要注重加强议题设置、拓展传播渠道。要精准设置议题。要大力讲好习近平总书记以人民为中心的领袖情怀与担当，积极讲好中国作为最大发展中国家以及世界贫困人口最多的国家成功脱贫的故事，生动讲好"精准扶贫""志智双扶""五个一批""对口支援"等具有中国特色的扶贫模式经验，深度挖掘妇女儿童、教育医疗、科技文化、自然生态等领域生动鲜活的减贫素材，着眼于普通人的叙事，用国外受众易于理解的话语体系讲好中国减贫故事，增强中国故事的感染力、影响力。要有效借助外力。要充分发挥国际各类组织的桥梁作用，讲好脱贫攻坚的中国故事。一方面，要加强与联合国粮农组织、世界粮食计划署、国际农业发展基金等国际组织机构的减贫经验分享；另一方面，要加强与国外各界人士的日常往来，积极邀请海外人士来华参观考察，推动其成为脱贫攻坚中国故事的见证者和传播者，有效借助外嘴外脑传播中国减贫经验。

讲好脱贫攻坚的中国故事，汇聚国际减贫合力，推动构建人类命运共同体。消除贫困是国际社会的共同责任和目标。在当前信息化时代，媒体和智库是促进交流、增进理解、凝聚共识的桥梁和纽带。各国媒体应把消除贫困作为持之以恒的使命，持续加大对贫困问题的关注和报道力度，生动讲好中国及世界各国摆脱贫困的故事，为贫困地区和贫困人群提供有效的信息和服务。各国智库可以精心策划和开展减贫经验交流活动与合作项目，分享国际社会减贫合作的成功案例。公共关系领域的同仁，应充分发挥作用，用好各种平台，开展脱贫事业的国际传播。通过各方共同努力，调动各种资源、力量，最大限度汇聚起国际社会团结合作、携手脱贫减贫的共识，为实现联合国2030年可持续发展目标、推动构建新型国际减贫交流合作关系营造良好国际环境。

中国始终是世界减贫事业的积极倡导者和有力推动者，主张各国和各国人民共同享受发展成果。中国公共关系协会愿与中外各方一道，加强减贫国际合作与经验分享，为推动建设一个没有贫困、共同发展的人类命运共同体贡献智慧和力量！

序言二　中国消除绝对贫困的攻坚实践

（根据在 2020 年中国公共关系发展大会上的讲话整理）

夏更生[*]

党的十八大以来，以习近平同志为核心的党中央高度重视扶贫工作，做出打赢脱贫攻坚战重大决策部署，力度之大、规模之广、影响之深，前所未有。经过 8 年的艰苦努力，脱贫攻坚取得重大胜利。总结中国脱贫攻坚的成功经验，对于讲好中国故事、贡献中国智慧、促进全球减贫事业具有重要意义。《中国公共关系发展报告（2020）》以脱贫攻坚为主题，恰逢其时，意义深远。借此机会，我愿与各位一起回顾脱贫攻坚的伟大历程和重大举措。

一　为什么要打脱贫攻坚战

2015 年 10 月，党中央召开全国扶贫开发工作会议，习近平总书记作重要讲话，全面打响了脱贫攻坚战。打赢脱贫攻坚战，消除困扰中华民族几千年来的绝对贫困，这是一项对中华民族、对整个人类都具有重要意义的伟业。

一是小康的标志性。习近平总书记讲，"小康不小康，关键看老乡"，关键是看贫困老乡能不能脱贫。打赢脱贫攻坚战是全面建成小康社会的底线任务和标志性指标。

二是减贫的规律性。纵观我国和其他国家的减贫历程，基本上都存在一个减贫速度递减效应和"锅底效应"，每当新扶贫标准出台后，减贫速度由快到慢逐步衰减，每当贫困发生率下降到 3% 左右时，就很难再减下去了。

---

[*] 夏更生，国家乡村振兴局党组成员、副局长。

本轮脱贫攻坚战，要实现所有贫困人口脱贫，消灭绝对贫困，不留"锅底"，打破这两个效应，就必须采取超常规的思路和举措。

三是任务的艰巨性。2014年底，全国的农村贫困人口是7017万，其中六个省区的贫困人口超过500万，五个省区的贫困发生率超过15%，任务非常艰巨。

四是时间的紧迫性。2014年我国农村贫困人口为7017万，意味着在之后6年里平均每年需要减贫1170万，而攻坚前的30多年每年平均只能减少600多万贫困人口，如果按部就班的话，到2025年才能完成任务。2020年如期实现脱贫目标任务，时间非常紧迫，必须跑出加速度。这些特征决定必须打攻坚战，才能确保："全面建成小康社会，一个不能少；共同富裕路上，一个不掉队。"

二　怎么打这场攻坚战

我们坚持精准扶贫精准脱贫基本方略，逐步建立起包括责任、政策、投入、动员、监督、考核评估等六大体系在内的中国特色脱贫攻坚制度体系，用"精准扶贫、精准脱贫"的金钥匙打开了"扶持谁""谁来扶""怎么扶""如何退"四把锁。

一是解决好"扶持谁"的问题，从2014年开始，中国政府组织80多万人逐村逐户开展贫困识别，通过申请评议、公示公告、抽检核查和信息录入等，将贫困人口有效识别出来。经过动态调整和"回头看"，建立起精准到人、到户、到村的全国统一扶贫信息系统，系好了精准扶贫的第一粒扣子。

二是解决好"谁来扶"的问题，中国累计选派300多万县级以上机关、国有企事业单位干部参加驻村帮扶，实现了对所有贫困村的全覆盖，一线扶贫力量明显加强，打通了政策落实最后一公里。

三是解决好"怎么扶"的问题，提出实施"五个一批"工程，即发展生产脱贫一批、易地扶贫搬迁脱贫一批、生态补偿脱贫一批、发展教育脱贫一批、社会保障兜底脱贫一批，此外，还有就业扶贫、健康扶贫、资产收益扶贫等政策举措，做到因地制宜，因村因户施策，提高扶贫的效率和效果。

四是解决好"如何退"问题，建立起贫困退出机制，明确贫困县、贫困村、贫困人口退出标准和程序，指导各地科学合理制定脱贫滚动规划和年度计划，对拟退出的贫困县组织第三方进行严格检查评估，确保扶贫工作务实、脱贫过程扎实、退出结果真实。

三　脱贫攻坚战打得怎么样

在党中央的坚强领导下，经过全党全国全社会的共同努力，脱贫攻坚取得重大胜利，困扰中华民族几千年的绝对贫困问题得到历史性解决，谱写了人类反贫困历史的新篇章。

一是如期完成新时代脱贫攻坚目标任务，为全面建成小康社会做出了突出贡献。经过 8 年持续奋斗，现行标准下农村贫困人口全部脱贫，贫困县全部摘帽，消除了绝对贫困和区域性整体贫困，近 1 亿贫困人口实现脱贫，取得了令全世界刮目相看的重大胜利。

二是贫困地区基本生产生活条件明显改善，人民群众获得感、幸福感明显增强。贫困群众收入水平大幅度提高，不愁吃、不愁穿问题基本解决。贫困人口人均纯收入从 2016 年的 4124 元增加到 2019 年的 9057 元，年均增长30%，2020 年继续保持了良好的增长势头。贫困地区群众出行难、用电难、饮水难、上学难、看病难、通信难、住危房等长期没有解决的老大难问题得到解决。

三是贫困地区经济社会发展明显加快，为乡村振兴奠定了坚实基础。贫困地区坚持以脱贫攻坚统揽经济社会发展全局，呈现新的发展局面。"十三五"期间，贫困县国内生产总值年均增幅高出同期全国平均水平约 2 个百分点，特色产业不断壮大，电商扶贫、光伏扶贫、旅游扶贫等新业态蓬勃发展，群众就业增收渠道明显增多。通过退耕还林、生态扶贫等，贫困地区生态环境明显改善。脱贫攻坚为实现贫困地区乡村产业、人才、文化、生态、组织等振兴打下了良好基础。

四是贫困治理能力明显提升，党在农村的执政基础更加巩固。通过抓党建促脱贫攻坚和开展贫困识别、精准帮扶，贫困地区基层干部能力提升了，群众民主意识增强了，基层组织凝聚力、战斗力更强了，党群干群关系更密切了，党在农村的执政基础更加巩固。驻村干部特别是青年干部了解了基层，学会了做群众工作，在实践锻炼中快速成长，成为党和国家的宝贵财富。

五是贫困群众内生动力明显增强，向上向善氛围初步形成。贫困群众在党和政府、社会各界的大力帮扶下，工资性收入和生产经营性收入占比上升，转移性收入占比逐年下降，自主脱贫能力稳步提高，精神面貌焕然一新。社会各界广泛参与扶贫，弘扬了中华民族扶贫济困、守望相助的优良传统，激发了全社会向上向善正能量。

六是中国减贫成就和经验得到国际社会高度赞誉，显著提升了我国软实力。我国如期打赢脱贫攻坚战，提前10年实现《联合国2030年可持续发展议程》的减贫目标，彰显了中国共产党领导和我国社会主义制度的优势，得到国际社会高度赞誉。我国探索创造的精准扶贫和开发扶贫的理论与实践，为全球减贫事业贡献了中国智慧和中国方案。

四　当前和下一步主要做什么

在这场人类历史上规模最大、力度最大的脱贫攻坚战中，党中央团结带领全党全国各族人民，把脱贫攻坚摆在治国理政突出位置上，充分发挥党的领导和我国社会主义制度的政治优势，采取了许多具有原创性、独特性的重大举措。脱贫攻坚的重大胜利，消灭了中华民族几千年的绝对贫困，彻底改变了贫困地区的面貌，改善了人们的生产生活条件，提高了群众生活质量，极大增强了人民群众获得感、幸福感、安全感，为实现第一个百年奋斗目标打下坚实基础。但是，我国发展不平衡不充分的问题仍然突出。脱贫摘帽不是终点，而是新生活、新奋斗的起点。打赢脱贫攻坚战，只是消除了绝对贫困问题。脱贫地区经济发展水平仍然较低，产业基础仍然较弱，基础设施和公共服务水平仍然不高，自我发展能力有待加强。脱贫人口持续增收能力有待进一步增强，一部分群众返贫致贫风险高。巩固拓展脱贫成果、实现共同富裕还有很长的路要走。党的十九届五中全会将脱贫攻坚成果巩固拓展作为"十四五"时期经济社会发展的主要目标。下一步，我们将深入贯彻落实党的十九届五中全会决策部署，主要做好三个方面的工作。一是保持帮扶政策总体稳定，严格落实"四个不摘"要求，保持现有帮扶政策、资金支持、帮扶力量总体稳定，扶上马、送一程。二是持续巩固脱贫攻坚成果，设立过渡期，健全防止返贫监测和帮扶机制，继续对脱贫县、脱贫村、脱贫人口开展监测，推进脱贫人口稳岗就业，做好易地扶贫搬迁后续帮扶工作，加强扶贫项目资产资金管理，持续发展壮大特色产业，规范管理公益岗位，以现有社会保障体系为依托，兜住民生底线。三是促进巩固拓展脱贫攻坚成果与乡村振兴有效衔接，接续推进脱贫摘帽地区乡村全面振兴，促进经济社会发展和群众生活改善，让脱贫群众过上更美好的生活，逐步走上共同富裕的道路。

前 言

王大平　董关鹏*

2020 年是中国打赢脱贫攻坚战的收官之年，新冠肺炎疫情的发生给这场攻坚战增加了更多不确定因素。全党全社会坚定信心，攻坚克难，顽强奋斗，取得了脱贫攻坚战的全面胜利。我国提前 10 年实现联合国 2030 年可持续发展议程的减贫目标，创造了人类减贫史上的奇迹。交流与沟通，合作与共享，是中国与世界在攻克贫困问题过程中的必然选择。讲好脱贫攻坚的中国故事，是中国公共关系人的战略性使命和责任。

由中国公共关系协会和中国传媒大学媒介与公共事务研究院共同组织编写的"公共关系蓝皮书"于 2016 年首次发布。在脱贫攻坚战取得全面胜利之际，我们推出第五部年度报告——扶贫公共关系卷，期待这部凝聚了二十多位业界、学界以及政府相关部门专家、学者心血的著作，能够反映新时代中国公共关系在决战脱贫攻坚这一伟大历史实践中所取得的成绩，不但为讲好中国脱贫攻坚故事、传播中国减贫经验，也为巩固脱贫攻坚成果、全面推进乡村振兴贡献力量。

一　年度主题：扶贫公共关系——聚焦决战脱贫攻坚公共关系的生动实践

中宣部副部长、国务院新闻办公室主任徐麟在中国公共关系协会第六届

---

* 王大平，中国公共关系协会常务副会长兼秘书长；董关鹏，中国公共关系协会副会长，中国传媒大学教授、博士生导师、政府与公共事务学院院长。

会员代表大会上强调指出：要将公共关系事业融入推进国家治理体系和治理能力现代化重大战略部署中去，推动搭建多元化、立体式沟通渠道，促进政府、公众以及中外企业间的沟通，增进理解，助推舆论环境优化和治理能力提升。

"公共关系蓝皮书"发布以来，相继以"政府公共关系""企业公共关系""国际公共关系""'健康中国'公共关系"为主题发布行业报告，邀请专家撰文。2020年我们将主题确定为"扶贫公共关系"，旨在从公共关系的视角，系统梳理我国公共关系在决战脱贫攻坚中的创新实践，通过权威的数据统计、生动的案例解读、翔实的分析报告、前沿的研究成果，使其成为研究和分析新时代中国公共关系行业发展的权威读本。编委会坚持问题导向、学术品位、实践价值的定位，以决战脱贫攻坚的生动实践为视野、以时代特征为脉络、以现实问题为导向的基本思路，经过政府、媒体、学界、企业专家的共同研讨，确定了逻辑架构和内容主题。本书所收录的17篇报告，不但具备公共关系的视野，也具备扶贫工作具体领域的专业视角，具有较高的理论价值和实用价值。

二 行业概况：战略地位凸显，进入发展快车道

2020年注定要在中国乃至世界历史上留下不同寻常的一页。新冠肺炎疫情作为一场突发的全球公共卫生事件，对全世界造成巨大冲击，既全方位展示出各国相互依存、利益交融的全球共生关系，也引发了各国对全球化趋势负面效应和风险挑战的战略思考。在国内外的深刻变局中，公共关系早已超越狭义管理学或传播学的边界，日益走上专业化、成熟化的道路，在塑造国家形象、加强国际交流、提升治理能力、处理公共危机、繁荣经济市场、促进社会和谐等方面都发挥着前所未有的重要作用，是新时代建设有中国特色社会主义不可或缺的助推器。

可以预见的是，未来公共关系将进入加速发展的快车道。在应对新冠肺炎疫情下的国际形势及中美博弈新挑战中，中国特色国际公共关系战略地位

将进一步凸显；基于全媒体环境下治理体系和治理能力现代化的要求，政府公共关系制度机制将加速转变和完善；在国内大循环为主体、国内国际双循环相互促进的新发展格局下，企业公共关系应在诚信公关和战略公关方面加强谋划、持续提升；随着时代和形势的发展，公共关系的内涵和核心功能也在不断发展变化，从企业、社会组织的战术实践向国家、政府的战略实践转化和升级。因此，公共关系不论在理论研究还是在实践探索方面都具有广阔的发展空间，必将大有作为。

三　研究成果：梳理脱贫攻坚公共关系实践的中国方案、中国经验

习近平总书记多次指出，中国要为全球贫困治理"提出中国方案""分享减贫经验""贡献中国智慧"。2020年"公共关系蓝皮书"分析总结中国的减贫经验，为塑造中国国家形象、提升国际话语权、促进国际减贫合作提供助力。

本年度"公共关系蓝皮书"除总报告外，还有7个栏目，分别是主题报告、理论篇、专项篇、地域篇、传播篇、案例篇、附录。

主题报告对扶贫报道框架理论研究、扶贫报道议题选择、扶贫报道叙事、扶贫报道与媒介、扶贫报道议程设置、扶贫报道中的工作者、扶贫报道的舆论与动员等7个议题进行分析，对媒介与脱贫攻坚这一宏大事件的多元化关系进行深度反思，并就其与社会发展趋势之间、与公共关系之间的关联进行探讨，力求构建中国扶贫对外传播的新话语体系。

理论篇开篇深入学习阐释了习近平总书记关于扶贫工作的系列论述和重要指示，对中国公共关系行业宣传好中国减贫方案、分享中国减贫经验、讲好中国减贫故事以及未来发展具有重大意义。中国决战脱贫攻坚公共关系理论研究首次将视角聚焦"脱贫攻坚公共关系"，梳理了国内学界在"脱贫攻坚公共关系主体视角""客体视角""实践经验"与"脱贫攻坚公共关系的特点与规律"等方面的研究进展，指出了与中国发展成就相

对应的公共形象和扶贫话语体系已经初步构建，对中国扶贫事业产生了重要推动作用。

专项篇重点围绕教育扶贫、健康扶贫、公益扶贫、文化扶贫、中国妇女事业与减贫等主要工作，梳理 2020 年公共关系在脱贫攻坚具体实践中的运作机制、创新优势和困难挑战，提出推动扶贫公共关系良性运转的实现路径，并就"后扶贫时代"公共关系如何在推动脱贫攻坚与乡村振兴有效衔接中发挥更大作用提出对策建议。

地域篇以省、市（县）、村为对象，选取在扶贫形象传播、易地搬迁、东西对口扶贫等方面具有代表性的地方，总结扶贫公共关系中的特色亮点。河南一文关注舆论引导发挥"河南力量"的重要战略性作用，尤其是红色精神的舆论力量显示出强大凝聚与动员功能。河边扶贫实验一文从脱贫攻坚与乡村振兴战略衔接的战略角度，分析公共传播对云南省大理州河边扶贫实验及河边村的传播效果，为乡村振兴战略的全国推进提供有参考价值的案例典型。

传播篇一方面聚焦扶贫领域舆情风险监测与舆论引导，对 2020 年全年我国扶贫领域舆情的总体态势进行了总结，归纳了精准扶贫、消费扶贫等五大扶贫领域舆情风险类型，梳理了扶贫领域舆情风险的传播规律，提出新时代应对扶贫领域突发舆情的舆论引导建议；另一方面聚焦中国减贫经验的国际传播及影响力研究，为中国故事的海外传播提供了案例和样本。

案例篇选取了中央企业对口产业扶贫、脱贫攻坚奖事迹传播效应、名人网络直播带货现象三个案例。通过介绍中核集团首个产业扶贫项目，研究如何充分利用媒介载体整合资源，塑造出资源通融、内容兼融、宣传互融、利益共融的新型产业扶贫传播路径；通过对脱贫攻坚奖获奖者事迹及其传播的深入研究，揭示其在形成强大的脱贫攻坚合力、弘扬社会主义核心价值观，以及贡献中国减贫智慧等方面起到的巨大作用；通过对名人网络带货参与"消费扶贫"这一现象的研究，分析了名人效应在消费扶贫中的作用与制约，分析了传媒在后扶贫时代经济提振中将要发挥的作用。

四　前景展望：顺势而为，应势而动，未来可期

郭卫民会长在中国公共关系协会第六届会员代表大会上的讲话中认为：“中国特色社会主义进入新时代，中国公共关系的理论研究和全球实践，也应与中华民族伟大复兴的历史步伐相适应。”还提出，“要推动建立新时代中国特色社会主义公共关系理论体系”。

党的十九届四中全会提出要推进国家治理体系和治理能力现代化。加强公共关系理论体系建设，一方面提升政府、社会组织、企事业单位公关能力，是推进国家治理能力和治理体系现代化的重要内容，是落实党和政府治国理政路线方针和政策举措的重要保障。相信随着中国特色社会主义建设不断推进，公共关系在服务党和国家工作大局中的作用更加重要、空间更加宽广。另一方面，随着全球治理体系和国际秩序变革加速推进，中国正日益走近世界舞台中央，“人类命运共同体”理念和“一带一路”倡议获得广泛认可。新形势下，加强中国特色社会主义公共关系理论体系的建构，对于促进中国加强与外部世界的双向沟通和良性互动，掌握话语权和主动权，有力服务对外工作和外宣工作大局有着重要意义。

《中共中央 国务院关于实现巩固拓展脱贫攻坚成果同乡村振兴有效衔接的意见》明确：打赢脱贫攻坚战、全面建成小康社会后，要进一步巩固拓展脱贫攻坚成果，持续推动脱贫地区发展和乡村全面振兴。2021 年 2 月 25 日，国家乡村振兴局正式挂牌。乡村振兴是实现中华民族伟大复兴的一项重大任务。中国公共关系学界、业界将紧密围绕党和国家的发展大局，积极投身全面推进乡村振兴的实际工作，不断丰富和创新公共关系理论研究和实践，为服务中国经济社会发展贡献智慧和方法。

目 录

Ⅰ 总报告

Ⅱ 主题报告

Ⅲ 理论篇

Ⅳ 专项篇

Ⅴ 地域篇

Ⅵ 传播篇

VII 案例篇

VIII 附录

皮书数据库阅读**使用指南**

总 报 告

General Report

B.1

2019~2020年中国公共关系发展报告

中国公共关系协会政府公共关系委员会
中国公共关系协会新闻与传播委员会
中国传媒大学媒介与公共事务研究院 *

摘　要： 2020年，在国内外形势的深刻变局中，中国公共关系的内
　　　　 涵和外延不断拓展，在塑造国家形象、加强国际交流、提
　　　　 升治理能力、处理公共危机、繁荣市场经济、促进社会和
　　　　 谐等方面都发挥了前所未有的重要作用，理论和实践都取

---

* 总指导：郭卫民，十三届全国政协委员、全国政协外事委员会委员，中国公共关系协会会
长，国务院新闻办公室原副主任、新闻发言人；王大平，中国公共关系协会常务副会长兼秘
书长；董关鹏，中国公共关系协会副会长，中国传媒大学教授、博士生导师，政府与公共事
务学院院长；杨宇军，中国传媒大学媒介与公共事务研究院院长；周亭，中国传媒大学教
授、博士生导师，政府与公共事务学院副院长、媒介与公共事务研究院副院长。成员：李欣
宇，中国公共关系协会副秘书长；朱嘉，中国传媒大学媒介与公共事务研究院常务副秘书
长；赵璐，原武警特种警察学院教授，中国传媒大学媒介与公共事务研究院兼职研究员。执
笔人：赵璐。

得丰硕成果。可以预见的是，未来公共关系将进入加速发展的快车道。面对新冠肺炎疫情下的国际形势及大国关系的调整，中国特色国际公共关系的战略地位将进一步凸显；基于全媒体环境下治理体系和治理能力现代化的要求，政府公共关系制度机制将加速转变和完善；在国内大循环为主体、国内国际双循环相互促进的新发展格局下，企业公共关系应在诚信公关和战略公关方面加强谋划、持续提升。本文从国家形象层面、政府层面、企业层面以及公共关系行业建设四个层面梳理 2020 年中国公共关系发展概况，并对中国公共关系发展前景做出预判。

关键词：　公共关系　国家形象　政府公关　危机公关

2020 年，注定要在中国乃至世界历史上留下不同寻常的一页。新冠肺炎疫情作为一场突发的全球公共卫生事件，对全世界造成巨大冲击，既全方位展示出各国相互依存、利益交融的全球共生关系，也引发了各国对全球化趋势所面临的风险挑战的战略思考。国际上，全球化进程遭遇挫折，政治、经济、安全、文化、科技等格局都进入调整和转型，国际治理体系"碎片化"程度加深，全球产业链、供应链、创新链、价值链深刻重组，我国势必要在一个更加不稳定、不确定的世界中谋求自身发展及推动同其他国家的合作发展。在国内，中国共产党团结带领全国各族人民进行了一场惊心动魄的抗疫大战，取得抗击新冠肺炎疫情斗争重大战略成果；中国经济迅速恢复增长，脱贫攻坚成果举世瞩目，国家治理体系和治理能力现代化加快推进，国内国际双循环发展格局正在形成。在国内外的深刻变局中，公共关系早已超越狭义管理学或传播学的边界，日益走上政治化、专业化、成熟化的道路，在塑造国家形象、加强国际交流、提升治理能力、处理公共危机、繁荣市场经济、促进社会和谐等方面都发挥着前所未有的重要作用，是新时代建设有中国特色社会主义不可或缺的助推器。

关于公共关系的定义，国内外学者先后对其进行了各种层面的不同阐释。随着时代和形势的发展，其内涵和核心功能也在不断发展变化，从企业、社会组织的战术实践向国家、政府的战略实践转化和升级。但不论是国家、政府层面，还是社会组织和企业的公关活动，从根本上来说，仍是其"协调关系、沟通信息、塑造形象、合作共赢"的核心功能在不同领域和层面的表现。中国人民大学学者胡百精从对话视角，将公共关系范式定义为"对话中成就信息共同体、利益共同体、价值共同体"①，这一范式在今天看来依然有十分积极的意义。本文拟从公共外交层面、政府层面、企业层面以及公共关系行业建设四个层面梳理2020年中国公共关系发展概况，并对中国公共关系发展前景做出预判。

一 中国特色国际公共关系策略的推进与成果

进入新时代，基于对国际秩序和全球治理体系的战略前瞻，习近平提出了构建人类命运共同体的思想，站在国际道义和时代发展的制高点，主动谋划和重构新时代中国与世界的关系。中国的发展道路、理论体系、制度模式，正在吸引世界各国的强烈兴趣和关注。但与此同时，在西方传统政治理论、意识形态和话语体系影响下，"中国威胁论"仍有不小的市场。在这种情况下，国际公共关系因其接触的广泛性、参与的多元性、交流的互动性、方法的灵活性成为国家间关系的重要组成部分，承担起融通中外、增信释疑的重要使命，为塑造中国形象、讲好中国故事发挥了极为重要的作用。

① 胡百精：《公共关系学》（第二版），中国人民大学出版社，2018。

（一）秉持人类命运共同体理念，致力于新冠肺炎疫情防控国际合作，体现大国担当与责任

新冠肺炎疫情以一种特殊形式告诫世人，人类是荣辱与共的命运共同体，重大危机面前没有任何一个国家可以独善其身，团结合作才能共同抵御危机。中国秉承"天下一家"的理念，不仅对中国人民生命安全和身体健康负责，也对全球公共卫生事业尽责。国家主席习近平在2020年5月世卫大会上发表致辞，提出"六项建议"和"五大举措"，为国际抗疫合作贡献中国智慧。中国第一时间向世界卫生组织、有关国家和地区组织主动通报疫情信息，第一时间发布新冠肺炎病毒基因序列等信息，第一时间公布诊疗方案和防控方案，同许多国家、国际和地区组织开展疫情防控交流活动，毫无保留地同各方分享防控和救治经验。在自身面临巨大压力的情况下，尽己所能向国际社会提供援助，向世界卫生组织提供两批共5000万美元现汇援助，向32个国家派出34支医疗专家组，向150个国家和4个国际组织提供283批抗疫援助，向200多个国家和地区提供和出口防疫物资。从3月15日至9月6日，我国总计出口口罩1515亿只、防护服14亿件、护目镜2.3亿个、呼吸机20.9万台、检测试剂盒4.7亿人份、红外测温仪8014万件，有力地支持了全球疫情防控。① 而中国共产党和中央政府在领导国内抗疫斗争中表现出的人民生命安全高于一切的政治理念、强大的组织能力、动员能力和协调能力，展现了极大的制度优势，让西方乃至整个世界都受到了巨大的震撼，塑造了讲信义、重情义、扬正义、守道义的大国形象。

（二）秉持合作共赢、共同发展理念，以"一带一路"和自贸区建设为突破口，加强经济、文化、科技等多元交流

"十三五"时期，党和国家坚定不移扩大对外开放，以"一带一路"建

---

① 《习近平：在全国抗击新冠肺炎疫情表彰大会上的讲话》，新华网，https://baijiahao.baidu.com/s？id=1677257093527450498&wfr=spider&for=pc. 2020年9月20日。

设、自由贸易试验区和自由贸易港建设为突破口，推动形成了全方位对外开放新格局。中国已是25个"一带一路"建设参与国的最大贸易伙伴，在全球贸易中扮演着重要角色。2020年，尽管全球贸易受新冠肺炎疫情打击，但"一带一路"经贸合作仍保持总体平稳、好于预期。1～9月，中国与沿线国家货物贸易额达到6.75万亿元，同比增长1.5%，比整体外贸增幅高0.8个百分点；实际使用沿线国家外资391.1亿元（不含经自由港转投资数据），增长7.7%；对沿线国家非金融类直接投资130.2亿美元，增长29.7%。①"一带一路"倡议已从中国倡议变成全球共识，得到越来越多国家、国际机构和企业的认同与支持。中国经济发展对全球和地区经济发展带来积极影响成为共识。调查显示，"一带一路"沿线国家受访者普遍认可本国和中国双边关系的重要性。多数"一带一路"沿线国家的受访者认为本国与中国的关系重要（69%），其中认为"与中国关系非常重要"的比例占30%。超过七成"一带一路"沿线国家受访者肯定中国经济发展对全球经济、"一带一路"沿线国家经济及本国经济发展带来积极影响。在全球新冠肺炎疫情持续蔓延的特殊背景下，第三届进博会累计意向成交726.2亿美元，比上届增长2.1%。② 展会总展览面积近36万平方米，比上届扩大近3万平方米，近40万名专业观众注册报名，累计进场近61.2万人次。三年经贸合作"成绩"步步高升，活动越办越好。新设北京、湖南、安徽自贸试验区及浙江自贸试验区扩展区域，使自贸区数量达到了21个，形成了全方位、多层次、多元化的开放合作格局，打造了国际合作与竞争的新优势。文化、科技等文明交流互鉴不断加强，在教育、体育、文化、卫生等领域开辟了广泛合作渠道。11月23日，举办以"数字赋能共创未来——携手构建网络空间命运共同体"为主题的世界互联网大会，为全球互联网发展与治理提供思想借鉴和智力支持。

① 数据来源：商务部部长助理任鸿斌介绍《国务院办公厅关于推进对外贸易创新发展的实施意见》有关情况并答记者问，中国政府网，http://www.gov.cn/xinwen/2020zccfh/42/index.htm，2020年11月12日。

② 《第三届进博会累计意向成交726.2亿美元 比上届增长2.1%》，央广网，https://baijiahao.baidu.com/s?id=1683025709148036575&wfr=spider&for=pc，2020年11月10日。

（三）坚持及时高效、透明公开原则，多维度、多层次加强国际沟通，树立良好国家形象

2020年，部分国家和地区在一段时间内"排华""怨华""恐华"情绪较为突出。在这种情况下，通过媒体传播、图书出版、研究分享等多种形式向国际社会讲好中国故事就显得尤为重要。疫情发生以后，中国各驻外使领馆同驻在国民众真诚沟通，主动介绍中国政府抗疫情况。仅1月至3月上旬，中国驻外使节和外交官接受驻在国主流电视及电台采访400余次，发表署名文章300余篇，举办吹风会、演讲500余次，在境内外重要社交媒体发信息2万余条。以中央广播电视总台为代表的中国媒体界加强与世界各国主流媒体的合作，在国外主流媒体平台积极发声，或参与当地媒体直播访谈，或为当地主流媒体撰写稿件，通过多种形式介绍中国抗疫努力，回应不实攻击。积极出版抗疫出版物，发表抗疫研究文章，与世界分享抗疫故事和经验。3月10日，中国外文出版发行事业局在北京"云首发"《2020：中国战"疫"日志》《武汉封城——坚守与逆行》等首批10种多语种抗疫主题出版物。湖北科学技术出版社的《新型冠状病毒肺炎预防手册》面向17个国家和地区达成了12个语种的版权输出协议。坚持证据说话、实事求是的原则。2020年8月，武汉病毒研究所向路透社、美国全国广播公司等西方媒体开放，并为其提供了严谨、翔实的证据，以公开透明的事实反驳了关于病毒起源的谣言。针对西方国家对新疆问题的污蔑，2019年底至2020年6月，中国环球电视网CGTN先后制作《中国新疆　反恐前沿》《幕后黑手——"东伊运"与新疆暴恐》《巍巍天山——中国新疆反恐记忆》三部英文录像片，以大量首次公开的资料，全方位展示暴力恐怖主义和宗教极端主义给新疆带来的伤痛，用事实对西方的污蔑言论进行了反击。在社交媒体上获得数千万次观看，相关话题阅读量超过3亿。一条微博点赞破千的评论称："没有认真看完这50分钟的人，就没有资格对中国新疆发表任何无知狂妄的言论。"

二　政府公共关系能力的提升与实践

政府公共关系，是指政府塑造自身良好形象，并通过传播等活动协调与社会各方的关系，在公众中树立应有形象，得到公众对政府工作的支持，从而更好地进行国家和社会公共事务管理的活动。党的十九届四中全会提出，要推进国家治理体系和治理能力的现代化。走中国特色社会主义治理之路，需要在坚持党的领导、政府主导的同时，加强社会协同和公众参与。同时，新媒体的迅速发展，也给公众参与创造了有效的途径和平台。处理好公共关系，能够帮助政府树立良好形象，极大提高政府公信力。

（一）政府常态化公共关系方兴未艾，逐步走向制度化、规范化轨道

常态化公共关系是指政府在平时和正常条件下进行的公共关系活动，具有目标的确定性、主体的权威性、客体的复杂性、行为的主动性、效果的可评估性等特征。国家治理体系和治理能力现代化要求各级政府在制度设计、制度宣传和解释、制度执行、制度反馈和评估等方面实现现代化。公共关系作为政府与社会公众、社会组织之间的"桥梁"，在上述环节扮演着不可或缺的角色。2020年7月，国务院办公厅印发《2020年政务公开工作要点》，坚持以人民为中心的发展思想，以公开促落实、促规范、促服务，对政府公共关系职能的发挥提出了更高的要求。各级政府信息公开平台不断完善和创新。如上海市静安区总结了45个政务公开创新案例，提出让"政府信息多跑路、群众办事少跑腿"，从"人找政策"变成"政策找人"，不断创新政务公开模式，实现了"动动手指"就能获取各类公共信息和服务。各级政府新闻发言人制度进一步完善，新闻发布的原则、程序、形式、内容、渠道、方式方法都有了明确的规定和要求，已经走上规范化、制度化、成熟化的轨道。2020年10月30日，中共中央举行首场新闻发布会，介绍党的十九届五中全会精神，标志着中共中央新闻发布制度的建立。这是在中国特色社会主义进入新时代的历史条件下，适应形势发展和时代要求，坚持

和加强党的全面领导、提高党的治国理政能力的重要制度安排和制度创新。一方面有利于全国人民充分了解党的方针、政策；另一方面使党中央能通过新闻发布会及时回应全国人民的关切，表明态度，起到凝心聚力的作用。政务新媒体平台作用发挥明显。根据 2021 年 1 月 22 日人民网舆情数据中心发布的"2020 年政务微博影响力报告"，截至 2020 年 12 月 31 日，经过微博平台认证的政务微博已达到 177437 个，其中政务机构官方微博 140837 个，公务人员微博 36600 个。报告评出了"中国警方在线""中国长安网""共青团中央""中国消防""中国反邪教"等 20 个中央机构微博，"成都发布""武汉发布""南京发布""北京发布""中国广州发布"等十大党政新闻发布微博以及公检法司、健康卫生、气象、生态、教育、交通等各个领域影响力较大的官方微博平台。这些政务网络平台共同的特点是，在政务服务方面强化政务新媒体的办事服务功能，立足工作核心职责，利用平台开放优势，积极发挥矩阵效应、聚合办事入口，将服务范围向与群众日常生产生活密切相关的各类民生事务不断扩大，服务效能全面升级，民众体验得到大幅提升。如"共青团中央"微博以其生动活泼的形式、正能量满满的观点、犀利尖锐的点评、及时有效的辟谣赢得了大量青年网友的追捧，舆论的正向引导作用发挥十分明显。微博点赞量较高的网友点评，"团团的作用就是让我大中国多了一批又一批正能量青年"。影响力名列前茅的地方政务平台"成都发布"，采用矩阵化运作方式，注重利用新媒体平台实现政务公开、政务互动和理政服务，赢得广泛赞誉，成为全国典型的线上依托新媒体载体主动服务百姓的样板。

（二）政府危机公共关系能力大大增强，逐步形成体系化、成熟化危机公关机制

政府危机公关是在风险和危机状态下的公共关系活动，相比于常态公关，政府危机公关的被动性和不确定性都大幅增加。当前，自然灾害、生产安全事故、突发生态环境事件、公共卫生事件、社会安全事件频发，加上信息化时代背景下，信息传播速度快，且传播门槛低，人人都可以成为

信息的发布者和传播者。一张图、一段视频经由全媒体几小时就能形成爆发式传播，如果处置应对不当，就会严重损害政府公信力，造成极大的社会影响。可以说政府危机公关是考验政府治理能力的试金石。2020年，最大公共危机事件就是新冠肺炎疫情突袭而至，对中央和各级地方政府都是一场大考。伴随着抗疫斗争的持续推进，信息公开、新闻发布、联防联控等机制不断完善。截至2020年5月31日，国务院联防联控机制、国务院新闻办公室共举行新闻发布会161场，邀请50多个部门490余人次出席发布会，回答中外媒体1400多个提问；湖北省举行103场新闻发布会，其他省份共举行1050场新闻发布会。① 可以说哪里有疫情，哪里就有政府新闻发布会。疫情期间，各级新闻发布坚持不断线，专家的硬核科普不断线，电视台24小时滚动播出，全媒体传播开足马力，利用一切可以发动的渠道和平台，及时主动向社会公布关于抗疫的最重要信息。抗疫发布坚持"信息不过夜"原则，及时、准确、滚动发布，不给谣言的滋生留一丝余地。在此次疫情防控新闻发布中，创造了多个首次。首次将国新办发布会开到湖北武汉，首次举行全英文发布会，首次运用5G技术召开远程视频发布会，首次围绕同一事件中央和地方协同、多层次发布权威信息，发布持续时间之长、密度之大、场次之多、形式之新、传播之广在中国新闻发布史上前所未有。事实证明，公开、及时的权威信息是消除疑虑的定心丸，也是稳定人心的减压阀，更是全民抗疫的助力器。疫情防控新闻发布在国内成为党和政府与公众的"连心桥"，也为政府处理应对危机公共关系积累了宝贵的经验。

三 企业公共关系实践与发展

企业公共关系是公关关系理论和实践在我国产生和发展的滥觞。公共关

---

① 《抗击新冠肺炎疫情的中国行动》白皮书，新华网，https：//baijiahao. baidu. com/s？id＝1668809998477025241&wfr＝spider&for＝pc，2020年6月7日。

系就是伴随着市场经济的发展逐步发展并走向成熟的。企业通过信息交流、关系协调、形象塑造等公关手段，服务于生产经营活动，服务于经济活动的顺利开展。互联网和信息技术的飞速发展，对企业的日常形象塑造、危机处理应对能力都提出了极高的要求。

（一）企业日常公关更加突出责任担当和形象塑造

不寻常的 2020 年，在新冠肺炎疫情暴发、中美贸易摩擦、扶贫攻坚等重大事件中，央企、国企以及民企都以各种形式体现出企业的责任与担当，这无疑是一种最佳的形象塑造。国有危难，企业作为市场主体，义无反顾，责无旁贷。在抗疫斗争中，不论是中国移动、中国联通、中国建筑等中央直属企业，还是京东、联想等民营企业，在疫情面前无不以国家和人民利益为重，积极投身战疫行动。在多个施工企业不舍昼夜地接续奋战下，火神山医院、雷神山医院拔地而起；民航、物流、快递等企业快速反应，开通义务运送绿色通道，全力保障驰援武汉救援物资送至一线；阿里巴巴、腾讯等企业发挥网络优势，全球寻源，从海内外直接采购大量医疗物资送至一线。在获取病毒基因序列等信息后，我国多家科技公司跟病毒赛跑，快速研发出核酸检测试剂盒、"健康码"等生物和科技产品，为战胜疫情搭建防护网。在扶贫攻坚战中，各大企业尤其是央企国企，积极履行社会责任，投身扶贫攻坚战。在 2019 年中央单位定点扶贫考核工作中，评价为"好"和"较好"的中央企业超过了 90%。2015 年以来，中央企业共投入和引进各类帮扶资金达 230 亿元。2020 年以来，国务院国资委组织开展了中央企业消费扶贫专项行动，组织中央企业主动与定点扶贫县对接摸排，形成了 178 个县 1800 多种农产品滞销清单。在线上，委托国网电商公司搭建了央企消费扶贫电商平台，整合央企电商资源，形成央企统一电商品牌，为贫困县农产品提供稳定持续、辐射面广的电商销售渠道。在中美贸易摩擦中，以华为为代表的一批核心科技企业不畏惧不退缩，沉着应战、立足长远，令人肃然起敬，让人看到新时代中国企业和中国企业家的傲骨和担当。在对外形象塑造方面，对"一带一路"沿线国家的相关调查报告①显示，中国企业在对外形象塑造方面取得了十分显著的效果。

在助力经济发展方面，"一带一路"沿线国家受访者认可中国企业为本国经济带来积极影响的情况见图1。

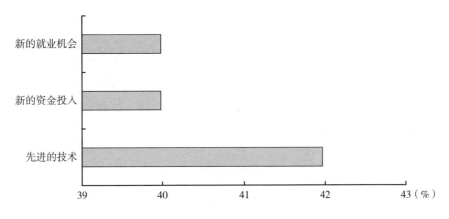

图1　中国企业为本国经济带来的积极影响

在助力全球抗疫方面，"一带一路"沿线国家民众对中国企业海外抗疫表现的总体印象较好。在12个受访国中，受访者对中国企业协助当地抗疫的表现普遍给予积极肯定，多数受访者对中国企业遵守防疫规定、提供防疫帮助、分享应对经验的举措表示认可。受访者印象最深刻的抗疫举措印象见图2。

在助力当地减贫方面，超六成"一带一路"沿线国家受访者对中国企业助力当地减贫的表现印象良好。"一带一路"沿线国家受访者对中国企业助力本国减贫评价认可度较高的方面见图3。

总体评价：此次调查中，12国受访者对中国企业在责任、公平、可信、成功四个维度的形象整体认可度都较高，选择比例分别为76%、77%、77%、81%，相关数据见图4。

---

① 数据来源：《中国企业海外形象调查报告2020》，http：//www.chinareports.org.cn/djbd/2020/1103/18252.html，2020年11月3日。

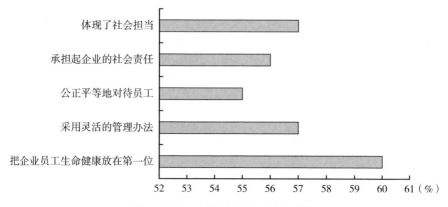

图2　印象深刻的中国企业抗疫举措

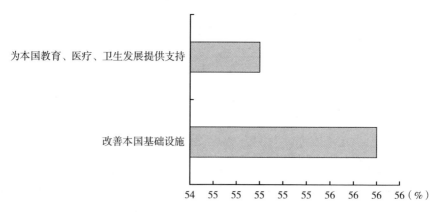

图3　中国企业助力减贫效果

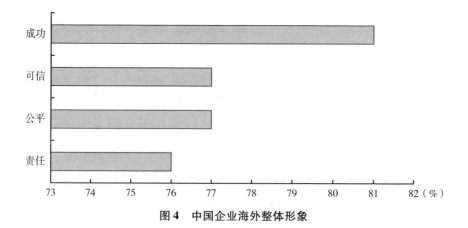

图4　中国企业海外整体形象

（二）企业危机公关更加凸显专业化和针对性

随着新媒体平台的日趋增多和网络技术的日渐完善，人人都可以成为信息的传播者和发布者，信息的生产和传播变得更加便捷。网络环境的演化为传统企业的日常经营管理提出了新的机遇，企业可以利用新媒体技术优化自己的品牌形象，扩大自己的市场份额；同时新媒体技术也为企业经营带来了前所未有的挑战，特别是在企业遭遇危机时，企业危机所引发的网络舆论会加剧企业经营现状的恶化。在新媒体时代，企业如何利用新媒体加强品牌宣传、提升品牌形象，如何在危机出现时以危机公关理论为支撑巧妙化解危机，全方位与客户建立长期稳定的顾客关系成为企业经营发展要解决的核心问题。2020年，因企业与用户、企业与企业之间的摩擦而引发的危机公关尤其众多，有的企业应对及时、策略得当，不但能够化解危机，还能化危为机、实现双赢。有的企业因为思想陈旧、应对不当，以致深陷舆论旋涡，企业运营和品牌形象都受到极大损伤。

1. 2020年较为成功的企业危机公关案例

①钉钉向小学生求饶事件。

2020年初，钉钉被教育部选中作为给小学生上网课的平台，成了被网课支配的孩子们的出气筒。当得知App的评分低于一星就会被下架时，小学生们更是集体出征，疯狂打一星，评分从4.9一路跌到了1.6。面对新增长的年轻用户，钉钉就采用了求饶的方式，表示"不爱请别伤害，我只是一个五岁的孩子""大家都是我爸爸"，用卖萌、可怜的形象赢得小学生谅解。随后钉钉更是乘胜追击，推出了《甩钉歌》《你钉起来真好听》等一系列B站风格的视频，建构起品牌与B站的强关联度，成为B站网红，成功拉升了品牌在青少年中的好感度，钉钉的评分回暖。

②罗永浩直播翻车事件。

5月20日情人节当天，微博上不少网友反映在罗永浩直播间购买的花点时间玫瑰花品相不佳，花瓣枯萎。为此罗永浩连发30余条微博转发网友评论，做出道歉回应并提出了补救措施：在100%原价退款以及同等现金赔

偿的基础上,罗永浩团队提供一份额外的原价现金赔偿,总价值 100 多万元。罗永浩用实际行动让大家看到了他的诚意,维护了带货主播的个人信誉,赢得了网友好评。

2. 处理欠佳的企业危机公关事件

①汉堡王被"3·15"晚会曝光事件。

汉堡王作为全球知名的餐饮巨头,在"3·15"晚会上被爆出随意更改保质期,用过期面包做汉堡。汉堡王当晚立即发出声明,向消费者致歉,宣布将立即成立工作组进行停业整顿调查。然而众多网友在微博上集体控诉,认为企业光说不做,全是冠冕堂皇的套话,对此回应并不买账。此次事件中,汉堡王危机公关处理并没有获得大家的谅解,丧失了信任,其产品的口碑也大为受损。

②特斯拉 vs 拼多多事件。

拼多多在没有得到特斯拉授权的情况下,以每辆车补贴 2 万元的优惠推出"25.18 万元团购特斯拉 Model 3"活动。特斯拉则声称,这批消费者涉嫌违约,因其违反了特斯拉公司制定的"禁止转卖"条款。特斯拉将依合同单方面取消此订单,并拒绝向拼多多"限时秒杀"频道团购车主交付 Model 3。在整个公关过程中,特斯拉由于没有及时主动公开与车主的沟通情况,不得不多次被迫否认、辟谣、放话,表现得十分被动。

③老字号狗不理报警事件。

9 月 10 日,新浪微博上的一位博主用体验的方式实拍了狗不理餐厅的情况。当晚,狗不理包子王府井店在网上发布声明,声称视频恶语中伤的言论均为不实信息,发布者侵犯了狗不理包子王府井店的名誉权,餐厅将诉之于法律,追究相关人员和网络媒体的法律责任,并且表示已经报警。狗不理王府井店的报警引起了舆情危机,使消费者长期累积的负面情绪集中暴发。

(三)公关公司国内发展稳步增长,国际竞争力略有下滑

国际公关行业权威媒体 The Holmes Report(霍姆斯报告)2020 年 5 月发布《2020 全球公关公司 TOP250》,依据各公关公司上一年度的营收数据排名，Eedelman（爱德曼）以 8.92 亿美元的营收位居榜首。我国企业蓝色光标位居全球第 9 名，总营收为 3.29 亿美元。另外，两家中国大陆企业中青旅联科和赞意分别列第 67 和 171 位。对比 2019 年报告数据，蓝色光标在对其国际业务进行大规模重组后，首次出现公关业务下滑。中青旅联科和赞意排名也均有不同程度的下滑。霍姆斯报告认为，2010 年到 2020 年这十年间，低增长成为公关行业的新常态。

表 1   中国公关公司在霍姆斯报告中排名情况

2020 年排名	2019 年排名	公关公司	营业收入 2019（亿美元）	营业收入 2020（亿美元）	增长率
9	9	蓝色光标	3.29	3.63	−1.5%
67	63	中青旅联科	0.35	0.36	−0.3%
171	161	赞意	0.1	0.10	5.0%

从国内公关市场看，中国公共关系市场呈现稳步增长态势，市场对公关的需求不断增加。根据 CIPRA《中国公共关系业 2019 年度调查报告》，2019 年整个市场的年营业约为 668 亿元（人民币），年增长率为 6.5%，略高于 GDP 增长幅度。行业增幅依旧保持平稳增长，但受全球经济下行压力的影响，增幅与上一年度的 11.9% 相比，有较大的回落。[①]

调查显示，2019 年度中国公共关系服务领域中，汽车、IT（通信）、互联网、快速消费品、制造业排名前 5 位。汽车行业依然占据整个市场份额的 1/3 以上。IT（通信）、互联网、快速消费品排名不变，位于第 2～4 位。与 2018 年度相比，制造业对公共关系的需求超过娱乐/文化，跃升到第 5 位。金融业从 2018 年的第 8 上升到第 6 位，且市场份额略有增加。奢侈品对公共关系的需求略有增加，排名第 7。娱乐/文化、房地产行业受国家政策影响，行业开支占比明显下降，分别从上年的第 5、第 7 位下降到第 8、第 9 位。医疗保健业依然排名第 10，但市场份额有所增加。

---

① 数据来源：《中国公共关系业 2019 年度调查报告》，中国国际公共关系协会（CIPRA）官方网站，https://www.cipra.org.cn/site/content/4251.html，2020 年 12 月 7 日。

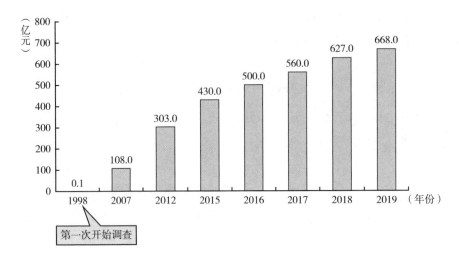

图5 中国公共关系业营业额变化

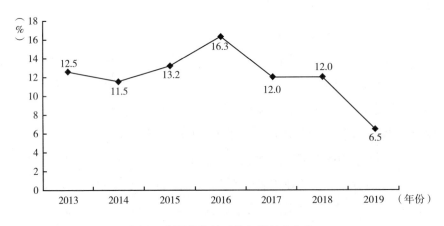

图6 中国公共关系业年增长率变化

四 公共关系行业协作与实践

随着公共关系领域的不断扩大和作用的持续发挥，无论是中国政府对外国公众的信息传播，还是政府与各类社会组织、民众之间的良性互动，以及企业、社会组织、民众之间的交流合作，都迫切需要发挥公共关系的调节作

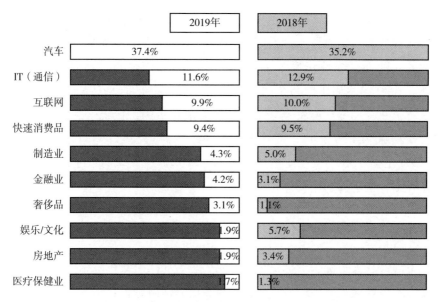

图7　2019年和2018年公关行业市场份额对比

用。2020年，中国公共关系协会作为从事公共关系理论研究与实践的行业组织，在各个空间和领域积极发挥作用，通过传播信息、沟通情况、化解矛盾，在各个公共关系主体之间搭建起有效的沟通之桥、信任之桥，有力推动了公共关系行业的发展。

（一）致力于推动国际公共关系领域的交流与合作

中国公共关系协会始终坚持"文化先行，公关先导"的指导理念，通过开展丰富多彩的文化传播和国际交流活动，创新传播中华优秀传统文化、红色文化和"一带一路"国际文化，在文化的传播、研究和保护等领域开展了积极的实践活动。2020年，先后组织和参与了多项国际文化、经济、科技等交流活动。9月，阿尔及利亚驻华大使馆和全球化智库（CCG）联合举办主题为"新冠肺炎疫情后的中国与世界经济"的讲座。CCG主任、中国公共关系协会副会长王辉耀与25国驻华大使面对面交流沟通，充分发挥了智库外交作用，加强了中国与各国之间的理解和信任。10月，来自17个欧盟成员国的19名高级外交官和3名欧洲商会代表齐聚上海外国语大学，中国公共关系协会副会长、上海外国语大学党委书记姜锋致辞。与会代表与学校师生共同探讨中欧关系的现状，展望中欧关系的发展与未来。11月，全球化智库（CCG）和商务部中国国际经济合作学会联合主办"2020第六届中国与全球化论坛"，40多位驻华大使、100多位驻华外交官，及美商会、欧商会等10多个国家在华的国际商会主席，以及国际组织跨国公司负责人、国内外著名国际问题专家学者、知名企业家等300余人共聚一堂，聚焦研讨当前复杂国际形势下的全球化发展趋势和中国在其中发挥的作用。

（二）致力于推动经济、文化和科技的繁荣与发展

中国公共关系协会秉承在学术、应用、产业间搭建桥梁这一宗旨，致力于在传统与现代学科中跨界，在技术与产业方面融合，在学术交流的同时实现产学研的互通和共赢。2020年，增设了文化大数据产业委员会，召开了"文化大数据产业论坛""2020中国文化计算大会"等活动，统筹盘活文化大数据产业资源，充分调动整合高端智库、先进技术、金融资本等各类市场要素，广泛吸纳社会力量共同参与国家文化大数据体系建设。9月10日和10月20日，中国公共关系协会主要领导分别邀请部分国际、本土知名公关公司负责人召开座谈会，就如何发挥好公共关系和公关公司作用，推进新时代中国公共关系事业发展等方面，进行探讨，听取意见建议。11月3日，中国公共关系协会企事业公共关系委员会参与协办"2020中国企业海外形象高峰论坛"，国务院新闻办公室副主任、中国公共关系协会会长郭卫民致辞。论坛旨在进一步提升中国企业品牌和国际影响力、助力建设具有世界竞争力的国际一流企业。11月13日，举办"实行高水平对外开放，开拓合作共赢新局面——党的十九届五中全会有关情况介绍会"，帮助在华外企加深对十九届五中全会精神的了解，更清晰认识中国未来发展目标、方式和途径，抓住在华发展新机遇，共享中国大市场。在华外商投资企业、国际公关公司代表180余人参加，国务院新闻办公室副主任、中国公共关系协会会长郭卫民作宣讲。

（三）致力于助力政府重大公共事件处置和形象塑造

在抗击新冠肺炎疫情战役中，中国公共关系协会积极参与、主动作为，在疫情初期及时向全国公关行业组织、会员单位、公共关系全行业、社会各界发出抗击新型冠状病毒感染肺炎疫情倡议书，号召公共关系全行业要勇于担当，体现政治觉悟和社会责任，发挥好公共关系在此次抗击疫情中稳定民心、增强信心的作用，为全社会抗击新型冠状病毒做出更大的贡献。中国公共关系协会副会长、中国传媒大学政府与公共事务学院院长董关鹏，和中国公共关系协会教育培训委员会主任委员、中国传媒大学媒介与公共事务研究院院长杨宇军入选"全国新型冠状病毒肺炎专家组"，参与抗疫新闻发布的专家指导工作。中国公共关系协会组织文化艺术委员会的艺术家和全国的书画家们发起"抗击瘟疫，众志成城"公益网络书画展活动，用笔墨丹青讴歌那些抗击疫情的英雄，赞美抗"疫"感人事迹，为坚决打赢疫情防控攻坚战加油鼓劲。中国公共关系协会党支部组织党员和入党积极分子，通过中宣部办公厅和中华慈善总会，为新冠肺炎防控捐款3.4万多元。在全国脱贫攻坚战役中，中国公共关系协会始终心系中国脱贫攻坚事业，2020年中国公共关系发展大会以"脱贫攻坚中国经验的全球分享"为主题，向世界讲述脱贫攻坚的中国故事，传递脱贫攻坚的中国经验，探讨脱贫攻坚故事的国际传播路径和方法，体现了中国公共关系人一以贯之的使命意识和责任担当，责无旁贷、积极主动地做中国故事的讲述者、中国理念的传播者。

（四）致力于中国公共关系行业理论研究与自身建设

2020年，中国公共关系协会召开第六届会员代表大会，选举产生了第六届理事会成员和负责人。中宣部部务会成员、国务院新闻办公室副主任郭卫民当选中国公共关系协会第六届理事会会长。增设文化大数据产业、新技术、专家咨询三个委员会。新一届理事会以"高水平、国际化、专业化"

为建设目标，积极吸收高层次专业人才，涉及领域更广、代表性更强，有助于进一步提升协会的能力水平，推进各项事业向更高台阶迈进。为讲好中国故事、传播好中国声音、树立和展示国家形象，加强国家公共关系形象和话语体系课题的应用与研究，中国公共关系协会特别打造了"中国公共关系讲坛"系列主题活动。第一期以"从历史到未来的中国公共关系"为主题，通过对中国公共关系的历史脉络进行梳理和对新技术未来趋势的解读，共同探讨新技术背景下中国公共关系的未来发展，旨在塑造、传播全新的"中国公共关系协会"品牌，并在全社会提升"公共关系就在你我身边"的认知度。

五　公共关系未来发展前景及展望

未来几年，应是公共关系理论和实践取得突破性发展的阶段。新冠肺炎疫情和大国关系调整导致的国际治理体系的"碎片化"和跨域物理交流的"阻碍化"，使得国际公共关系的重要作用前所未有地凸显。提升国家治理体系和治理能力现代化的要求与新媒体环境下各种突发公共事件的应对需求，促使各级政府重新审视公共关系并将之放在重要的地位加以考量。企业公关逐渐摆脱负面刻板的形象，越来越走向专业化、正规化、职业化的路径。公共关系实践的发展吸引了更多学者关注的目光，大国形象公关、政府危机公关、公共危机处置等都将成为学者研究和探讨的焦点。

（一）面对新冠肺炎疫情下的国际形势及大国关系的调整，中国特色国际公共关系战略地位将进一步凸显

1. 在树立中国形象、传播中国故事上更加具有经验和底气

新冠肺炎疫情加速了百年未有之大变局的进程，中国在世界上首先控制住了新冠肺炎疫情，经济稳健复苏，成为2020年唯一正增长的主要经济体。中国决战脱贫攻坚取得全面胜利，对全球减贫贡献超过70%，提前10年实现

联合国2030年可持续发展议程的减贫目标。① 中国提出的人类命运共同体理念，为全球治理提供了"中国方案"，日益成为国际社会的共识。共建"一带一路"，打造利益共同体、命运共同体、责任共同体，正在吸引越来越多的全球关注，形成广泛的感召力和向心力。这些都为我们讲好中国故事、传播好中国声音、提升中国国际话语权提供了有利条件。在传播主体上，多元化趋势十分显著，形成了从中央到地方，从外宣、外交、外贸、军事到政府各个部门的全方位格局，媒体、智库、企业等多元化行动主体各自发挥着不可替代的作用。中国特色国际公共关系扎根于"人类命运共同体"深厚的思想渊源，又有丰富的素材和系统的机制作为保障，在应对未来的挑战中大有可为。

2. 在大国关系调整和国际合作竞争中争取更大空间和作为

2020年，中国在世界主要经济体中率先实现正增长，GDP首次攀升至美国的70%以上，中美"双引擎"拉动世界经济的作用更加显著。拜登政府上台后，国际政治经济关系也随之呈现新的特点。对于中国特色国际公共关系来说，肩负着更加艰巨的使命和任务，也面临着更多的机遇和挑战。一方面，中美之间企业层面、个人层面、组织层面的对话机制都有望加强；另一方面，中美科技、政治、意识形态的博弈将更加激烈，美国在贸易等规则制定权方面、在知识产权和高科技领域、在政治安全方面都会向中国进一步施压。在这种情况下，中国坚持积极倡导多边主义，反对单边主义、霸权主义，引导国际社会共同塑造更加公正合理的国际新秩序，建设新型国际关系。中国特色国际公共关系作为增强国家软实力、提升国家形象、构建信任与和平的重要途径，应秉持合作共赢的理念，积极交流沟通，增进互信，参与和促进国际政治、经济新秩序的构建。要积极投身到讲好中国故事、传播好中国声音的国际传播事业中，深入开展各种形式的人文交流活动，通过多种途径推动我国同各国的人文交流和民心相通，充分发挥公共关系的特色和优势，通过多种渠道展示丰富多彩、生动立体的中国形象。

---

① 杨晨：《中国逆势推进脱贫攻坚　为全球减贫作出新贡献》，https：//baijiahao.baidu.com/s?id=16692596685124546028&wfr=spider&for=pc，2020年6月12日。

（二）基于全媒体环境下治理体系和治理能力现代化的要求，政府公共关系制度机制将加速转变和完善

1. 在健全相关法规制度、加强政府公共关系的体系化和精准化方面将有大的进步

政府公共关系在国家治理现代化过程中起着"润滑剂"的作用，国家治理现代化的实现离不开科学合理、健康有效且持续发展的政府公共关系。公共关系作为政府与社会公众、社会组织之间的"桥梁"，在这些环节中扮演着不可或缺的角色。当前，政府公共关系体制机制虽然有较大发展，但与国家治理现代化要求仍有较大差距，如机构设置不合理，缺乏统一的、专门的组织机构，政府公共关系职能分散于宣传部门、网信部门、综合办公部门、政策研究部门等，导致政府公共工作缺乏统一规划和协调，降低了公共关系效能；公共关系人员对信息掌握不全面，降低了政府对公众回应的准确性；部分政府部门思想观念转变不够，片面重视危机公关，忽略日常公关和形象塑造等；个别从事政府公共关系工作的人员能力不强，缺乏专业素养和应对能力，尤其缺乏全媒体环境下公共关系的素养和技能。值得期待的是，以抗击新冠肺炎疫情斗争为契机，各级政府公关能力经历了一次大考。大考促大建，各级政府对公共关系的重要性有了前所未有的认识，公共关系体制机制建设进入快速发展的轨道。2020 年 12 月，中共中央印发《法治社会建设实施纲要（2020～2025 年)》，对健全社会领域制度规范、健全公众参与重大公共决策机制、保障行政执法中当事人合法权益、完善社会治理体制机制、推进多层次多领域依法治理、发挥人民团体和社会组织在法治社会建设中的作用、依法治理网络空间等都进行了设计规划，随着依法治国全面推进，公共关系制度机制必将加速建设和健全。

2. 在加强媒体深度融合、占领新兴传播阵地、掌握话语权方面将有大的提升

全媒体环境促使政府公共关系主客体双方都发生深刻变化，服务型政府成为我国政府治理能力和治理体系现代化建设的重要方向。在全媒体环境和信息化条件下，随着信息公开的推进，社会公众对政府的最新动态能够及时掌握，

政府将变得更加透明。同时政府也能够利用人工智能、大数据、物联网等先进信息技术，更加精确地掌握经济社会的相关信息，为其提供便捷、精准的服务，并在政策制定、分析和执行过程中更加科学和智能化，打造智慧型政府。政府公共关系的客体也日益多元化，社会公众参政议政的主动意识和可能性大大增强，借助于全媒体，个体声音能够短时间得到迅速扩散。这给政府公共关系带来极大的挑战。党中央、国务院深刻认识到这一点，把加强媒体融合上升到战略高度。《关于加快推进媒体深度融合发展的意见》强调要推动主力军全面挺进主战场，做大做强网络平台，占领新兴传播阵地。媒体深度融合也被写入"十四五"规划建议，文中明确提出，"推进媒体深度融合，实施全媒体传播工程，做强新型主流媒体，建强用好县级融媒体中心"，下一阶段，媒体融合将向智慧政务、智能生产、智慧城市等领域发展，深化融合转型，必将对打造服务型政府、智慧型政府起到积极作用，为增强政府公关能力助力。

（三）在国内大循环为主体、国内国际双循环相互促进的新发展格局下，企业公共关系应在诚信公关和战略公关方面加强谋划、持续提升

当前，全球新冠肺炎疫情仍然没有得到有效控制，各国抗击疫情、发展经济的道路十分艰难。我国在经济增长率先恢复的基础上，将加快构建以国内大循环为主体、国内国际双循环相互促进的新发展格局。企业尤其是实体企业是市场经济的活跃主体，在推动实现国内国际双循环上应积极发力，充分发挥作用。

1. 对内抓住促消费、提质量这一目标，以诚信公关塑造品牌形象

近年来，我国消费市场已经呈现若干新的特征：从需求转型看，国内需求已从数量型转向质量型；从需求重点看，越来越重视产品质量和服务品质及消费体验。企业公关应立足大势，主动作为，以诚信公关为牵引，为推动经济发展助力。树立好的品牌形象，是企业生存发展的基础。在全媒体时代，口碑更是至关重要。信息的高度流通一方面为企业扩大影响、加强互动、塑造形象提供了渠道；另一方面，企业的产品质量、服务质量等通过全媒体传播形

成了巨大的口碑效应和舆论监督效应。信息的快速传播和全民共享使企业如同置身于聚光灯下，容不下任何伪装和瑕疵。信息越透明，对企业的诚信度就提出了越高的要求。互联网是有记忆的，一次不诚信的公关可能导致整个企业形象的崩塌，而且难以弥补。因此，在未来市场中，企业公关必须以提高产品质量和服务质量为前提，以诚信公关为路径，既要善于宣传，采取多种手段进行形象塑造和产品营销，又要坚持诚信为本，不管是日常推广还是危机应对，都应真挚、诚恳、守信，只有这样，才经得起互联网和消费者的检验。

2. 对外抓住实现企业海外战略这一目标，建立海外战略公关体系

随着中国进入更加开放的国内国际双循环体系，企业要在国际竞争与合作中抢占先机，应该立足中国、放眼世界，在更高水平的对外开放中谋求更好发展。当前，国际形势依然严峻，中国企业在国际媒体的话语权依然不足，在"走出去"的过程中往往伴随着西方的误解、指责和抹黑，政治质疑、文化冲突始终存在。中国企业应坚持互利共赢战略，遵循"共商、共建、共享"的指导原则，既要追求自身经济利益，也要维护和增进利益相关者的正当权益。在公关策略上，要未雨绸缪、主动作为，建立海外战略公关体系。一是需要更加注重日常形象和声誉管理。要制定公关活动目标及具体性声誉塑造方案，获得公众认可，加强与公众的沟通交流。例如，2019 年，华为海外员工本地化率达67%，持续建立多元性、多样化的员工队伍。同时在全球开展了 170 多个社区公益项目。[①] 华为在海外采取主动融入本土化的策略，通过在当地制造良好的就业机会，实现与海外公众的沟通，提高企业声誉。当企业发生危机时，日常公关策略和社会贡献就有可能转化为化解危机的重要资源。二是需要更加注重品牌建设，构建媒介传播矩阵。加强企业自身的宣传平台建设，完善企业官网的多语言版本，在微信、微博、脸书、推特等开设企业账号来实现企业直接与公众的信息传播交流。同时利用中国国内权威媒体平台、当地主流媒体平台及国际影响力大的媒体平台，在多空间、多层次上实现对"信息、舆论和形象"的管

---

① 数据来源：《华为投资控股有限公司 2019 年可持续发展报告》，https://www.huawei.com/cn/
sustainability/sustainability-report/，2020 年 7 月 10 日。

理。三是需要更加注重多方联动和协同公关。海外企业面临的公关危机因素复杂，往往牵涉到国家之间的战略博弈。如果任由中国企业在海外的危机扩散，也有影响国家形象、影响中国其他企业的可能。在必要时，国家声援和行动能够为企业危机公关提供有力支持。因此，在涉及国家层面的海外危机时，需要强化官方与企业的协同应对与合作，官方与民间的"说"与"做"相结合，整合资源，多方联动，提升中国企业在海外的话语权。

在梳理2020年中国公共关系发展的过程中，我们深深感到，在国内外形势发生深刻变化的今天，"公共关系"这一概念的内涵不断丰富、外延不断扩展，承载的使命和责任也不断增加。管理学或传播学的范畴已远远不足以包含它的宏阔和深刻。适应公共关系实践的发展，公共关系理论应该跳出原有的理论范式，结合政治、外交、管理、传播等各学科的精髓，融合并建立一个新的概念范畴和理论体系。因此，公共关系不论在理论研究还是在实践探索方面都具有广阔的发展空间，必将大有作为，未来可期。

主题报告

Theme Report

B.2

2018~2020年中国决战脱贫
攻坚公共关系研究报告（新闻传播篇）

李红艳　王雅楠　杨文心*

摘　要：　2017年，中国共产党第十九次全国代表大会对打好脱贫攻坚
战进行了总体部署，习近平总书记出席会议并发表重要讲话，
从历史维度和全局角度全面推进乡村振兴战略。无论是报纸、
电视等传统主流媒体，还是微博、微信及移动客户端等新兴
媒体，都应当发挥自身优势，讲好扶贫故事和传播扶贫经验，
凸显媒体的角色与功能。2018~2020年，随着脱贫攻坚工程
的持续进行，学术界对"扶贫报道"的研究也显露出来。根
据这三年的研究趋势和研究热点，本文选择扶贫报道框架理

* 李红艳，中国农业大学人文与发展学院教授，博士生导师；王雅楠，中国农业大学人文与发
展学院硕士研究生；杨文心，中国农业大学人文与发展学院硕士研究生。

论研究、扶贫报道议题选择、扶贫报道叙事、扶贫报道与媒介、扶贫报道议程设置、扶贫报道中的工作者、扶贫报道的舆论与动员等 7 个议题进行分析，试图对媒介与脱贫攻坚这一宏大事件的多元化关系进行深度反思，并就其与社会发展趋势之间、与公共关系之间的关联进行探讨。

关键词： 脱贫攻坚　公共关系　扶贫叙事　媒介

引　言

脱贫攻坚不仅是关乎国内社会经济发展全局的一件工程，也是关乎中国国际地位的一个具有标志性意义的政治事件。新闻媒体，就其历史发展和职业化路径而言，其公共性和公益性的属性决定了它在社会发展中为弱者发声的职业角色。对于脱贫攻坚而言，新闻媒体不仅要肩负对脱贫历程进行国内外报道的责任，还要承担为作为弱者的贫困者发声的义务。通过媒介进行脱贫攻坚的信息扩散传播，可以减少各阶层间对于"贫"的认知差距，让贫困群众更容易获取信息，监督扶贫各项工作，在保障贫困群众的知情权和监督权的同时，扶贫信息的广泛传播也构建了共同富裕的价值观。

2018 年以来，国内外对于中国脱贫攻坚的报道，呈现七大议题：扶贫报道叙事研究、扶贫报道议程设置、扶贫报道议题选择、扶贫报道与媒介、扶贫报道框架理论研究、扶贫报道中的工作者、扶贫报道的舆论与动员等。这七大议题凸显出扶贫工作是国家的重点任务，国外媒体的报道也一定程度上回应了国内的报道。

新冠肺炎疫情期间，各类媒体通过直播等手段，打通了地理交通位置等对贫困地区的阻碍，利用物流系统，将贫困地区的产品通过消费扶贫的形式，送入疫情时期的市场，客观上以消费的形式化解了疫情给脱贫攻坚带来的困难，所体现的传播效果是良性的。

一 2018~2020年国内外扶贫报道研究概述

通过对中国知网和 Science Direct 数据库进行文献检索，以主题词检索的方式重点检索了从 2018 年至 2020 年发表的所有与中国扶贫报道相关的学术论文，概况如下。

在中国知网上以"扶贫报道"为主题按年份进行检索，2018 年发表的相关文献共有 51 篇，其中被 CSSCI 收录的共有 4 篇。2019 年发表的相关文献共有 113 篇，其中被 CSSCI 收录的共有 10 篇。2020 年截至 11 月发表的相关文献共有 30 篇，其中被 CSSCI 收录的共有 4 篇。以"扶贫报道"为篇名按年份进行检索，2018 年发表的相关文献共有 24 篇，其中被 CSSCI 收录的共有 3 篇。2019 年发表的相关文献共有 28 篇，其中被 CSSCI 收录的共有 3 篇。2020 年截至 11 月发表的相关文献共有 15 篇，其中被 CSSCI 收录的共有 2 篇（2011 年至 2020 年 11 月的对比情况详见表 1）。

表 1 2011~2020 年 11 月"扶贫报道"相关期刊论文检索数量统计

单位：篇

检索词	检索条件	收录期刊	2020 年（1~11 月）	2019 年	2018 年	2017 年	2016 年	2015 年	2014 年	2013 年	2012 年	2011 年
扶贫报道	主题	全部	30	113	51	37	14	11	2	2	1	3
		CSSCI	4	10	4	4	2	0	0	0	0	0
	篇名	全部	15	28	24	19	5	3	0	0	0	0
		CSSCI	2	3	3	0	0	0	0	0	0	0

对比国内中国扶贫报道研究的整体情况，不难发现如下两个明显特点。

第一，过去 9 年的论文发表情况，国内论文发表数量 2011~2019 年呈上升趋势，在 2014~2019 年呈快速上升趋势，与 2013 年 11 月习近平总书记提出精准扶贫思想，以及 2017 年 10 月党的十九大代表热议"打赢脱贫攻坚战，拥抱全面小康"密切关联。国内论文发表数量 2019~2020 年呈下降趋势，是新冠肺炎疫情期间媒体关注度转向疫情所致。

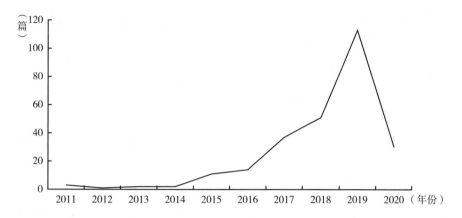

图1　2011～2020年（截至11月）国内扶贫报道主题论文发表情况

第二，发表论文的质量，选择国内2018年至2020年11月发表的CSSCI期刊比例作为比较参数。2018年至2020年11月发表在CSSCI期刊的扶贫报道研究占国内总发表论文比例的9%，数据表明，关于扶贫报道的高质量论文比例较低。

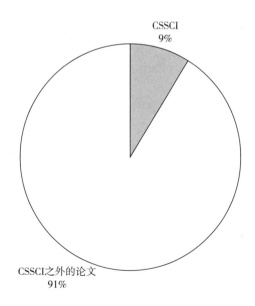

**图2　2018～2020年11月国内核心期刊扶贫报道
研究论文占总发表论文数量比例**

概括而言，"扶贫报道话语分析"、"扶贫报道议程设置"、"扶贫报道议题选择"、"扶贫报道与媒介"、"扶贫报道与舆论"、"扶贫报道作用"和"扶贫报道工作者"是近年来国内学者普遍关注的研究话题。

国外媒体对于中国扶贫的报道，集中在两个层面，一个是关于习近平总书记的报道，另一个是关于精准扶贫的报道。研究者指出，2013 年有关报道量为 1034 篇，2015 年跃升至 2603 篇，2017 年更是攀升至 2944 篇，2018 年前 5 个月报道量已突破 1000 篇①，中国扶贫的国际感召力日益增强。国际舆论赞赏中国减贫成就是"人类历史上最伟大的事件之一"，中国减贫经验是"教科书般的经典案例"，点赞中国是全球减贫"火车头"②。此外，国外媒体对于中国乡村旅游助力脱贫格外关注，加纳通讯社、日本《朝日新闻》、法国《回声报》关注多样化的脱贫方式③。

总体而言，从学术视角对于扶贫与公共关系进行研究的论文，基本处于空白状态。因此，本文侧重从国内扶贫报道的几大主题出发进行论述，兼论与国外媒体报道相关的主题研究。

二　扶贫报道框架理论研究

2018～2020 年，研究"扶贫报道"的学者利用框架理论的研究较多。在《框架分析：关于经验组织的一篇论文》中，戈夫曼用"框架"这个术语来描述社交互动和日常认知结构。他把框架定义为人们用来识别和解释社会生活经验的一种认知结构，该框架使其用户能够定位、感知、确定和命名

---

① 许启启：《中国为全球贫困治理提供有益借鉴——国际舆论解读中国扶贫成就与努力》，《对外传播》2018 年第 6 期。
② 孙明：《把握国际舆论，精准做好习近平新时代中国特色社会主义思想国际传播》，《对外传播》2019 年第 10 期。
③ 许启启：《中国为全球贫困治理提供有益借鉴——国际舆论解读中国扶贫成就与努力》，《对外传播》2018 年第 6 期。

那些看似无限的特定事实①。在戈夫曼之后，框架领域逐渐被延伸到了新闻文本和媒介生产的组织和制度层面。学界就扶贫报道框架理论的研究，主要体现在平面媒体和电视新闻节目研究上。在平面媒体中，扶贫报道主要体现在对主流报纸、地方报纸和国外报纸的报道研究中。在主流报纸报道研究中，以《人民日报》为例，方颐刚②对文本框架和生产框架进行研究。在《人民日报》的文本框架当中，学者从识别、帮扶、管理、考核四个方面，研究精准扶贫报道。从《人民日报》报道的文本角度而言，主要从正面对精准扶贫政策进行宣传报道。在《人民日报》报道所呈现的生产框架中，扶贫报道会受时间分布和地域分布的影响；在价值体现中，关注民生，注重多元主体参与。在地方报纸中，马慧君③以《安徽日报》和《新安晚报》为例，着力点放在地方媒体在精准扶贫政策输出过程中对政策的解读、动员和监督，重点探讨政策执行过程中的媒介呈现。从框架理论内容出发，研究报纸的报道对象、报道地域、报道版面、报道倾向、报道题材；从框架理论的呈现出发，研究主题分布、新闻标题、消息来源和图片的使用，针对地方报纸的扶贫报道的优劣势进行分析，发现地方报纸存在模式化的宣传方式、官方色彩较浓、重视精英话语，忽视民间话语、舆论监督力度不够、报道存在滞后性、报道缺失深度性等问题。张琳④以《农民日报》和《陕西日报》为例，着眼于产业扶贫的报道，认为报纸在产业扶贫工作中发挥着议程设置、舆论宣传、查"漏"补"缺"、扶智启智的作用；地方纸媒应该建立产业扶贫"新话语"。冯玲⑤以《四川日报》为例，以报道地区和版面分布、报道话题分布、报道的官方视角与民间视角分析、报道调

① Goffman E. , "Frame Analysis: an Essay on the Organization of Experience", *Contemporary Sociology*, 1979, 4（6）, 1093 – 1094.

② 方颐刚：《〈人民日报〉精准扶贫新闻报道框架研究》，西华师范大学硕士学位论文，2018。

③ 马慧君：《安徽省精准扶贫的媒介呈现——以〈安徽日报〉和〈新安晚报〉为例》，安徽大学硕士学位论文，2018。

④ 张琳：《产业扶贫报道的框架与话语研究——以〈农民日报〉、〈陕西日报〉为例》，西北大学硕士学位论文，2019。

⑤ 冯玲：《新闻框架理论下的〈四川日报〉扶贫报道研究》，黑龙江大学硕士学位论文，2018。

性、新闻体裁等方面作为研究的理论框架，认为地方报纸应该谋求扶贫大格局、探索扶贫模式。史安斌和王沛楠[1]以《纽约时报》为例，考察了西方主流媒体如何建构中国在"扶贫"上的议题框架，研究发现，虽然《纽约时报》仍然使用一些带有负面色彩的言辞，但对于中国的扶贫问题报道的总体态度是积极的。

对新闻节目中的扶贫报道研究，鄢文婧[2]以《广西新闻》为例，对"精准扶贫"的电视新闻报道进行持续性观察。在框架理论以及话语分析理论支撑下，以报道数量、体裁、题材、版面以及新闻解说词、同期声、电视画面等七个方面为电视新闻报道研究的指标，通过文献研究、量化分析和文本研究等方法，发现其在报道框架上存在体裁上报道深度浅、题材上时政新闻多、版面安排上也不够重视等问题；在文本框架上存在官话套话多、百姓发声少等问题，在此基础上提出平衡体裁、重视个体、优化版面、合理解读新闻、建设扶贫信息传播新话语等五大提升策略。刘俊清[3]以《每日经济报道》为例，从报道数量、报道时段、报道体裁、报道地域、报道主体、报道领域、稿件来源、消息来源和报道视角这九个类目进行量化分析，概括出四个主题框架，分别是产业发展框架、先进典型框架、政策解读框架和帮扶活动框架。指出该栏目的脱贫攻坚报道在框架结构上以情节框架为主、议题框架为辅，且情节框架强调脱贫攻坚新闻的"故事化"表达、议题框架注重脱贫攻坚报道的经济视角的特征。孙圣起[4]指出，《焦点访谈》精准扶贫报道新闻框架彰显了节目的定位，指引性强，能够从多个角度建构出叙事框架，充分发挥了电视述评类节目的优势。

① 史安斌、王沛楠：《断裂的新闻框架：〈纽约时报〉涉华报道中"扶贫"与"人权"议题的双重话语》，《新闻大学》2019年第5期。
② 鄢文婧：《〈广西新闻〉"精准扶贫"电视新闻报道研究》，广西大学硕士学位论文，2018。
③ 刘俊清：《框架理论视域下〈每日经济报道〉脱贫攻坚新闻报道研究》，河北师范大学硕士学位论文，2020。
④ 孙圣起：《〈焦点访谈〉精准扶贫报道新闻框架研究》，中国社会科学院大学硕士学位论文，2020。

三 扶贫报道议题选择研究

学界关于扶贫报道的议题选择研究，主要针对平面媒体。国内平面媒体中，李扬[1]指出《内蒙古日报》的扶贫报道存在主题较为零散、报道视角单一、报道排版粗糙、写作模式套路化等问题。周欣[2]通过对《临沂日报》扶贫报道的分析，指出其议题选择主要为：精准扶贫的政策解读、典型经验介绍、扶贫举措、扶贫困境及问题分析等方面，地方媒体应该优化"精准扶贫"的外部舆论环境，培养公众的媒介素养，增强公众的媒介使用能力，发挥媒介融合的传播优势，拓宽信息传播的终端渠道。过薇[3]通过对《新疆日报》的报道分析，探究其扶贫报道议题的内在转变，指出报道主体开始逐渐以贫困地区百姓为主，内容也在向多措并举/脱贫攻坚（贫困地区发展进程）过渡，可清晰表现出报道内容与政策的发布紧密相关；内容上越发重视贫困百姓与贫困个人（突出精准），逐渐听他们"说话"，开始注重以"百姓"为主体；评论类新闻也在逐渐增多，在挖掘新闻内容深度上，向思辨性扶贫报道倾斜。文雅馨[4]通过对《农民日报》的研究，提出建构扶贫议题的建议，即要注重对扶贫主体形象的塑造，刻画出各司其职的主体形象，呈现各主体合力攻坚的良好局面。她指出报道中困难群众的主体地位不够突出、问题议题框架的显著性欠缺、批评监督报道有待加强、报道体裁失衡，深度报道偏少。

国外平面媒体中，学者主要对《纽约时报》中的中国扶贫报道进行研究。在研究扶贫报道的议题关联中，黄敏[5]通过研究《纽约时报》发现，该报在涉及政治性议题时，将"中国扶贫"与"西藏问题"、"民族"、"人

---

① 李扬：《〈内蒙古日报〉脱贫攻坚主题报道分析》，内蒙古大学硕士学位论文，2019。
② 周欣：《〈临沂日报〉精准扶贫报道研究》，西北政法大学硕士学位论文，2019。
③ 过薇：《〈新疆日报〉精准扶贫报道研究》，塔里木大学硕士学位论文，2019。
④ 文雅馨：《〈农民日报〉扶贫议题建构研究》，重庆工商大学硕士学位论文，2019。
⑤ 黄敏：《议题关联与关系建构——〈纽约时报〉有关中国扶贫报道的媒体网络议程分析》，《新闻与传播研究》2020年第3期。

权"相关联，将中国扶贫置于极为负面的语境，严重影响国际受众对中国扶贫工作的理解以及中国扶贫治理经验的国际传播。对此，学者认为应该引入"战略传播"思维，搭建中国国家叙事的"顶层设计"；主动设置议程，直面敏感议题，关注"策略性受众"群体，提升精细化传播能力[1]。

四　扶贫报道叙事研究

扶贫报道分为国内传播和对外传播。国内传播的主要途径为平面媒体和电视节目。在平面媒体的扶贫报道叙事中，李晓奇[2]以《大众日报》为例，从时序、时距、叙事频率三个方面对《大众日报》扶贫报道的叙事时间进行分析；从叙事人称、叙事聚焦、叙事方式三种要素进行叙事情境的分析；最后，从叙述者与叙述声音两个方面进行分析，指出谁是新闻的叙述者，以及公开表达扶贫声音的倾向，并阐明叙述者的功能。《大众日报》在扶贫报道中对叙事时间节奏的把控不熟练；叙事情境上，故事化程度不足；叙述声音上，新闻当事人声音薄弱。李玲艳[3]通过对新华社扶贫报道话语的分析，认为在话语构成上，扶贫报道数量和政府重视及社会关注成正比。在话语特征上，新华社扶贫报道以正面、积极、肯定的报道为主，也有中性和负面新闻，重视客观性；话语风格上，新华社扶贫报道话语既明显体现出政策主导化，修辞战争化、工程化，主角配角化，叙事模式化等浓郁特色，又逐渐显现了专业化、人文化的发展趋向；在话语变迁上，新华社扶贫报道既明确受到我国扶贫政策、模式及其转变的决定性影响，又不断建构有关我国扶贫政策、模式的相关话语，推动扶贫实践的发展。

在地方卫视新闻的扶贫报道中，周子钧[4]以湖南卫视为例，探究出地方

---

[1]　史安斌、王沛楠：《断裂的新闻框架：〈纽约时报〉涉华报道中"扶贫"与"人权"议题的双重话语》，《新闻大学》2019 年第 5 期。

[2]　李晓奇：《〈大众日报〉扶贫报道的叙事学研究》，湖南师范大学硕士学位论文，2020。

[3]　李玲艳：《新华社扶贫报道的话语结构与变迁》，云南大学硕士学位论文，2018。

[4]　周子钧：《湖南卫视"精准扶贫"系列报道叙事话语分析》，江西师范大学硕士学位论文，2019。

卫视新闻讲好"扶贫"故事的策略：第一，讲好"精准扶贫"故事，叙事情境要符合"精准扶贫"的现实语境，紧扣"精准扶贫"这一主题，多视角聚焦"精准扶贫"故事，叙述声音要符合"精准扶贫"的故事场景。第二，讲好"精准扶贫"故事，叙事语法要符合"精准扶贫"的发展规律。角色模式的设置要符合新闻叙事真实性的原则。在媒介融合的情况下，转变传统电视媒体的叙事方式，适应新媒体的便捷性、信息海量化、碎片化特征，注重创新，深度挖掘新闻价值。

在中国国家叙事脱贫攻坚的对外传播中，栾轶玫[①]认为，脱贫攻坚叙事具备多线条复合叙事特点，且具有与国际对话的共通议题优势，是新时代中国国家叙事，围绕脱贫攻坚叙事可以建立起新时代中国对外传播的国家叙事体系，有利于传播中国负责任大国的国家形象。

五　扶贫报道与媒介

刘兢等[②]对媒体助力脱贫攻坚的路径进行了概述：媒体要选准宣传报道角度，加强信息沟通，注重"扶贫先扶志，扶贫必扶智"，坚持问题导向，结合实际精准扶贫，加强经验交流，汇聚业界智慧。刘韶华等[③]以河南卫视《脱贫大决战》为例，指出河南卫视《脱贫大决战》开辟了"电视＋短视频"的精准扶贫新路径，为农产品和旅游资源拓宽了营销渠道；在爱奇艺、优酷同步更新，在搜狐视频、微博视频、B站等网络平台播放视频片段，抖音话题、快手、微博话题等都成为传播推介的路径。在人民网、新华网、中国网等两百多家全国性网站、App平台和500多家地方网站及河南全媒体矩阵宣传，并且持续进行大篇幅报道，以恢宏的视野和积极的思

---

①　栾轶玫：《新时代中国国家叙事脱贫攻坚的对外传播》，《编辑之友》2020年第9期。

②　刘兢、陈婧、梁贤安、吴兰儿：《新闻扶贫：发挥媒体优势，助力脱贫攻坚》，《媒体实战》2020年第2期。

③　刘韶华、况明亮、魏玉清：《主流媒体精准扶贫报道探析——以河南卫视〈脱贫大决战〉为例》，《广电聚焦》2020年第5期。

想探索出了精准扶贫的电视化创新模式，对电视媒体节目创新和服务社会等诸多层面留下了可资借鉴的丰富经验和经典启示。陈兰兰[1]则分析了扶贫综艺类节目《我们在行动》，阐述了扶贫综艺的优点：将综艺节目与国家大局政策以观众喜闻乐见的形式联系起来。在形式上可以集宣传、公益、纪实于一体，进行综艺性扶贫，而节目的背后搭建了可以长效运转的扶贫产业链，是真正产生社会效益的系统工程。媒介参与扶贫存在的问题在于：贫困群体选择的局限性、受众期待发生错位、娱乐与扶贫平衡"度"的把握。曹小敏[2]以广西电视台的《第一书记》为例，指出该节目通过全媒体进行扶贫报道，充分利用新媒体平台做活动，通过官方微博、公共微信平台等形式，及时向观众传递活动信息，增加互动交流，扩大扶贫产品的售卖量；与新媒体"强强联手"，通过大型门户网站、微博、微信等新媒体平台，既提高了节目的知名度，又间接提高了节目的收视率，创造了精准扶贫品牌节目。在此基础上，通过电视直播＋商品链接导流至第三方电商平台，采用用户习惯观看商品销售的情景设置直播内容，引导观众购买扶贫产品，对广西地区精准扶贫的宣传与支持起到了最大限度的传播效果。

《人民日报》通过微博、微信及移动客户端报道精准扶贫具有报道内容多元、报道形式多样、报道文本趣味灵活、报道理念用户至上的优势。微信公众平台在政务信息的宣传上具有及时、精准、迅速的特性，并且具有互动交流的途径，改变了单向传播的沟通模式。微信公众平台可以快速传递有价值的扶贫信息，扶贫且扶志，将困难群众转换为主动参与者，与政府形成和谐互动的关系[3]。

---

① 陈兰兰：《媒介参与扶贫创新表达研究——以综艺〈我们在行动〉为例》，安徽大学硕士学位论文，2019。
② 曹小敏：《媒介融合背景下广西电视台新闻生产研究——以精准扶贫报道研究为例》，广西大学硕士学位论文，2018。
③ 李昕融：《政务微信"恩施发布"的扶贫报道文本研究》，中南财经政法大学硕士学位论文，2019。

六　扶贫报道中的议程设置

在媒介环境下，受众所了解的脱贫攻坚的信息更多来自媒体的报道，媒体的关注度、关注点直接影响受众的认知和判断。主流媒体是叙说故事和传播经验的重要媒介，即便在各类媒体竞争激烈的媒体环境中，西方主流媒体，尤其是美国主流媒体仍拥有左右国际舆论的巨大影响力。《纽约时报》为中国扶贫构建的语境广泛，在一些报道中，将中国扶贫政治化，将中国利益和他国利益对立起来，将中国扶贫成绩片面化，这种话语构建为中国扶贫经验的传播设置了不小的障碍①。在塑造"贫困"议题的框架时，美国媒体主要基于"欺骗"和"懒惰"两种框架展开，将美国的贫困问题的原因归结为少数人的道德败坏以及缺乏进取心。美国新闻媒体在报道中容易忽视制度政策的弊端，相反，它侧重强调由个人因素而导致的贫困。脱贫攻坚作为中国的一种国家叙事，一定程度上被西方主流媒体所接受，但与其报道中国人权议题的负面论调形成"断裂"②。

关于新时代中国国家叙事脱贫攻坚的对外传播，研究认为，脱贫攻坚对外传播要以个体经历带出集体成就，以故事先导替代模式先导，让"故事"融入国际传播，让"故事"中的人与世界自行展开对话，让世界经由中国故事主动找寻中国模式。从国家叙事理论的视角看对外传播，其核心是建构中国叙事体系，具体而言分为两个层面：一是找到中国好故事；二是讲好中国好故事，找到接地气的好故事，并用共通话语传播出去③。

---

① 黄敏：《议题关联与关系建构——〈纽约时报〉有关中国扶贫报道的媒体网络议程分析》，《新闻与传播研究》2020 年第 3 期。
② 史安斌、王沛楠：《断裂的新闻框架：〈纽约时报〉涉华报道中"扶贫"与"人权"议题的双重话语》，《新闻大学》2019 年第 5 期。
③ 栾轶玫：《新时代中国国家叙事脱贫攻坚的对外传播》，《编辑之友》2020 年第 9 期。

七　扶贫报道中的工作者

朱旭红[1]以《扶贫周记》摄制组为例,非常全面地向民众展示了扶贫工作的艰巨和复杂,以及干部群众对脱贫奔小康的信心,在片中,职业精神、记者责任、家国情怀展现得淋漓尽致,这部影片为脱贫攻坚提供了一份真实且鲜活的区域样本。《扶贫周记》摄制组一共分了三季驻扎田东县蹲点记录,全方位地为观众呈现了产业扶贫、教育扶贫、易地搬迁、建档立卡精准识别、驻村书记、文化建设等各个层面,形成了媒体报道与脱贫攻坚的良性互动。这位学者还指出:新闻工作者应该担负使命,履行职责,以精准且高速的报道,坚持问题导向,形成系统化、多渠道传播,引领时代强音。马梅[2]描述了驻村调研采访型扶贫报道的意义与记者角色,认为驻村扶贫调研采访报道活动表明了我国记者的独特使命——不仅是瞭望者、雷达,更应是参与者、行动者、自己人。向炜[3]在研究《信阳日报》中指出:记者阅读了大量有关扶贫的理论文献和经典案例,为采访做了精心准备。这种理论基础使记者可以在沟通时抓住关键信息,与扶贫工作者探讨业务时能够站在同一个知识层面对话,大大提高了采访的效率。脱贫攻坚不仅是全社会的责任,也是媒体的责任,主流媒体的记者在长期采访中对于一线情况相对了解,信息渠道也更多,但是有时会存在采访报道草草了事的问题,优秀的脱贫攻坚报道要以贫困群众的立场为中心,积极发掘基层干部的闪光点,而不只是浮于帮扶表面[4]。

① 朱旭红:《从〈扶贫周记〉探究媒体脱贫攻坚报道思路》,《电视研究》2018年第7期。
② 马梅:《马克思主义新闻观的体现与深化——驻村调研采访型扶贫报道的意义与记者角色》,《编辑之友》2018年第5期。
③ 向炜:《论地市级党报扶贫主题报道的创新——以〈信阳日报〉"新县脱贫摘帽记"主题报道为例》,《应用新闻研究》2019年第3期。
④ 李扬:《〈内蒙古日报〉脱贫攻坚主题报道分析》,内蒙古大学硕士学位论文,2019。

八 扶贫报道的舆论与动员

打好扶贫攻坚战必须强化正面宣传和舆论引导，舆论监督是媒体的重要职能，舆论监督与正面宣传并不矛盾，在对脱贫攻坚的工作进行舆论监督时，要具体问题具体分析，而不能将贫困地区所有的问题都归结为脱贫攻坚出现问题。学界对扶贫报道的分析主要分为两部分：传统新闻媒体和电视媒体。

传统新闻媒体方面，做好脱贫攻坚报道可以归结为"三个坚持"：坚持党性和人民性统一、坚持尊重新闻的传播规律、坚持深入实际调查的方法论，这是提升国际话语权的必然要求①。做好产业扶贫报道，需要讲究方式方法、讲究战略战术。根据实际情况，分重点、有层次、因地制宜地开展产业扶贫报道，用最有效的策略才能达到最好的宣传和启示效果，从而为做好"三农"工作、助力打赢脱贫攻坚战尽一份新闻工作者的力量②。地市级党报的扶贫主题报道同样肩负着重要责任：为民众传播并且阐释党的重要决策，全面且真实地为民众展示当地重要的党政活动，分析当今社会的热点话题，做到正面宣传鼓励、强化舆论，提高民众的脱贫信心③。

作为主流媒体的电视传媒，承担着精准扶贫工作的宣传重任和媒体本职的舆论引导之责。《脱贫大决战》作为电视媒体使命类大型公益扶贫节目，立足中国新时代的社会美好愿景，以恢宏的视野和积极的思想探索出了精准扶贫的电视化创新模式，为电视媒体节目创新和服务社会等诸多层面留下了可资借鉴的丰富经验和经典启示④。

---

① 张晓红、周文韬：《做好脱贫攻坚报道的若干着力点》，《案例·方法》2018 年第 9 期。
② 李英华：《党报产业扶贫报道的策略分析》，《传媒观察》2019 年第 10 期。
③ 向炜：《论地市级党报扶贫主题报道的创新——以〈信阳日报〉"新县脱贫摘帽记"主题报道为例》，《应用新闻研究》2019 年第 3 期。
④ 刘韶华、况明亮、魏玉清：《主流媒体精准扶贫报道探析——以河南卫视〈脱贫大决战〉为例》，《广电聚焦》2020 年第 5 期。

九　未来研究与展望

中国共产党第十八次全国代表大会以来，党中央就把脱贫攻坚摆在治国理政的突出位置，做出一系列战略部署和安排。2020 年 11 月 23日，我们如期完成了新时代脱贫攻坚目标任务，贫困县全部摘帽，消除了绝对贫困和区域性整体贫困，全面建成小康社会取得伟大历史性成就。习近平总书记 2019 年 1 月 25 日在十九届中央政治局第十二次集体学习时说："媒体要坚持导向为魂、移动为先、内容为王、创新为要。"媒体要紧跟时代步伐，丰富报道体裁。顺应互联网时代，利用新媒体平台扩展报道形式。发挥和利用媒体的资源优势，让扶贫信息有效地传播。综上所述，扶贫报道要平衡新闻框架，丰富报道内容和形式，增强传播效果；注重保障群众的知情权和监督权，解决关乎群众根本利益的实际问题；寻找扶贫新模式，新闻媒体履行社会责任，做党和人民的喉舌。在议题的选择和议程设置当中，扶贫报道内容要与政策的发布紧密相关，要重视贫困百姓与贫困个人，以百姓为主体；并且注重从小的新闻事件中挖掘到更深层的内涵。扶贫报道的叙事当中，报道内容要广泛而深刻；报道体裁要全面，采用多形式报道（消息、评论、深度报道）；要用有亲和力和感染力的文字进行报道，在展现事件整体的同时，也注重扶贫事件中的细节，将扶贫事件典型化。要注意传统媒体和新媒体的结合，打造新闻报道矩阵，充分利用新媒体平台，通过官方微博、微信公众平台等形式，及时向观众传递活动信息，增强互动交流。在扶贫报道的工作当中，扶贫记者要蹲点记录，以人为本，呈现区域样本；要彰显职业精神，提升节目的说服力、影响力，坚持问题导向，搭建完整、系统的框架结构；要坚持马克思主义新闻观，重视贫困群众的主体作用，在激发贫困群众脱贫内生动力上下功夫，激励贫困地区干群的脱贫志气和智慧，唤醒他们的文化自信，同时将最真实的情况报道出来，在全社会形成扶贫的氛围。并且务求事实准确，不断提升传播力、引导力、影响力、公信力，依法依规以建设性态度开展舆论监督。同时，在对外报道中，注重话语表述，构建扶贫对外传播的新话语体系，力争使得扶贫成为中国公共外交的一种新路径。

理 论 篇

Theories

B.3
学习习近平总书记关于扶贫的重要论述

燕连福*

摘　要：　贫困治理是国家治理的重要课题。十八大以来，为彻底解决困扰中华民族千百年的贫困问题，习近平总书记从治国理政的战略高度对新时代扶贫事业进行积极筹划、部署，从理论和实践角度，就政治保证、根本立场、科学方法、资金支持、工作格局、内生动力、脱贫质量、全球减贫八个方面总结和回答了新时代如何推进中国特色扶贫工作这一重大时代问题，形成了独具中国特色的扶贫理论体系，不仅在指导我国扶贫工作上取得了伟大胜利，而且对全球贫困治理具有重要的借鉴意义。

关键词：　习近平　扶贫　贫困治理

---

* 燕连福，西安交通大学马克思主义学院院长，教授，博士生导师，主要研究方向：马克思主义哲学、思想政治教育、扶贫理论。

贫困治理是国家治理的重要课题，扶贫、减贫不仅事关国家的稳定与发展，更关系着人民获得感、幸福感、安全感的提升。"执政之要在于安民，安民之道在于察其疾苦。"① 党的十八大以来，为解决困扰中华民族千百年的贫困问题，以习近平同志为核心的党中央坚持"人民至上"，落实"精准扶贫"，带领全国人民与贫困做斗争。"2020 年，全面建成小康社会取得伟大历史性成就，决战脱贫攻坚取得决定性胜利。我们向深度贫困堡垒发起总攻，啃下了最难啃的'硬骨头'。历经 8 年，现行标准下近 1 亿农村贫困人口全部脱贫，832 个贫困县全部摘帽。"② 这不仅是实现中华民族伟大复兴征程中的标志性成就，而且创造了人类扶贫、减贫史上的伟大奇迹。实践的成功离不开理论的指导，正是在习近平扶贫重要论述的指导下，我国扶贫事业才取得了如此辉煌的成就。作为党领导下的扶贫、减贫事业的根本遵循与实践指南，习近平扶贫重要论述内涵丰富、思想深刻、逻辑严密，构成了完整的理论体系。

习近平总书记关于扶贫工作的重要论述，不仅从理论和实践角度就新时代如何深入推进中国特色扶贫工作做出了总结和回答，也是我们决胜人类历史上规模最大、力度最强、惠及人口最多的脱贫攻坚战的理论指南和根本指导。中国公共关系行业深入贯彻党中央决策部署，深度参与和推动脱贫攻坚工作。中国减贫事业是全球贫困治理的重要组成部分，中国减贫工作受到全球瞩目，因此，宣传好中国减贫方案、分享中国减贫经验、讲好中国减贫故事，是中国公共关系行业的重要职责和使命，对于公共关系行业发展具有重大意义。

一　坚持党对扶贫工作的全面领导

我国是社会主义国家，正是因为有了党的全面领导，中国特色社会主义

---

① 人民日报评论部编《习近平用典》，人民日报出版社，2015，第 11 页。
② 《国家主席习近平发表二〇二一年新年贺词》，《人民日报》2021 年 1 月 1 日第 1 版。

事业才能够不断向前推进。习近平指出："坚持党的领导，发挥社会主义制度可以集中力量办大事的优势，这是我们的最大政治优势。"① 扶贫事业是中国特色社会主义建设的重要组成部分，在党的全面领导下，五级书记共抓扶贫，从党中央到基层党组织全力以赴参与到扶贫工作中去，为扶贫事业的不断向前推进提供了根本保证。

（一）五级书记抓扶贫，不断发挥党组织的重要作用

扶贫全国一盘棋，为统一部署、筹划，党中央要求省、市、县、乡、村"五级书记"齐上阵，积极落实一把手的政治责任，齐抓共管，从省委书记、市委书记、市长，再到各区县、各乡镇党政主要负责人，根据省、市、县、乡、村"五级书记抓扶贫"的工作部署，对标"两不愁三保障"的标准，按照"村村过硬、户户过硬、全面过硬"的要求，深入基层、扎实推进，确保所有贫困人口同全国人民一起进入全面小康社会。基层党组织作为党执政的神经末梢，更发挥着战斗堡垒作用。习近平指出："农村要发展，农民要致富，关键靠支部。"② 只有发挥基层党组织的领导作用，才能将国家的扶贫政策落到实处。为此，习近平强调："确立农村党组织的核心地位，绝不是让党组织孤军作战，而是要在发挥好党组织核心领导作用的同时，充分发挥好村委会、村合作经济组织和团支部、妇代会、民兵组织各自的作用。"③

发挥基层党组织的战斗堡垒作用。一方面，要求扶贫干部始终保持顽强的工作作风和拼劲，深入贫困群众中间，与人民群众保持血肉联系，坚持为群众办实事、办好事、办成事，真正带领贫困地区的群众实现脱贫致富奔小康的目标；另一方面，要求扶贫干部具备如期打赢脱贫攻坚战的信心和担当，始终坚持把脱贫任务和职责扛在肩上、抓在手上，坚持真扶贫、扶真贫、脱真贫、真脱贫，以此改变广大贫困地区和贫困群众的生活面貌，推动广大贫困地区经济社会发展驶上快车道。

---

① 中共中央党史和文献研究院编《习近平扶贫论述摘编》，中央文献出版社，2018，第35页。
② 中共中央党史和文献研究院编《习近平扶贫论述摘编》，中央文献出版社，2018，第31页。
③ 习近平：《摆脱贫困》，福建人民出版社，1992，第162页。

（二）坚决把全面从严治党贯穿脱贫攻坚全过程

习近平强调："坚持从严要求，促进真抓实干。脱贫攻坚，从严从实是要领。必须坚持把全面从严治党要求贯穿脱贫攻坚工作全过程和各环节，实施经常性的督查巡查和最严格的考核评估，确保脱贫过程扎实、脱贫结果真实，使脱贫攻坚成效经得起实践和历史检验。"①

坚持全面从严治党，责任明确，履责激励，失责追究，是对广大党员干部的基本要求。对于广大扶贫干部，通过实施严格的考核制度与评价体系提升他们的使命感与责任感，更要激励他们扎实完成脱贫任务以确保扶贫工作的质量。具体而言，要求每位基层党员干部必须清楚自身的任务与责任，坚持扶贫工作中的务实原则，做到谋划实、推进实、作风实、分工实、责任实、追责实、投入实、资金实、到位实，不断推动扶贫工作深入发展。

同时，坚持全面从严治党，促进真抓实干，也是对广大党员干部理想信念的考验。习近平多次强调："理想信念动摇是最危险的动摇，理想信念滑坡是最危险的滑坡。一个政党的衰落，往往从理想信念的丧失或缺失开始。"② 对于广大扶贫干部而言，理想信念是他们坚持为贫困群众办实事、带领贫困群众如期脱贫的基础和前提。只有扶贫干部坚定理想信念，坚持"人民至上"才能在脱贫攻坚中落实全面从严治党要求，不断实现人民对于脱贫攻坚的期待，顺利推动全面小康社会的实现。

二　坚持"人民至上"的根本立场

"人民立场是中国共产党的根本政治立场，是马克思主义政党区别于其他政党的显著标志。"③ 从人民立场出发思考、部署我国扶贫开发战略，坚

---

① 中共中央党史和文献研究院编《习近平扶贫论述摘编》，中央文献出版社，2018，第124页。
② 习近平：《习近平谈治国理政》（第2卷），外文出版社，2017。
③ 习近平：《习近平谈治国理政》（第2卷），外文出版社，2017，第40页。

持"人民至上"是以习近平同志为代表的中国共产党人始终坚持的根本立场，也是习近平扶贫重要论述的出发点和落脚点。

（一）以人民为中心的扶贫理念

理念是行动的先导。回顾历史，正是由于有了正确的理念引导，中国特色社会主义事业才能经受住重重考验，不断取得新发展、新突破。习近平曾在多个场合多次强调："全党同志要把人民放在心中最高位置，坚持全心全意为人民服务的根本宗旨，实现好、维护好、发展好最广大人民根本利益，把人民拥护不拥护、赞成不赞成、高兴不高兴、答应不答应作为衡量一切工作得失的根本标准，使我们党始终拥有不竭的力量源泉。"① 十八大以来，在扶贫实践的基础上形成了包括共享发展理念、精准扶贫理念、国际合作扶贫理念在内的习近平扶贫理念。这些理念充分体现了习近平扶贫重要论述始终坚持以人民为中心、全心全意为人民服务的价值取向。正是基于以人民为中心的扶贫理念，习近平提出在脱贫攻坚战中要重点解决农村地区的贫困问题，坚决补上农村这块"短板"，坚决带领全体人民群众决胜脱贫攻坚，共享全面小康，实现共同富裕，这充分体现了习近平坚持以人民为中心的共享发展理念。

精准扶贫的出发点就是维护最广大人民的根本利益，践行"以人民为中心"。为此，习近平针对扶贫工作提出要做到落实到人、精准施策，要搞清楚贫困对象，找准贫困地区贫穷落后的真正原因，做到因地制宜、因人因户施策，才能从根本上解决贫困问题。正是由于以"人民"为指向，将"精准"这一科学方法贯穿于扶贫工作始终，才真正做到了在扶贫工作中真扶、真脱，这是习近平以人民为中心发展理念的集中体现和深刻阐释。

同时，为推进世界减贫事业，习近平倡导世界各国积极携手合作，共建一个没有贫困、共同发展的人类命运共同体，为全球各国人民带来更多的福祉，这充分体现了习近平以人民为中心的国际合作扶贫理念。为此，中国积

---

① 习近平：《习近平谈治国理政》（第2卷），外文出版社，2017，第40页。

极推进南北合作，加强南南合作，建立亚洲基础设施投资银行，设立丝路基金等，努力让发展成果惠及世界各国。

（二）以人民为中心的扶贫路径

扶贫、减贫关系国计民生，坚持以人民为中心是我国扶贫、减贫事业取得伟大胜利的关键所在。习近平强调："脱贫攻坚，群众动力是基础。必须坚持依靠人民群众，充分调动贫困群众积极性、主动性、创造性。"[①] 十八大以来，正是由于坚持扶贫为了人民、扶贫依靠人民、扶贫成果由人民检验，践行以人民为中心的扶贫路径，我国扶贫工作才能不断取得新进展。

首先，坚持深入基层群众，助推脱贫攻坚。贫困群众是扶贫工作的主体和帮扶的对象，要实现真扶贫、扶真贫，要求扶贫干部必须深入基层、深入贫困群众中去，全面了解贫困地区群众的生产生活需要，将人民需要作为制定扶贫路径与措施的前提，尽早帮助贫困地区和贫困人口实现脱贫的目标。其次，坚持完善工作方式和工作方法，认真倾听群众声音。消除贫困是一场人民战争，在扶贫工作任务中，党政干部通过不断完善工作方式和方法，走进群众，倾听群众声音，想群众之所想、急群众之所急，将群众的呼声放在心里，坚持为群众办好事、办实事，实现脱贫攻坚让人民满意。再次，坚持社会总动员，汇聚扶贫合力。扶贫工作作为一项事关国计民生的全局性事业，必须依靠人民，全社会共同发力才能成功。习近平强调："要坚持专项扶贫、行业扶贫、社会扶贫等多方力量、多种举措有机结合和互为支撑的'三位一体'大扶贫格局，强化举措，扩大成果。"[②] 事实证明只有依靠人民、发挥人民的力量才能真正有助于进一步帮助贫困地区群众摆脱贫困落后的面貌，为坚决打赢脱贫攻坚战、全面建成小康社会做贡献。

---

① 中共中央党史和文献研究院编《习近平扶贫论述摘编》，中央文献出版社，2018，第143页。

② 中共中央党史和文献研究院编《习近平扶贫论述摘编》，中央文献出版社，2018，第99页。

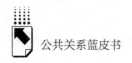
三　坚持"精准扶贫"的科学方法

坚持扶贫工作的精准性贯穿于习近平扶贫重要论述体系的始终。习近平提出："扶贫开发推进到今天这样的程度，贵在精准，重在精准，成败之举在于精准。"① 精准扶贫是一个系统工程，只有系统之间达到优化组合，处理好整体与部分之间的辩证关系才能最终完成精准脱贫的目标。为此，必须坚持"精准"这一科学方法，以问题为导向、精准施策，实现从"大水漫灌"式的粗放型扶贫向"精准滴灌"式的精细化扶贫的转变，才能从根上解决贫困问题。

（一）围绕"四个问题"、落实"六个精准"

纵观我国的扶贫史，从"大水漫灌"式的粗放型扶贫向"精准滴灌"的精细化扶贫转变是历史的必然。因为，只有真正做到"精准"才能从根上解决以往扶贫不精准、扶贫效果不明显的问题。为此，习近平强调："我们注重抓六个精准，即扶持对象精准、项目安排精准、资金使用精准、措施到户精准、因村派人精准、脱贫成效精准，确保各项政策好处落到扶贫对象身上。"② 只有围绕"四个问题"、落实"六个精准"，才能实现"精准滴灌"式的精细化扶贫。

第一，扶贫对象精准主要解决"扶持谁"的问题。习近平指出："扶贫必先识贫。"③ 扶贫首先要精准识别贫困对象，通过建档立卡，规范管理扶贫对象，做到扶真贫、真扶贫。第二，项目安排精准要求贫困地区要紧密结合当地发展实际，因地制宜，在项目扶贫安排上优先扶持贫困地区的特色产业，实现就地脱贫目标。第三，资金使用精准则要求坚决做到阳光扶贫、廉

①　中共中央党史和文献研究院编《习近平扶贫论述摘编》，中央文献出版社，2018，第58页。
②　中共中央党史和文献研究院编《十八大以来重要文献选编》（中），中央文献出版社，2016，第720页。
③　中共中央党史和文献研究院编《习近平扶贫论述摘编》，中央文献出版社，2018，第63页。

洁扶贫，要绷紧纪律和规矩这根弦，真正把资金用到扶贫对象上，帮助贫困群众早日脱贫。第四，措施到户精准主要解决"怎么扶"的问题。必须针对贫困人口和贫困地区的不同情况实施不同的精准扶贫方略，做到因人施策、因户施策、因地施策。第五，因村派人精准主要体现在驻村干部的选派方面。即注重选派优秀青年干部前往贫困地区驻村帮扶，进而帮助贫困地区成功实现"摘帽"目标。第六，脱贫成效精准则主要针对"如何退"的问题。必须对已经脱贫的贫困地区和贫困人口按照摘帽标准进行验收，实行逐户销号，做到脱贫到人，同时在一定时间内实施摘帽不摘政策，做到脱贫成效精准，防止已经脱贫的地区重新返贫。

（二）精准施策实施"五个一批"工程

在扶贫工作中，"怎么扶"问题至关重要。对此，习近平强调："要按照贫困地区和贫困人口的具体情况，实施'五个一批'工程"。① 对"怎么扶"问题提出了具体的解决方案。

第一，"发展生产脱贫一批"要求扶贫干部积极引导有劳动能力的贫困群众用辛勤劳动实现脱贫目标，对有劳动能力、有资源优势但缺少资金、技能、产业的贫困群众，通过扶持地区优势产业达到脱贫目标，努力做到贫困人口都有收入，都有脱贫之路。第二，"易地搬迁脱贫一批"要求扶贫干部做到搬得出、稳得住、能致富。即为扶贫搬迁过程中急需的资金拓宽来源和渠道，帮助贫困人口顺利实现易地搬迁，做到搬得出。同时为搬迁人员提供就业和增收机会，保障他们的基本生活生产需要，做到稳得住、能致富。第三，"生态补偿脱贫一批"要求扶贫干部支持有劳动能力的贫困人口实现生态就业，既有助于保护贫困地区的生态环境，同时也给贫困人口提供就业机会，增加贫困人口的收入，改善贫穷现状。第四，"发展教育脱贫一批"要求扶贫干部大力发展贫困地区的教育事业，保证贫困地区的孩子通过教育途径掌握基本的就业创业技能，以此摆脱贫困，阻断贫困的世代传递。第五，

---

① 中共中央党史和文献研究院编《习近平扶贫论述摘编》，中央文献出版社，2018，第65页。

"社会保障兜底一批"要求扶贫干部将社会保障兜底作为脱贫底线，加大对重点贫困地区和贫困人员的帮扶力度，从而保障该部分人群的基本生活需要。

四　坚持"志智双扶"的扶贫途径

在扶贫工作中，贫困人口既是帮扶的对象，也是扶贫的主体。要实现有效扶贫、有效脱贫，不能离开贫困人口的主观能动性，只有激发出贫困人口的内生动力，才能从根本上解决脱贫动力不足的问题。习近平强调："脱贫攻坚，群众动力是基础。必须坚持依靠人民群众，充分调动贫困群众积极性、主动性、创造性，坚持扶贫和扶志、扶智相结合，……用人民群众的内生动力支撑脱贫攻坚。"① 习近平在关于扶贫的重要论述中，始终坚持把激发内生动力作为实现扶贫脱贫的重要途径。

（一）扶贫要与"扶志"相结合

在脱贫攻坚任务中，依靠外在帮扶虽然有助于扶贫工作的顺利开展，但是如果不能激发出贫困群众自身要脱贫的内在动力，外部帮扶再多也无法从根本上解决有效脱贫问题，反而会因为长期帮扶助长部分贫困群众的"等、靠、要"的思想，严重影响脱贫的长久性和持续性。缺乏内生动力既不利于充分调动贫困地区和贫困群众的积极性、主动性、创造性，更不利于脱贫攻坚战的如期实现。基于此，在具体帮扶过程中必须引导贫困群众树立脱贫致富的志气和信心，激发群众内生动力，做到扶贫先"扶志"。

正如习近平所强调的那样："人穷志不能短，扶贫必先扶志"②，"脱贫致富贵在立志，只要有志气、有信心，就没有迈不过去的坎。"③ 为此，一

---

① 中共中央党史和文献研究院编《习近平扶贫论述摘编》，中央文献出版社，2018，第 143 页。
② 中共中央党史和文献研究院编《十八大以来重要文献选编》（下），中央文献出版社，2018，第 49 页。
③ 中共中央党史和文献研究院编《习近平扶贫论述摘编》，中央文献出版社，2018，第 132 页。

线扶贫干部不仅要努力帮助贫困群众树立脱贫致富、加快发展的信心和信念，帮助他们增强坚持苦干实干、改变贫困面貌的决心和勇气，而且要在具体的扶贫工作实践中，积极宣扬党和国家的好政策，通过政策引导，鼓励广大贫困群众自力更生、艰苦奋斗，实现从帮扶脱贫到自我脱贫的转变，以自己的辛劳和汗水改变贫困落后的面貌，以内生动力汇聚成打赢脱贫攻坚战的强大力量，为彻底摆脱贫困、实现共同富裕贡献自己的力量。

（二）扶贫要与"扶智"相结合

习近平强调："扶贫必扶智，治贫先治愚。"[①] 贫穷并不可怕，但对于贫困群众而言怕的是他们知识匮乏、精神颓废，怕的是他们智力不足、头脑空空。因此，在扶贫工作中，既要"扶志"，也要"扶智"，不仅要激发出贫困群众脱贫的志气、信心，而且要积极培养贫困群众自我发展的能力，做到扶贫既"扶志"又"扶智"，既激发脱贫的干劲，又提高贫困地区群众的脱贫理念和脱贫技能，从而阻止贫困现象的代际传递。

首先，要注重培育贫困群众发展生产的基本技能。这要求扶贫干部紧密结合地区特色产业，培养贫困群众的职业技能，真正做到学以致用，同时支持一些具有劳动能力的贫困群众，引导他们依靠自己的辛勤劳动和付出来改变当前贫困面貌。其次，要树立文明新风。这就要求在具体帮扶中既要帮助广大贫困群众掌握基本的生存技能和致富手段，让他们口袋鼓起来，还要帮助广大困难群众转变思想观念、提升文化水平，让他们脑袋"富"起来。要通过组织群众性的精神文明创建活动，丰富群众文化生活、提升文化素养，让贫困群众的综合素质水平不断得到提高。再次，要重视发展教育，防止贫困的代际传递。教育是青年一代获得知识、增长见识、开阔视野的重要方式。只有大力发展教育，推进教育的公平公正，才能促进贫困地区的孩子接受良好的教育，才能从思想上改变贫困群众对贫困的认知，才能从源头上、从根本上摆脱贫困现象，阻止贫困现象的代际传递。

---

① 中共中央党史和文献研究院编《习近平扶贫论述摘编》，中央文献出版社，2018，第137页。

（三）"扶志"要与"扶智"相结合

贫困群众既是脱贫攻坚的对象，也是脱贫致富的主体。"志"与"智"都是针对贫困群众而言，相当于事物发展的内力、内因。从马克思主义的矛盾论角度来说，事物内部的矛盾是推动事物发展的根本原因，事物的发展都是由内因推动的。进入 21 世纪后，我国的扶贫工作虽然在国家层面的支持力度不断加大，但从实际效果来看，成效在降低。这既受扶贫工作已进入深水区、工作难度不断加大等现实环境因素的制约，也存在扶贫工作不科学、不合理、不到位等问题，这使得深度贫困地区物质脱贫难、精神脱贫更难。具体表现为一些贫困地区、困难群众"等靠要"思想严重，有问题不靠自己解决，只想着依赖国家，缺乏自力更生、奋发图强的内在动力。思想问题是根本性问题，要解决这一问题，不仅要在物质方面坚持加大投入，强化资金支持，基本实现物质脱贫，更要在实现物质脱贫的同时实现精神脱贫。尤其是"脱贫攻坚到了啃硬骨头、攻坚拔寨的冲刺阶段，必须充分调动贫困人口的'志''智'内因，将外部'输血'式扶贫与内部'造血'式脱贫相结合，通过培育贫困人口自身'造血'功能巩固'输血'成果"。[①]

"扶志"，就是要树立贫困地区人民百姓对于脱贫致富走向美好生活的信心。志气一旦树立起来，致富的办法和干劲也就有了，才能尽自己最大的努力脱贫致富。所以说扶贫要先扶心，首先要改正贫困地区、困难群众的心态，改变过去"要、靠、等、怨"的不良习气，让人们自愿努力起来，并积极自发地为脱贫致富奔小康行动起来，只有这样才能为脱贫攻坚提供内在动力。相比于"扶志"，"扶智"是实现脱贫攻坚的外在途径。"扶智"，就是要启发贫困地区人民的致富思路，通过培训技术和素质教育，提供知识和技术支持，并结合当地实际以及困难群众的真实情况，有针对性地指引困难群众走上科学正确的脱贫致富道路。只有将"扶志"和"扶智"相结合，"把贫困群众积极性和主动性充分调动起来，引导贫困群众树立主体意识，

---

① 唐任伍：《"志智双扶"提升脱贫内生动力》，《人民日报》2018 年 10 月 21 日第 5 版。

发扬自力更生精神，激发其改变贫困面貌的干劲和决心，变'要我脱贫'为'我要脱贫'，靠自己的努力改变命运"①，才能使脱贫攻坚具有真正的可操作性，才能确保脱贫群众不返贫，从而从根本上保证扶贫工作的效率。

五　政府投入为主，强化资金支持

要实现脱贫，产业发展是关键，而要发展产业则离不开资金支持。习近平强调："坚持加大投入，强化资金支持。脱贫攻坚，资金投入是保障。"②只有强化资金支持、完善资金管理，才能帮助深度贫困地区消除贫困、共享全面小康。

（一）加大扶贫资金投入，助力脱贫攻坚

资金充足是贫困地区开展脱贫攻坚的前提，是贫困群众发展生产的基础。加大扶贫投入、强化资金支持，是保证我国脱贫攻坚工作有效进行，确保我国如期打赢脱贫攻坚战、全面建成小康社会的内在需要和基本条件。习近平指出："中央财政专项扶贫资金、中央基建投资用于扶贫的资金等，增长幅度要体现加大脱贫攻坚力度的要求。"③因此，必须保证扶贫资金投入力度与打赢脱贫攻坚战、全面建成小康社会的要求相匹配。

首先，要坚持发挥政府的投入主体和主导作用，确保对贫困地区的扶贫资金投入力度不减，同时发挥资本市场支持贫困地区发展的作用，吸引更多的社会资金参与到扶贫事业中去，促进扶贫资金来源多渠道、投入多样化。其次，各省（自治区、直辖市）要根据本省份脱贫攻坚工作的实际开展情况，积极调整本省份财政支出结构，加大对本省份贫困地区的扶贫资金投入力度，同时鼓励本省份的社会资金积极投入贫困地区，形成支持贫困地区经济发展的强大社会合力，帮助贫困地区摆脱贫困。最后，东部地区要随着财

---

① 刘永富：《中国特色扶贫开发道路的新拓展新成就》，《社会治理》2017年第8期。
② 中共中央党史和文献研究院编《习近平扶贫论述摘编》，中央文献出版社，2018，第94页。
③ 中共中央党史和文献研究院编《习近平扶贫论述摘编》，中央文献出版社，2018，第90页。

政收入的增加，进一步加大对结对帮扶与对口支援地区的资金投入力度，要鼓励和动员东部地区的民营企业、社会组织、各界人士前往对口支援地区投资创业，从而为贫困地区脱贫提供坚实的资金保障，更为我国如期打赢脱贫攻坚战、建成全面小康社会奠定坚实的基础。

（二）加强扶贫资金管理，推进阳光扶贫

习近平指出，"扶贫资金是贫困群众的'救命钱'，一分一厘都不能乱花，更容不得动手脚、玩猫腻！要加强扶贫资金阳光化管理，加强审计监管，集中整治和查处扶贫领域的职务犯罪。"[1] 这就要求加强对扶贫资金的使用和管理、扶贫整个过程以及扶贫结果的管理，推动阳光扶贫、廉洁扶贫，确保扶贫工作务实、脱贫过程扎实、脱贫结果真实，使脱贫攻坚成效经得起历史和实践的检验，经得起广大人民群众的检验。

首先，要建立健全扶贫资金项目公告公示制度。各省、市、县要坚持扶贫资金使用公开透明，在这个过程中把各个乡、村的扶贫项目安排和资金使用情况进行公示公开，真正让广大人民群众了解扶贫资金的分配、使用以及管理过程，接受人民群众的监督和检验。其次，要加强制度建设，严肃惩治扶贫领域中的腐败问题，对扶贫工作中出现的责任落实不到位、工作措施不精准、资金管理使用不规范、工作作风不扎实等问题，要加大监督力度，不留情面，坚决予以整治和查处，确保阳光扶贫、廉洁扶贫，真正把扶贫资金用到贫困对象身上，帮助贫困群众早日脱贫致富。最后，要发挥媒体监督、交叉考核监督以及第三方评估的作用，确保扶贫资金使用、扶贫项目实施、扶贫工作成效的公开化、透明化，真正做到扶贫工作的阳光化管理。

六　凝聚合力构建扶贫大格局

习近平强调："扶贫开发是全党全社会的共同责任，要动员和凝聚全社

---

[1]　中共中央党史和文献研究院编《习近平扶贫论述摘编》，中央文献出版社，2018，第92页。

会力量广泛参与。要坚持专项扶贫、行业扶贫、社会扶贫等多方力量、多种举措有机结合和互为支撑的'三位一体'大扶贫格局，强化举措，扩大成果。"① 扶贫、减贫不仅是党政领导干部的责任，也是全党全社会的共同责任，需要动员全社会的广泛参与，通过构建"三位一体"的大扶贫格局，形成如期打赢脱贫攻坚战、全面建成小康社会的强大合力。

（一）通过社会扶贫凝聚脱贫攻坚强大合力

构建"三位一体"的大扶贫格局，必须高度重视社会扶贫在大扶贫格局中的重要作用。一方面，社会扶贫有助于动员和凝聚社会多方力量参与扶贫开发工作，释放社会扶贫潜力，形成脱贫攻坚强大合力，推动脱贫攻坚工作有效进行；另一方面，社会扶贫对于弘扬中华民族扶贫济困的传统美德，培育和践行社会主义核心价值观，动员全社会力量向贫困宣战具有重要意义。习近平强调："脱贫致富不仅仅是贫困地区的事，也是全社会的事。要更加广泛、更加有效地动员和凝聚各方面力量。要强化东西部扶贫协作。"②

首先，要培育多元社会扶贫主体。要积极动员企业在遵循市场经济规律的前提下，向贫困地区输送资金和技术，助推脱贫攻坚工作。要引导社会组织以扶贫项目为依托，助推精准扶贫、精准脱贫。要广泛动员个人参与脱贫攻坚工作，通过倡导"我为人人、人人为我"的理念，强化个人扶贫的责任感和使命感。其次，要完善社会扶贫奖励机制。一要落实优惠政策。按照国家税收法律的有关规定，落实扶贫捐赠税前扣除、税收减免等扶贫公益事业税收优惠政策，对积极参与脱贫攻坚工作、带动贫困群众脱贫致富并且符合信贷条件的企业给予信贷支持及政策扶持。二要建立扶贫荣誉机制。对为脱贫攻坚工作做出杰出贡献的各类企业、社会组织以及个人进行表彰和奖励。最后，要营造良好的社会扶贫氛围。一要大力弘扬中华民族扶贫济困的

---

① 中共中央党史和文献研究院编《习近平扶贫论述摘编》，中央文献出版社，2018，第99页。
② 中共中央党史和文献研究院编《习近平扶贫论述摘编》，中央文献出版社，2018，第100～101页。

优良传统，弘扬和培育社会主义核心价值观，引导社会主体传承中华民族优良传统，积极投身社会扶贫工作。二要加大对国家"扶贫日"的宣传力度，表彰在扶贫工作中贡献较为突出的社会组织、企业及个人，树立脱贫攻坚先进典型，发挥示范引领作用。

（二）通过东西部扶贫协作推动实现共同富裕

习近平指出："东西部扶贫协作和对口支援，是推动区域协调发展、协同发展、共同发展的大战略……是实现先富帮后富、最终实现共同富裕目标的大举措，必须长期坚持下去。"① 通过推进东西部扶贫协作和对口支援工作，加强东西部地区产业合作，有助于促进西部贫困地区脱贫致富，实现共同富裕。

首先，帮扶双方党委和政府要加强对东西部扶贫协作和对口支援工作的领导与支持。要完善相关扶贫政策，加大扶贫资金、项目和人才的投入力度，并重点向西部地区的贫困村、贫困群众倾斜，真正帮到点上、扶到根上。要建立和完善劳务输出对接机制，提高劳务输出脱贫的组织化程度。要强化政策激励制度，采取双向挂职、两地培训、委托培养和组团式支教、支医、支农等方式，鼓励各类人才前往西部贫困地区开展扶贫工作。要发挥政府和市场两方面的作用，把握供需关系，推动东部产业向西部地区转移，实现东、西部互利共赢、共同发展。

其次，东部地区要增强责任意识和大局意识，助推西部地区决胜脱贫攻坚。要广泛动员东部地区各级党政机关、人民团体、企事业单位、社会组织、公民个人等社会力量参与西部贫困地区的脱贫攻坚工作，形成帮扶合力。要积极推动东、西部产业合作，激发东部地区企业到西部贫困地区进行投资的积极性，为西部贫困地区提供人才、资金以及技术等方面的支持。要深化结对帮扶工作，实施"携手奔小康"行动，推进东部地区经济发达的

---

① 中共中央党史和文献研究院编《习近平扶贫论述摘编》，中央文献出版社，2018，第101～102页。

县与西部地区脱贫难度大的县精准对接，同时探索东、西部乡镇、行政村之间的结对帮扶工作。

最后，西部地区要整合用好东部地区的各类资源，聚焦脱贫攻坚。要把东部地区的信息、技术、资金、人才等优势与西部地区资源充足、消费增长潜力大、市场广阔等优势相结合，加大与东部地区产业合作的力度，提高西部地区自身产业发展能力与"造血"功能，从根本上解决贫困问题。要借助东部地区扶贫协作和对口支援工作，多渠道开发就业岗位，支持贫困群众在家乡就业，推动西部经济发展。要组织贫困群众前往东部地区的职业院校进行职业培训和技能培训，这对提高西部贫困群众的受教育能力及自力更生能力、坚定贫困群众脱贫致富的信心具有重要作用。

七　真抓实干构建扶贫工作长效机制

坚持扶贫工作的有效性是习近平扶贫重要论述的要点之一。习近平强调："脱贫攻坚要取得实实在在的效果，关键是要找准路子、构建好的体制机制，抓重点、解难点、把握着力点。"① 只有通过真抓实干构建扶贫工作长效机制才能确保扶贫工作的长效性和可持续性。

（一）在实践中检验扶贫工作的成果

扶贫实践是习近平扶贫重要论述的活水源头，只有对实践的反思、总结才能推动理论的形成、发展。习近平扶贫重要论述的形成与发展是他多年调查民情，帮助人民群众摆脱贫困相关实践经验的总结。从 7 年知青岁月到 3 年正定岁月，从 17 年福建岁月到 5 年浙江岁月，再到担任总书记阶段，多年的实践经验是习近平扶贫重要论述产生的基础，也正是在实践的探索中，习近平扶贫重要论述得到了进一步的发展与完善。

---

① 中共中央党史和文献研究院编《十八大以来重要文献选编》（下），中央文献出版社，2018，第 38 页。

扶贫实践，是检验扶贫工作成效的试金石，只有在实践中才能检验扶贫工作是否有效。马克思主义反贫困理论是关于扶贫实践的理论，其目的在于消灭贫困、实现人类共同富裕。习近平扶贫重要论述，是马克思主义反贫困理论中国化的最新成果，体现了扶贫实践的重要思想。如习近平提出扶贫干部要实打实干，一切工作都要落实到为贫困群众解决实际问题上，防止形式主义，不能搞花拳绣腿，不能搞繁文缛节，更不能做表面文章，最终目的在于解决中国人民群众的贫困问题，实现全体人民的共同富裕，实现全面建成小康社会的奋斗目标。

（二）把有效性作为评价扶贫工作效果的重要标准

习近平强调："党政一把手特别是贫困问题较突出地区的党政主要负责同志，肩上有沉甸甸的担子，身后有群众眼巴巴的目光。职责所系、群众所盼，不能有丝毫懈怠。"[1] 要求始终把人民群众的需求放在首位，实事求是地帮助人民群众解决生产生活中面临的问题，要把有效性作为检验扶贫成效的重要指标。同时，也要以扶贫有效性作为检验扶贫干部能力大小的标准。这就要求在帮扶过程中，扶贫干部要坚持因地制宜、因人因户因村施策，突出产业扶贫，提高组织化程度，培育带动贫困人口脱贫的经济实体，提高扶贫工作的有效性；同时，要积极组织和动员青年扶贫干部前往基层地区接受锻炼，这不仅有助于磨炼他们吃苦耐劳的意志，加深其同人民群众之间的感情，也有助于在扶贫工作中接受人民群众的监督和检验，从而确保扶贫工作扎实有效。

此外，在脱贫攻坚过程中，习近平提出要实施严格的考核评估制度，强调将考核贯穿于扶贫全过程。要注重过程考核与结果考核相结合，并把扶贫的考核成果作为组织部门对扶贫干部综合评价的重要依据，进而督促和引导各地区的扶贫干部做到精准扶贫、精准脱贫，不断提高脱贫攻坚工作的成

---

① 中共中央党史和文献研究院编《习近平扶贫论述摘编》，中央文献出版社，2018，第101～102页。

效，真正做到在实践中识别人才，在实践中检验扶贫工作的成果，以此保证扶贫工作的有效性。

（三）建立长效扶贫机制作为解决贫困问题的重要方式

建立长效的扶贫机制是实现真脱贫的制度性保证，是扶贫工作有效性的基础，是解决贫困问题的重要方式。长效扶贫机制的建立既是决胜脱贫攻坚、全面建成小康社会的基本要求，也是巩固脱贫攻坚成果、推动脱贫攻坚与乡村振兴战略有效衔接的战略需要。探索构建长效扶贫机制，将是很长一段时间内我国贫困治理的重点和难点。构建长效扶贫机制需要做到以下三个方面。

第一，通过落实精准扶贫、精准脱贫战略，提高扶贫工作的有效性。主要表现为注重"六个精准"、实施"五个一批"，坚持因地制宜、因人因户施策，切不可搞大水漫灌、走马观花、大而化之式扶贫。第二，通过实施系统的扶贫考核机制，确保贫困群众真脱贫、不返贫。主要表现为建立年度脱贫攻坚报告、督查制度以及考核评估制度，同时注重过程考核和结果考核相结合，从而带领贫困群众实现脱贫致富奔小康的目标。第三，通过提高基层治理能力，实现扶贫工作的有效运行。为了提高扶贫的精准性、有效性，确保精准脱贫，我国不断提高基层治理能力。主要表现为增加基层治理资源，做好权责匹配工作，确保基层政策的执行效果；针对国家官僚体制对基层扶贫考核的规制，正确对待第三方评估在扶贫中的作用；采取适当变通的方法，提高政策的适应度，做到政策为人民服务；针对以社会动员方式促进基层发展的扶贫方式，要与基层治理相协调，不削弱基层自治能力。

八　携手减贫建设清洁美丽新世界

自新中国成立尤其是改革开放以来，在党的全面领导下我国不断推动扶贫事业发展，率先实现联合国千年发展目标。"二〇一五年，联合国千年发展目标在中国基本实现。中国是全球最早实现千年发展目标中减贫目标的发展中国家，为全球减贫事业作出了重大贡献"。① 十八大以来，我们党和政府着力推动全国人民走上全面建成小康社会的康庄大道，在实现中华民族伟大复兴和人民对美好生活向往的同时，更主张世界各国一道"构建人类命运共同体"，以满足全世界各国人民对于美好生活的追求与向往。正如习近平所指出的那样，"消除贫困依然是当今世界面临的最大全球性挑战。未来十五年，对中国和其他发展中国家都是发展的关键时期。我们要凝聚共识、同舟共济、攻坚克难，致力于合作共赢，推动建设人类命运共同体，为各国人民带来更多福祉"。②

（一）倡导各国合作共赢，构建人类命运共同体

当今世界，放眼全球，世界各国在与他国的沟通、交流、互动中，相互依存、相互融合。人类社会早已处于一种你中有我、我中有你的有机联系之中，并逐渐形成互利互惠的特殊利益纽带，世界各国需要维护好这根纽带，通过共商、共享、共建，推动和维护经济全球化，以合作求共赢。但在全球化席卷世界的今天，互利互惠关系的维系和发展并没有想象中的顺利。地球村的形成、发展，不仅没有使得传统全球性问题得到有效解决，粮食安全、资源短缺、气候变化等非传统全球性问题更是层出不穷，再加上地方保护主义抬头、全球化进程受阻，整个人类生存与发展面临严峻挑战，这些问题阻碍了世界发展，而衍生出的贫困问题，更成为困扰世界发展的大难题。"消除贫困依然是当今世界面临的最大全球性挑战。"③ 面对这些挑战，各国不仅需要加强自身发展，也要加强协作、互利互惠、共同进步、共享发展成果。

习近平指出："我们主张，各国和各国人民应该共同享受发展成果。每个国家在谋求自身发展的同时，要积极促进其他各国共同发展。世界长期发展不可能建立在一批国家越来越富裕而另一批国家却长期贫穷落后的基础之

---

① 中共中央党史与文献研究院编《习近平扶贫论述摘编》，中央文献出版社，2018，第52页。
② 中共中央党史与文献研究院编《习近平扶贫论述摘编》，中央文献出版社，2018，第153页。
③ 中共中央党史与文献研究院编《习近平扶贫论述摘编》，中央文献出版社，2018，第153页。

上。只有各国共同发展了，世界才能更好发展。"① 中国是一个世界大国，更是一个负责任的大国，中国与世界同呼吸、共命运。"中国在致力于自身消除贫困的同时，始终积极开展南南合作，力所能及向其他发展中国家提供不附加任何政治条件的援助，支持和帮助广大发展中国家特别是最不发达国家消除贫困。"② 为此中国倡导"构建人类命运共同体"，"帮助各国打破发展瓶颈，缩小发展差距，共享发展成果，打造甘苦与共、命运相连的发展共同体"③。"构建人类命运共同体"就是要跳出丛林法则的框架束缚，重新构建一种以世界各国互利互惠、共同发展为原则的世界治理理念。对于全球各国而言，"如果奉行你输我赢、赢者通吃的老一套逻辑，如果采取尔虞我诈、以邻为壑的老一套办法，结果必然是封上别人的门，也堵上了自己的路，侵蚀的是自己发展的根基，损害的是全人类的未来"④。中国的扶贫工作不仅要实现自身脱贫，更要与全球各国一道，共同协作，共享中国智慧，促进全人类的共同发展，建设一个没有贫困的世界。

（二）加大生态保护力度，建设清洁美丽新世界

当今世界，伴随着科学技术的发展，人类社会获得了长足的进步。但在工业革命以来，整个人类社会的进步却是以牺牲生态环境为代价的。科学技术的发展，并没有能使人类社会发展与生态保护相协调，反而与此背道而驰，生态环境不断恶化，人类生存环境遭到破坏，地球再无诗意栖居之地。生态环境恶化，已经成为全球性的难题。尤其是对于许多发展中国家而言，为了迅速改变落后面貌，不得不走以生态换发展的道路，以牺牲生态环境为代价换取生产力的高速发展。虽然这种发展模式取得了一定的成效，却缺乏可持续性，伴随而生的生态问题日益成为困扰发展中国家的难题。这些国

---

① 中共中央党史与文献研究院编《习近平扶贫论述摘编》，中央文献出版社，2018，第147页。
② 中共中央党史与文献研究院编《习近平扶贫论述摘编》，中央文献出版社，2018，第152页。
③ 中共中央党史与文献研究院编《习近平扶贫论述摘编》，中央文献出版社，2018，第160～161页。
④ 中共中央党史与文献研究院编《习近平扶贫论述摘编》，中央文献出版社，2018，第162页。

家、地区不仅面临发展生产力的压力，更面对保护生态环境的压力。由生态问题所催生的贫困问题，也日渐成为国际社会关注的焦点。生态问题不仅影响到人类的永续生存，同时加剧了社会的不稳定。保护生态不仅是为了实现经济社会的可持续发展，更是为了保护人类自己的生存家园。

绿色是大自然的底色。良好生态本身蕴含着无穷的经济价值，能够源源不断地创造综合效益、实现经济社会可持续发展。保护生态不仅有对人类生存环境的关注，更有对新的绿色发展道路的开拓。走绿色发展之路，不仅要保护生态，更要通过保护生态发展生态农业、生态旅游等新兴生态产业，不断促进经济的绿色发展、可持续发展，以解决地区生产力发展落后的问题，解决由生态问题所导致的贫困。全球性生态危机的解除，不仅需要各国自身发展方式的改变，更需要各国携手合作。地球作为全人类赖以生存的唯一家园，需要世界各国共同建设清洁美丽新世界。

结　语

习近平扶贫重要论述科学回答了新时代如何推进中国特色扶贫工作这一重大时代问题，不仅指导脱贫攻坚从历史性成就走向全面胜利，而且为推动全球扶贫、减贫贡献了中国智慧和中国方案。深刻领悟习近平扶贫重要论述，既有助于从理论上总结我国扶贫实践，为推进脱贫攻坚与乡村振兴战略有效衔接提供理论指导，也有助于进一步推动贫困地区发展，缓解相对贫困，不断增强广大人民群众的获得感、幸福感、安全感。

参考文献

《中共十九届五中全会在京举行》，《人民日报》2020年10月30日。

《国家主席习近平发表二〇二一年新年贺词》，《人民日报》2021年1月1日。

人民日报评论部编《习近平用典》，人民日报出版社，2015。

中共中央党史和文献研究院编《习近平扶贫论述摘编》，中央文献出版社，2018。

习近平：《摆脱贫困》，福建人民出版社，1992。

习近平：《习近平谈治国理政》（第 2 卷），外文出版社，2017。

中共中央党史和文献研究院编《十八大以来重要文献选编（下）》，中央文献出版社，2018。

唐任伍：《"志智双扶"提升脱贫内生动力》，《人民日报》2018 年 10 月 21 日。

刘永富：《中国特色扶贫开发道路的新拓展新成就》，《社会治理》2017 年第 8 期。

B.4
中国决战脱贫攻坚公共关系
理论研究综述

郭洪水　王东安　史亚菊*

摘　要： 2020 年是全面建成小康社会的关键之年，中国决战决胜脱贫
攻坚成就举世瞩目，脱贫攻坚公共关系研究具有重要理论与
实践意义。通过梳理相关文献发现，学界从"脱贫攻坚公共
关系主体视角""客体视角""实践经验"与"脱贫攻坚公共
关系的特点与规律"等方面开展了相关研究。现有研究内容
丰富，案例生动具体，对中国精准扶贫事业有重要意义，向
社会各界传播了中国各级政府、组织和管理人员等在扶贫事
业中的担当和作为，展现了中国政府的良好形象，构建了与
中国发展成就相对应的公共形象和话语体系，使国内外民众
加深了对中国脱贫攻坚事业的理解与支持，为中国进一步深
化改革开放营造了有利的舆论环境。已有研究存在的问题：
一是通过脱贫攻坚事业来进一步深化对中国特色社会主义四
个自信的研究并不多见，二是在新冠肺炎疫情背景下对决战
决胜脱贫攻坚的公共关系理论的研究需要加强。未来相关研
究需要深化的地方：一是在脱贫攻坚公共关系理论研究中要
防止价值遮蔽事实，坚持"去伪存真、说真话、见实事"，
讲好中国故事；二是进一步围绕政治认同展开研究。

---

* 郭洪水，西北农林科技大学马克思主义学院教授，副院长；王东安，西北农林科技大学马克
思主义学院硕士研究生；史亚菊，西北农林科技大学外语系教师。

关键词： 脱贫攻坚　公共关系　中国形象　政治认同

2020 年在我国发展历史上注定是极不平凡的一年。新冠肺炎疫情的肆虐并没有终止中国发展的步伐，党的十九届五中全会胜利召开，中国向建设社会主义现代化强国的宏伟蓝图继续奋进，全面建成小康社会指日可待。这有赖于中国决战脱贫攻坚事业取得了决定性胜利，成就令世人瞩目。构建与此成就相对应的公共形象和话语体系，加深国内外民众对中国脱贫攻坚事业的理解与支持，这对中国进一步深化改革开放、营造有利的舆论环境、凝聚共识、实现两个百年发展目标，以及构建人类命运共同体具有重要意义。

一　2019～2020年脱贫攻坚公共关系理论研究整体情况概述

自 20 世纪 80 年代公共关系理论传入我国，经历 40 多年的发展，我国对公共关系相关理论的研究已非常成熟。2020 年是决战脱贫攻坚的收官之年，国内外相关学者也对脱贫攻坚公共关系理论进行了一定程度的研究探讨。

为了梳理 2019～2020 年国内外脱贫攻坚公共关系理论研究的整体情况，笔者选用了中国知网（CNKI）学术期刊数据库，以主题、篇名为检索字段，以学术期刊等为范围，分别检索了"2019～2020 年 10 月"国内发表的与脱贫攻坚公共关系理论相关的学术论文。研究发现，国内学界对脱贫攻坚公共关系理论还没有进行整体性、系统性研究，绝大多数研究都是在脱贫攻坚的大背景下，从公共关系理论的局部出发，如公关结构、公关方式创新等角度，进行实践研究或理论阐述。因此，在检索词设定上，笔者首先确定了"脱贫扶贫"主题词，然后以公共关系主体视角（如"政党形象""国家形象""政府形象""企业形象""记者"）、客体视角（如"新闻""报道"

"舆论舆情")和中介视角(如"媒体""网络""互联网""话语")为预设检索词,最后进行了组合检索,力求最大限度涵盖学界对脱贫攻坚公共关系理论的研究成果。

就国内整体的研究情况而言,笔者以预设的检索方式进行统计,具体结果如下:以"脱贫扶贫"为主题,预设检索词分别为线索进行检索,2019年相关文献共有590篇,其中被中文核心期刊或CSSCI收录的共有90篇。2020年1月1日至2020年10月31日,相关文献共有323篇,其中被中文核心期刊或CSSCI收录的共有52篇。变更检索方式,以"脱贫扶贫"为主题,以预设检索词为篇名,精确检索后,2019年相关文献为276篇,其中38篇被中文核心期刊或CSSCI收录,2020年1月1日至2020年10月31日相关文献共112篇,其中18篇被中文核心期刊或CSSCI收录。此外,为了更加具体细致地掌握脱贫攻坚公共关系理论在我国的发展情况和整体趋势,笔者也以相同检索方式,检索了2011年至2018年国内的相关研究成果,并做了对照(2011年至2020年10月的对比情况详见表1)。

表1 2011～2020年10月中国知网上"脱贫攻坚公共关系"
相关期刊论文检索数量统计

单位:篇

检索条件	收录期刊	2020年(1～10月)	2019年	2018年	2017年	2016年	2015年	2014年	2013年	2012年	2011年
主题+主题	全部	323	590	134	273	146	22	3	1	2	2
	核心期刊 & CSSCI	52	90	18	68	46	8	0	1	0	1
主题+篇名(精确)	全部	112	276	69	127	61	7	0	0	1	0
	核心期刊 & CSSCI	18	38	8	28	22	2	0	0	0	0

注:核心期刊 & CSSCI 在"中国知网"中包括:SCI 来源期刊、EI 来源期刊、北大核心、CSCD、CSSCI。

数据来源:中国知网,数据收集截止日期为2020年10月31日。

就国外的整体研究情况而言，"脱贫扶贫"的外文研究较为丰富。笔者以检索词 "China's poverty" 分别联合关键词 "News media" "News reporting" "Public opinion" "Public image" "The image of the government" "Internet"，在 CALIS 外文期刊网、Springer 电子期刊库进行组合检索。其中，在 CALIS 外文期刊网上，【篇名】信息中按照【包含】关系检索：China's poverty，并且在【篇名】信息中，按照【包含】关系检索上述关键词，得到 2020 年 1~10 月相关文献 493 篇，2019 年相关文献 746 篇。在 Springer 电子期刊库中，以 "China's poverty AND 上述关键词"设定检索公式，限定 Content Type 为 Article 进行检索，检索到 2020 年相关文献 2249 篇，2019 年相关文献 1077 篇。考虑到同一文献被多个数据库重复收录的概率，笔者以 CALIS 外文期刊网为例，对国外 2011~2020 年 10 月相关文献进行了统计（2011 年至 2020 年 10 月的对比情况详见表 2）。

表 2　2011~2020 年 10 月 CALIS 外文期刊网国外相关文献检索数量统计

单位：篇

检索条件	数据库	2020 年（1~10 月）	2019 年	2018 年	2017 年	2016 年	2015 年	2014 年	2013 年	2012 年	2011 年
篇名 "China's poverty" 包含预设关键词	不限	493	746	797	783	717	679	395	474	903	1279
	SSCI	156	172	163	186	154	168	90	116	125	120

数据来源：CALIS 外文期刊网，数据收集截止日期为 2020 年 10 月 31 日。

通过文献检索分析，不难看出：

第一，从发文量上看，国内对脱贫攻坚公共关系理论的研究，从 2016 年开始有明显的上升趋势。究其原因在于，2015 年 11 月 27 日，中央扶贫开发工作会议在北京召开，习近平总书记发表重要讲话并指出："全面建成小康社会，最艰巨的任务是脱贫攻坚。"[1] 党和国家对脱贫攻坚工作的高度

---

[1]　中共中央党史和文献研究院编《十八大以来重要文献选编（下）》，中央文献出版社，2018。

重视，引起了学界的积极反应，研究成果随之增多。2015～2020年10月，学界对此问题的研究总体上呈上升趋势。2011～2020年10月，国外学者对"中国脱贫攻坚"本身的研究热度很高，正如表2所显示的那样。但是笔者在深入查阅国外关于"中国脱贫攻坚的公共关系理论"研究时，发现此类文献却不多，与表1显示的国内关于"中国脱贫攻坚的公共关系理论"研究的丰富性相比，此类成果的国外研究明显少于国内研究。由此可以认为，对于脱贫攻坚在中国国家形象建构和提升人民幸福感等方面的公共舆论价值和意义的认识，国内学者比国外学者更重视。

第二，从发文质量上分析，2011～2020年国内外学界对脱贫攻坚公共关系理论研究的高质量成果并不多见。国内学界的权威期刊很少发表此类论文，专著也不多。这表明，对脱贫攻坚公共关系的深入研究十分必要。

基于以上分析，接下来笔者拟从"脱贫攻坚公共关系主体视角研究""客体视角研究""实践经验研究""脱贫攻坚公共关系的特点与规律研究"几个方面展开评述。在对已有研究所存在的问题进行总结分析以后，对脱贫攻坚公共关系理论研究的深化提出建议。

二 脱贫攻坚公共关系主体视角研究

从公共关系研究的主体视角来看，政府和媒体等相关组织机构致力于阐明中国扶贫事业相关政策，展示脱贫攻坚相关业绩，以让各界民众全面了解中国脱贫攻坚事业。正如习近平总书记《在决战决胜脱贫攻坚座谈会上的讲话》中指出的："脱贫攻坚不仅要做得好，而且要讲得好。要重点宣传党中央关于脱贫攻坚的决策部署，宣传各地区各部门统筹推进疫情防控和脱贫攻坚工作的新举措好办法，宣传基层扶贫干部的典型事迹和贫困地区人民群众艰苦奋斗的感人故事。"① 据报道：2020年5月11日，由中国国务院扶贫办、中国国际电视台（CGTN）、库恩基金会联合制作的纪录片《中国扶贫

---

① 习近平：《在决战决胜脱贫攻坚座谈会上的讲话》，人民出版社，2020。

攻坚》由美国公共电视网（PBS）、南加州电视台联合播出，中国国际电视台（CGTN）《走近中国》栏目主持人、美国资深中国问题专家罗伯特·劳伦斯·库恩博士主持并撰稿，以外国人的眼光、贴近海外受众的叙事方式全面介绍了中国的"精准扶贫、精准脱贫"基本方略。[①] 脱贫攻坚事业是构建政府"软实力"的有利时机，在政府形象塑造中发挥着重要作用。各级公共关系组织对此都做出了贡献。媒体承担着阐明相关扶贫政策、宣传扶贫成果、营造舆论环境的重大任务和使命。学界从传播学视角出发，明确了媒体"把关人"的身份，在媒体影响范围层面，区分了各级媒体在脱贫攻坚工作中的不同职责，普遍认为中央媒体具有较高权威性与较强公信力，在脱贫攻坚宣传报道中具有首要地位。比如，单洪楠区分了中央媒体、行业媒体、地方媒体在脱贫攻坚新闻报道中的不同职责，认为：中央媒体发挥舆论引导优势，营造决胜全面小康、决战脱贫攻坚的强有力氛围。行业媒体以专业视角呈现各领域扶贫作为。主流媒体在脱贫攻坚报道中具有"解读脱贫攻坚方针政策、讲好脱贫攻坚生动故事"的媒体职责与"宣传者、实践者和推动者"的身份定位。[②]

第一，中央媒体发挥的作用。李丹以《人民日报》的精准扶贫报道为例，基于政治传播视角做了相关研究并提出："《人民日报》的精准扶贫报道通过对报道版面、报道体裁、报道基调等的选择，塑造了负责任、有成就、有领导力、重服务的政府形象。通过对政府形象的塑造，间接呈现了经济实力强大的国家形象，彰显了自强不息的民族精神。媒体在政府形象的塑造中，要实事求是，承担起相应的社会责任，从而达到维护社会和谐、造福人民群众的目的。"[③]

第二，地方媒体发挥的作用。地方媒体在地方政府扶贫形象的塑造与区

---

① 张琼文：《中国国际电视台〈中国脱贫攻坚〉专题纪录片在美国公共电视网 PBS 全国播出》，http://www.cpad.gov.cn/art/2020/5/12/art_ 624_ 121661.html，2020－05－12。

② 单洪楠：《推进媒体融合助力脱贫攻坚——全国性行业类媒体发挥融媒体优势助力打赢脱贫攻坚战》，《新闻战线》2020 年第 10 期。

③ 李丹：《政治传播视角下主流媒体的政府形象塑造——以〈人民日报〉的精准扶贫报道为样本》，《江汉学术》2018 年第 6 期。

域性扶贫问题报道上，具有较强的专业性和精准性。关于地方媒体如何助力脱贫攻坚，学者从脱贫攻坚工作中地方媒体的定位认知、工作路径、具体措施等方面进行了研究。王志贤等以《固原日报》精准扶贫、脱贫主题报道为切入点，认为："要做好脱贫攻坚报道规划，体现精准扶贫、精准脱贫基本方略大境界、大手笔、大作为；要全方位、多层次、多角度推进媒体融合，提升脱贫攻坚传播力影响力；要结合'两学一做'学习教育，深入开展采编人员下基层活动，建设有责任担当的新闻队伍。"[①] 李皎对黑龙江广播电视台龙江特色脱贫宣传格局进行分析之后，认为地方媒体在报道中要"坚持以人民为中心，不断践行'四力'，用力用心用情去记录，讲好脱贫攻坚中每一个鲜活的故事"。[②] 在实践层面，徐敬宏、侯彤童等从县级融媒体中心助力脱贫攻坚视角出发，对地方媒体助力脱贫攻坚提出了三条路径。"一是运用融媒资源、创新宣传方式，打造脱贫攻坚优质内容；二是聚合公共资源、协助政务提升，构建社会治理新格局；三是创新脱贫思维、探索攻坚模式，搭建精准脱贫长效机制。"[③] 邓慧文在对广电系统专项扶贫行动进行调研之后认为："在决战脱贫攻坚的进程中，全国广电系统积极响应习近平总书记和党中央号召，充分发挥行业特点和优势，全力投入全面建成小康社会的伟大事业，取得了可喜成绩。广播电视媒体创新报道和传播形式，践行主流媒体职责使命，为脱贫攻坚营造了良好舆论环境。"[④]《中国广播电视学刊》（2019 年第 11 期）在报道国家广播电视总局、国务院扶贫办联合印发的《关于进一步做好广播电视和网络视听精准扶贫工作的通知》时提出：要"全面巩固提升行业扶贫，做强脱贫攻坚正面宣传，做优脱贫攻坚内容

① 王志贤、薛正荣：《地方主流媒体如何聚力助力脱贫攻坚——〈固原日报〉精准扶贫、脱贫主题报道的实践体会》，《中国记者》2017 年第 6 期。

② 李皎：《践行"四力"主动担当 龙广电助力脱贫攻坚》，《中国广播电视学刊》2020 年第 10 期。

③ 徐敬宏、侯彤童等：《县级融媒体中心助力脱贫攻坚的三条路径》，《中国编辑》2020 年第 8 期。

④ 邓慧文：《开展智慧广电专项扶贫行动全力服务脱贫攻坚民族伟业》，《中国广播电视学刊》2020 年第 10 期。

供给，做实广播电视公共服务"。农超等以广西政协报社为例，就"政协媒体在新闻扶贫中发挥的作用"进行了研究并总结：这些媒体积极落实习近平总书记"真扶贫、扶真贫"的要求，在新闻扶贫中尝试"立足宣传职能、增强辐射效能、发挥主观动能、集聚社会热能"，搭建了贫困地区与外界交流的桥梁，吸引了社会力量参与扶贫工作。[①]

第三，媒体工作者发挥的作用。在脱贫攻坚事业中，新闻工作者应该如何认识自身的"初心和使命"，做好脱贫攻坚报道？学界普遍认为，加强媒体工作者的自身修养，坚守"为人民服务"的信念是第一要务，其次是要提升媒体工作者的媒介素养，确保脱贫攻坚报道在信源上的可靠性，践行公共关系学中"把握事实"的理念，才能做好脱贫攻坚传播工作。

一般情况下，记者是新闻传播过程中的第一接触者，目前学界对媒体工作者的相关论述，主要视角集中在记者综合能力的提升与新闻获取方法上。刘锦钢认为：在脱贫攻坚工作报道的整个过程中，记者必须能动更能静，既要动起来积极获取材料，也要静下心来积淀思考。[②]在脱贫攻坚报道的具体材料获取环节，张垒认为："一要找共鸣，话题有突破；二要盯重点，采访对象有突破；三要打掩护，搞突击；四要'无章法'式提问，打破常规；五要充分利用工作外的时间。"[③]此外，也有学者从新闻工作者的整体视角出发，论述新闻工作者的自我定位、具体职责与思想认知等问题。刘楠、周小普认为："新闻工作者是社会的瞭望者，在日新月异的时代变化中，要紧跟国家政策，增强舆论引导的针对性和有效性。要结合'走转改'和'脱贫攻坚'的经验，不忘初心，坚持人民性，让'勿忘人民'一词入脑入心，深化基层意识，端正记者角色认知。"[④]

第四，社会组织发挥的作用。坚决打赢脱贫攻坚战，需要动员全党全社

---

① 农超、蔡雪梅：《政协媒体在新闻扶贫中发挥作用的探索》，《广西政协报》2019年8月6日第3版。

② 刘锦钢：《记者要善于动中取静》，《青年记者》2016年第19期。

③ 张垒：《非独立环境下扶贫调研报道的开展》，《青年记者》2017年第30期。

④ 刘楠、周小普：《从"走转改"到"脱贫攻坚"：新闻工作者的基层意识与记者角色》，《青年记者》2018年第34期。

会的力量，社会中的相关组织机构在脱贫攻坚宣传报道等方面也有着一定的社会责任。企业、教育科研单位等社会力量都在参与脱贫攻坚工作的实践进程中有一定的参与机制，同时在扶贫政策传播、扶贫方式创新、扶贫成效宣传等方面也发挥了重要作用。张攀等通过比较国有企业扶贫与传统政府扶贫的区别，总结提炼了国有企业参与扶贫的理念、机制、模式和管理方法，肯定了企业参与扶贫的重要价值，为进一步推动国有企业扶贫开发的实施提供了重要参考。[1] 教育科研单位也以扶贫方式创新的形式推动着脱贫攻坚工作的进程和效果的传播。张忠义等通过对清华大学远程教育扶贫的实证研究后指出："清华大学通过卫星和互联网等远程学习方式对我国贫困地区基层干部群众的教育扶贫，有效地改善了贫困地区教育环境，促进了当地社会经济与文化发展，是符合当前贫困地区干部群众学习需求的教育扶贫方式。"[2]

总而言之，在决战脱贫攻坚的大背景之下，目前学界对脱贫攻坚公共关系理论的研究，总体上可以概括为：政府可以抓住"软实力"构建的有利机会，积极塑造政府形象；企业、高校等社会组织力量能够以自身的优势，形成对政府形象塑造与脱贫成果传播的助力；各级媒体单位及媒体工作者，可以在脱贫攻坚新闻报道中找准定位，自觉承担起公共形象塑造与话语体系建构的责任，以主流意识引领扶贫工作不断推进，在整个社会中形成正向的脱贫攻坚舆论环境。

三 脱贫攻坚公共关系客体视角研究

从公共关系研究的客体视角来看，参与脱贫攻坚公共关系的组织或单位的内部人员和国内外民众是脱贫攻坚公共关系涉及的主要受众。政府和媒体等相关组织机构共同呈现的扶贫局面，构建的舆论形象，最终要面向

---

[1] Pan, Zhang, Xin, et al. "Poverty Alleviation by SOEs in China: Is It a Substantive Corporate Social Responsibility and How It Performs?", Proceedings of 2019 2nd International Conference on Economic Management and Green Development (ICEMGD 2019), 2019 - 08: 5.

[2] 张忠义、李森林：《清华大学远程教育扶贫实证研究》，《现代教育技术》2018 年第 2 期。

受众，接受公众和其他社会力量的检验。通过脱贫攻坚报道，公众对扶贫政策的了解认识程度，对脱贫攻坚宣传形象、事例、成果的认可程度以及对媒体综合报道的信赖程度，都是学界脱贫攻坚公共关系理论研究探讨的重要问题。

媒体工作者和党政机关、科教单位人员是脱贫攻坚公共关系的内部受众。脱贫攻坚基层工作者在具体扶贫实践过程中的形象塑造意识、服务公众意识，以及队伍建设、素质提升、心理调适等方面都是学界关注的重点。在队伍建设方面，卜红双等认为："扶贫工作队伍人力资源开发作为精准扶贫工作中的一项重要内容，具备提供人才保障、提供方法革新、动态衔接扶贫环节、汇聚和调配多方资源等价值功能，能够分别满足精准扶贫呈现的针对性、精准性、系统性、长效性等体征需求。"[1] 在心理调适方面，学者普遍认为基层工作者的心态是影响脱贫攻坚效果的重要因素。谢治菊在研究推进精准扶贫战略的路径选择时提出："基层公务员的心态是影响精准扶贫效果的重要因素。调查显示，十八大以来大部分基层公务员的心态是积极的，呈现出认同感增强、积极性提高、满意度增加、责任心增强的良好态势。"[2]不过，某些贫困地区情况也不容乐观。张彦以 Y 县为例研究了基层公务员人文关怀的创新路径，认为：贫困地区基础条件差、经济落后等各方面原因，导致基层公务员对自己要求不严，精神懈怠，工作效能低下，队伍士气不振，使扶贫工作的持续深入推进受到了一定程度的影响。当前的扶贫工作开展迫切需要加大对基层公务员的人文关怀力度，振奋扶贫队伍精神[3] 在脱贫攻坚基层工作人员的基本素质提升方面，基层工作者的话语形象、基础知识、个人能力等都是推进脱贫攻坚工作进展与成果宣传的重要因素。蒋意等分析提出："良好的话语形象不仅是广大驻村扶贫干部个人魅力的集中体

---

① 卜红双、王太明：《扶贫工作队伍人力资源开发困境、成因及路径——以精准扶贫为视域》，《江苏大学学报》（社会科学版）2020 年第 1 期。

② 谢治菊：《激发基层公务员内生动力推进精准扶贫战略的路径选择》，《上海行政学院学报》2019 年第 4 期。

③ 张彦：《扶贫攻坚中基层公务员人文关怀的创新与路径优化研究》，广西大学硕士学位论文，2019。

现，也是影响帮扶关系以及脱贫攻坚成效的关键因素。"[1]

民众是脱贫攻坚公共关系的外部受众。在脱贫攻坚过程中，通过扶贫实践与媒体宣传，使民众了解相关政策，形成对政府形象的正确认识和评价是建立良好的脱贫攻坚公共关系的落脚点。陶磊等学者研究认为："精准扶贫的实践逻辑表明：精准扶贫理论在普洱彝区已形成区域民众共识，可以从政治、情感、实践、价值四个维度找到充分有力的证据，即政治引领是动力、情感传递是纽带、实践检验是基础、价值契合是关键。"[2] 2018 年 10 月 22日至 28 日，中国记者协会书记处书记王冬梅同志带队，新媒体专业委员会和扶贫办共同组织中央新闻单位新媒体记者深入甘肃陇南开展调研。统计表明：本次采访播发的报道累计阅读量 1.7 亿次，迅速形成了热点效应，既充分反映了陇南脱贫攻坚成就，又极大鼓舞了当地干部群众的自信心、自豪感。[3] 在这一活动中，中国记者协会深入民众生活，倾听民众的呼声与利益诉求，形成真实、及时的系列报道，宣传了脱贫攻坚的成果，形成了良好的社会舆论氛围。吴旭梳理了媒体助力脱贫攻坚且得到民众认可的典型案例并总结道："中央和地方媒体通过精心策划、深入走访，在践行'四力'的同时，为加快乡村振兴和决战决胜脱贫攻坚、全面建成小康社会提供良好的舆论氛围，让看到的成果和看不见的努力，真实、客观地呈现在广大受众眼前，为实现'两个一百年'奋斗目标贡献舆论力量。"[4]

四　脱贫攻坚公共关系的实践经验研究

在全媒体时代背景下，学界对脱贫攻坚公共关系理论的认识在不断深化发展，在脱贫攻坚公共关系中的媒介选择、实施过程、公关技巧、危机处理

① 蒋意、郭云杰：《驻村扶贫干部提升话语形象的路径探讨》，《人民论坛》2020 年第 21 期。
② 陶磊、邵鹏等：《理论自信的力证：精准扶贫理论的区域民众共识——基于普洱彝区精准扶贫的实践逻辑》，《贵州民族研究》2020 年第 6 期。
③ 陶涛、乔立远：《新媒体"强四力助攻坚"陇南扶贫报道纪实》，《传媒》2018 年第 23 期。
④ 吴旭：《从三篇"扶贫公交"报道说媒体助力脱贫攻坚》，《中国新闻出版广电报》2020 年6 月 9 日第 7 版。

等方面，都取得了一定的实践经验，主要集中在深化对传统媒体扶贫效果的认识、新兴媒体在扶贫中的作用发挥、媒体系统联动三个层面。

（一）在传统媒体的深化认识层面

全媒体背景下如何更好、更充分地发挥传统媒体在脱贫攻坚中的作用和功能，是目前学界对脱贫攻坚公共关系理论认识的一个聚焦点。目前学界的一个基本共识是：传统媒体必将长期存在并且持续在脱贫攻坚实践中发挥应有的作用。李刚存等认为："深化新闻扶贫实践是传统新闻媒体拓展公共服务的有效形式，有助于在新的媒介环境下改进新闻生产、推动新闻改革、重树媒体公信力。"[1] 何运平从扶贫新闻获奖这一角度出发，认为："扶贫新闻作品获奖数量的增多，体现了中国新闻界对扶贫新闻报道的充分肯定，从中可以看出扶贫新闻报道的传播力、引导力、影响力和公信力，看出媒体在打赢脱贫攻坚战中的助力作用——讲好中国脱贫攻坚故事，传播中国脱贫攻坚理念和声音，为中国打赢脱贫攻坚战凝聚强大舆论力量、营造良好舆论氛围。"[2] 刘兢等以惠州报业传媒集团新闻扶贫为研究样本，总结了扶贫报道经验："一是发挥宣传优势：讲述扶贫故事，营造良好氛围；二是发挥渠道优势：打造电商平台，推广特色产品；三是发挥人才优势：牢记使命重托，带领群众脱贫。"[3] 同时，为了适应时代与实践的不断发展，传统媒体也必须牢固树立创新发展的理念，把握信息社会发展的脉搏。洪磊提出了"城市广电媒体农业影视节目如何尽责作为"的问题并回应道："一要勇担媒体职责，加强政策和理论解析，帮助农村干群转变观念，提振精气神；二要报道脱贫攻坚的信息和正能量典型；三要运用'互联网＋'和文艺形式，为经济薄弱村搞好服务，送脱贫智慧、脱贫

---

① 李刚存、胡润：《新闻扶贫：拓展传统媒体公共服务的有效形式》，《红河学院学报》2016年第3期。

② 何运平：《为打赢脱贫攻坚战鼓劲——从扶贫新闻获奖看媒体助力作用》，《青年记者》2020年第17期。

③ 刘兢、陈婧等：《新闻扶贫：发挥媒体优势助力脱贫攻坚》，《传媒》2020年第2期。

方法和'精神文化营养'。"① 刘惠婷等以湖北广播电视台为例提出了使扶贫工作经常化、制度化、效果化的公关策略：打造一批扶贫新闻和纪录片、一系列舆论监督报道和一系列扶贫项目，探索融媒体环境下产业扶贫、教育扶贫、就业扶贫的新做法、新模式，使扶贫更精准、更高效。②

（二）在利用新媒体平台做好扶贫报道层面

各种新兴媒体的出现和使用极大地丰富了脱贫攻坚新闻报道的形式。新媒体公关形式也以其互动性、便捷性、多样性的优势，逐渐成为脱贫攻坚政策、信息、成果等传播的重要手段，同时也加强了与公众的沟通交流，在扶贫形象塑造、获得公众支持等方面被广泛使用。于卫亚等就"如何利用新媒体平台做好扶贫报道"这一问题阐述道：媒体融合时代，主流媒体的新闻生产首先应当洞察社会与人们的实际需要，将其作为新闻生产的出发点，通过借力新媒介技术以适应媒介生态的变化，生产出符合时代发展需要的新闻产品。③ 宗巍就"脱贫攻坚报道如何出新意、见成效"提出了策略："聚焦亮点、难点，精心设置议题，采取项目制方式，鼓励记者走进群众心坎，讲好脱贫故事，同时通过全媒体形态进行全方位立体式报道，产生积极的社会反响。"④

互联网技术的出现发展为拓展新的扶贫方式、创新脱贫攻坚公共关系的具体形式，提供了可能的现实支撑。网络扶贫、农村电商等新兴的传播手段，给予了政府、社会组织等公共关系主体更大的公关舞台，拉近了脱贫攻坚中与公众的沟通交流距离，同时也为公众提供了信息反馈的渠道。李云新等认为："网络技术的迅猛发展为我国推进精准扶贫提供重要契机，网络扶

① 洪磊：《以高品质对农节目助力打赢脱贫攻坚战——盐城广播电视台创办"七一"小康频道的实践感悟》，《中国记者》2016 年第 6 期。

② 刘惠婷、徐开元：《湖北广电：发挥媒体特色助力脱贫攻坚》，《中国广播电视学刊》2018 年第 8 期。

③ 于卫亚、焦旭锋：《如何利用新媒体平台做好扶贫报道——以新华社互动 H5〈致奋斗在脱贫战场上的你〉为例》，《传媒》2019 年第 21 期。

④ 宗巍：《"脱贫攻坚"报道如何出新意见成效》，《中国记者》2017 年第 4 期。

贫成为脱贫攻坚的重要方式。"① 温锐松从解决相对贫困的视角出发提出："进一步发挥互联网作用，打通贫困群众获取信息的通道，提高农民运用信息脱贫致富的能力，促进贫困地区特色产业发展，激发贫困地区自我发展的内生动力，不仅有利于打赢脱贫攻坚战，也将为解决相对贫困提供动力支持。"② 李晓夏等总结分析了"直播助农"这一乡村振兴和网络扶贫融合发展的新路径，认为它能够推动完成"剩余脱贫任务、激发乡村振兴活力"，补齐农村网络带动产业发展的短板，汇聚农村地区内生动力与网络发展的合成效应。③

此外，广播、电视、报纸等聚合形成融媒体，形成脱贫攻坚公共关系的"组合拳"。刘禹辰等基于四川的案例分析了"融媒体 + 电商"在少数民族地区精准扶贫中的作用，提出："构建融媒体新传播生态，创新传播内容，挖掘精准扶贫的传播新思维，构建互联网电商销售渠道和传播渠道，帮助少数民族地区实现农特产品的广泛传播和适销对路，对于提高民族地区贫困农户收入、带动当地经济发展有非常重要的现实作用。"④ 陈蓉以东方卫视节目《我们在行动》第五季为例，研究精准扶贫新模式后提出："'综艺 + 电商 + 直播'这个模式在帮助农产品实现标准化、规模化管控，以及增加农民群体收入上都有着很大的促进作用。"⑤ 梁丽以活动理论分析研究了发展农村电子商务对扶贫的影响，通过研究电子商务扶贫机制，肯定了"电商扶贫"这种新模式的积极作用。⑥

---

① 李云新、王振兴：《网络扶贫的动因、方式与绩效——基于"网络扶贫创新优秀案例"的考察》，《电子政务》2019 年第 9 期。

② 温锐松：《互联网助力解决相对贫困的路径研究》，《电子政务》2020 年第 2 期。

③ 李晓夏、赵秀凤：《直播助农：乡村振兴和网络扶贫融合发展的农村电商新模式》，《商业经济研究》2020 年第 19 期。

④ 刘禹辰、尹响：《"融媒体 + 电商"在少数民族地区精准扶贫中的新作用——基于四川的案例分析》，《西南民族大学学报》（人文社科版）2019 年第 5 期。

⑤ 陈蓉：《"直播 + 电商 + 短视频"精准扶贫——东方卫视〈我们在行动〉第五季从"心"出发》，《传媒》2020 年第 17 期。

⑥ Li L., Du K., Zhang W., et al. "Poverty Alleviation through Government-led E-commerce Development in Rural China: An Activity Theory Perspective", *Information Systems Journal*, 2019: 914 –952.

（三）在媒体系统联动层面

随着媒介形式的融合发展，各类、各级媒体系统联动逐渐成为脱贫攻坚报道与舆论营造的重要形式，全媒体传播格局和媒体合力正在逐步形成。在传统媒体与新兴媒体联动层面，徐体义提出"全媒联合融入"，认为"要增强责任担当意识，立足省情实际，坚定不移地做好做到位；要主动服务发展大局，把脱贫攻坚纳入重大议题，营造浓厚舆论氛围；要深入贴近基层民生，把扶贫脱贫作为'走转改'的重要抓手，反映和维护好各族人民群众的利益；要自觉践行'三严三实'，把扶贫地区作为锤炼作风的重要基地，促进忠诚干净担当的高素质新闻队伍建设。"[①] 吕芃以山东广播电视台脱贫攻坚宣传的探索与实践为例提出要"通过多种传播形式，形成宣传合力"[②]。伊文臣也提出在新闻扶贫中要"综合运用媒介平台，融合扶贫传播渠道"[③]。

五 脱贫攻坚公共关系的特点与规律研究

在总结实践经验的基础上，学界也摸索出了一些脱贫攻坚公共关系的特点和规律。首先，脱贫攻坚公共关系的实施过程要"以人民为中心"。张晓红等分析了做好脱贫攻坚报道的若干着力点，认为："做好脱贫攻坚报道是坚持党性人民性统一、坚持尊重新闻传播规律、坚持深入实际调查研究的方法论、提升国际话语权的必然要求。"[④] 高海建在探讨扶贫新闻报道的作用与创新之策时提出："要体现人文关怀，提升媒体品牌价值。"[⑤]

---

① 徐体义：《全媒联动融入、强化责任担当，把脱贫扶贫作为"走转改"重要抓手——云南日报报业集团脱贫攻坚报道的实践探索》，《中国记者》2016 年第 4 期。

② 吕芃：《发挥优势融媒宣传凝聚力量——山东广播电视台脱贫攻坚宣传的探索与实践》，《中国广播电视学刊》2020 年第 10 期。

③ 伊文臣：《新时代新闻扶贫的多元路径——以〈直播奉嘎山〉为例》，《青年记者》2018 年第 29 期。

④ 张晓红、周文韬：《做好脱贫攻坚报道的若干着力点》，《新闻与写作》2018 年第 9 期。

⑤ 高海建：《扶贫新闻报道的作用与创新之策》，《青年记者》2017 年第 26 期。

其次，在新闻报道的出发点上，必须坚持问题导向。聂雄指出了报纸、电视等媒体对扶贫工作的宣传报道存在的突出问题："因循守旧、创新乏力，满足于搞搞'老一套'、唱唱'四季歌'，这样的报道，其传播力、引导力和影响力已经无法适应新形势的要求。"同时提出了解决之道："一是当好'瞭望者'，把准创新方向；二是持续'走转改'，走心才能创新；三是把自己'摆进去'，担当才有作为。"① 高卫权认为："直面问题是勇气，解决问题是水平，坚持问题导向，找准问题、聚焦问题，就能为实施精准扶贫、精准脱贫，打赢这场硬仗奠定良好基础。"②

最后，要从实际出发，发挥公共关系"说服、倡导"等功能。吴志润对"怎样才能做出入脑入心的扶贫报道"这一问题做出回答，提出了决定扶贫宣传成败的四个原则与方法："方向要明确：明确精准扶贫的战略意义，掌握精准扶贫的政策指向；调查要精准：脚沾泥土，反对'复印宣传'，探寻本质，杜绝'表面宣传'；节奏要踩准：带着感情，不要'悲情'，把好主线，不要'跑调'；宣传要给力：创新'精神扶贫'方式，加大'舆论扶贫'力度，创新脱贫攻坚公共关系。"③ 朱常青等就"新闻媒体如何准确把握当前扶贫开发工作形势"提出："一是明确前提认识、实践特征和现状要求；二是对策分析：解决原则起点、着重要点和落脚重点；三是思路建议：围绕支撑保障、要素措施做好舆论引导。"④

六　脱贫攻坚公共关系理论研究的深化

总的来看，现有脱贫攻坚公共关系理论研究已经取得一些初步进展，研究内容丰富，案例生动具体，对中国精准扶贫事业有重要推动价值，向社会

① 聂雄：《试论精准扶贫宣传报道的创新之道》，《当代电视》2017年第4期。
② 高卫权：《脱贫攻坚电视新闻报道：贵在"精准"重在示范》，《当代电视》2016年第5期。
③ 吴志润：《怎样才能做出入脑入心的扶贫报道——新时期做好精准扶贫宣传的四个原则》，《中国记者》2016年第11期。
④ 朱常青、左向晖：《精准扶贫报道的探索与思考》，《中国记者》2015年第8期。

各界介绍了中国各级政府、组织和管理人员等在扶贫事业中的担当和作为，展现了中国政府的良好形象。不过，现有研究还存在一些问题与不足，需要对这些问题进行分析研判，以进一步深化脱贫攻坚公共关系理论研究。

（一）脱贫攻坚公共关系理论研究存在的问题

首先，需要研判在脱贫攻坚公共关系本身实施过程中可能会出现的问题。这些问题如果得不到及时处理，很有可能会演化为负面舆论，不仅会使脱贫攻坚的成效大打折扣，还有可能消解公关主体的公信力，引发信誉危机、形象危机。何万敏以凉山州扶贫报道为例，分析探讨了脱贫攻坚报道中的失焦问题，导致凉山州一再被"标签化"。① 李云新等分析了制约网络扶贫的相关问题和应对策略："技术基础薄弱、贫困治理理念偏差、项目可持续性不强等问题制约了网络扶贫的深入开展，亟须通过夯实技术基础、转变治理理念、创新治理机制等途径进一步推进网络扶贫，助力实现全面脱贫和乡村振兴。"②

其次，通过脱贫攻坚事业来进一步深化对中国特色社会主义四个自信的研究并不多见。脱贫攻坚事业是中国共产党领导的中国特色社会主义事业的重要组成部分，是全面建成小康社会、实现两个百年发展目标的必要举措。这项事业的成功推进和如期完成，不仅为中国也为世界减贫事业做出了重大贡献，是中国特色社会主义制度优越性的一个重要体现。公共关系研究要做善事、塑美形，这正是塑造中国特色社会主义良好形象的绝佳案例和时机，而相关研究更多聚焦操作和案例层面，鲜有在如此政治高度展开全面论述的。

最后，结合新冠肺炎疫情研究脱贫攻坚公共关系理论的也不多见。2020年适值新冠肺炎疫情暴发，给脱贫攻坚事业带来诸多挑战。在此条件下能够如期实现脱贫攻坚目标、全面建成小康社会尤为不易。这为全面展示中国政府正面形象提供了公共关系的丰富素材，而相关的研究较为匮乏。

---

① 何万敏：《脱贫攻坚报道中的聚焦与失焦》，《青年记者》2017 年第 30 期。
② 李云新、王振兴：《网络扶贫的动因、方式与绩效——基于"网络扶贫创新优秀案例"的考察》，《电子政务》2019 年第 9 期。

（二）脱贫攻坚公共关系理论研究的深化

第一，在脱贫攻坚公共关系理论研究中要去伪存真，说真话，见实事。公关的"做善事、塑造良好形象"都要以把握事实为前提。在后真相时代，网络等新媒体有时立场决定价值、价值引导事实，真相反而可能被遮蔽。如在传播信源层面，要注意脱贫攻坚报道的真实性问题；在传播信道层面，在深入推进脱贫攻坚报道的过程中要谨防报道中可能存在的"失真"问题；在宣传扶贫政策、反映贫困状态时，也要充分关照贫困地区民众的真实感受。

第二，相关研究应该进一步围绕政治认同展开。要基于脱贫攻坚事业回击对中国特色社会主义道路的各种非议，研究如何充分展现中国共产党"为中国人民谋幸福、为中华民族谋复兴"的初心和使命，中国政府及各部门以人民为中心的责任担当，和不断提升人民幸福感的事业成效。脱贫攻坚公共关系研究要为建成社会主义现代化国家贡献理论智慧，并在实践中营造有利于凝神聚力以实现中华民族伟大复兴的舆论氛围。

专 项 篇

Special Projects

B.5

2020年中国教育扶贫公共关系发展报告

李兴洲　刘徐迪　潘嘉欣　陈 宁*

摘　要： 2020年是脱贫攻坚决战决胜之年，我国在2020年全面建成
小康社会。教育扶贫作为阻断贫困代际传递的治本之策，
取得了决定性的成就，其中，教育扶贫公共关系作为推进
教育脱贫攻坚战的重要抓手，为做好教育扶贫工作营造了
良好的舆论氛围。本文从中国教育扶贫传播媒介与路径、
中国教育扶贫媒介传播的特色与经验、中国教育扶贫媒介
传播的典型案例、后扶贫时代提升教育扶贫传播效果的对
策四个方面进行研究，全面分析总结了传播媒介在推进中
国教育扶贫过程中发挥的重要作用以及取得的成功经验，

* 李兴洲，北京师范大学中国教育扶贫研究中心执行主任，教授，博士生导师；刘徐迪，北京
师范大学教育学部硕士研究生；潘嘉欣，北京师范大学教育学部硕士研究生；陈宁，广西贺
州市委组织部信息宣传科干部。

提出了"后扶贫时代"进一步发挥传播媒介重要作用的对策建议。

关键词： 教育扶贫　公共关系　传播媒介　传播路径

教育部等六部门联合印发的《教育脱贫攻坚"十三五"规划》中明确提出，要营造良好舆论环境，加大对教育脱贫的宣传力度，组织新闻媒体广泛宣传教育脱贫各项惠民、富民政策措施，宣传先进典型、推广经验做法。把扶贫纳入基本国情教育范畴，鼓励高校加强扶贫脱贫理论和政策研究，进一步丰富完善中国特色扶贫开发理论，为脱贫攻坚注入强大思想动力。动员社会各界关心支持教育脱贫工作，形成人人知晓教育脱贫政策、人人参与教育脱贫的良好氛围。[①] 重视中国教育扶贫公共关系，集中宣传力量讲好教育脱贫攻坚好故事，传播教育脱贫攻坚好声音意义重大，有利于让民众全方位了解教育脱贫攻坚进展情况和取得的成效；有利于积累新经验，推进我国教育扶贫工作向纵深方向发展；有利于为国际教育扶贫提供中国方案，营造负责任的大国形象。

一　中国教育扶贫传播媒介与路径

（一）传播媒介

根据人类信息传播媒介的发展历程，可以将我国教育扶贫传播媒介分为：口语及文字传播、印刷传播、电子传播及新媒体传播等四类。[②]

[①]　中华人民共和国教育部：《教育部等六部门关于印发〈教育脱贫攻坚"十三五"规划〉的通知》，http://www.moe.gov.cn/srcsite/A03/moe_1892/moe_630/201612/t20161229_293351.html。

[②]　许静：《传播学概论》，北京交通大学出版社，2013。

1. 口语及文字传播

口语及文字传播属于传统的传播方式，在我国基层的教育扶贫宣传中仍发挥着重要作用。口语传播主要包括基层干部、乡村教师通过上门走访等形式对老百姓进行教育扶贫宣传、讲解教育扶贫相关政策。这种宣传形式的针对性强、成效高，缺点是耗时耗力。基层干部和教师为打赢脱贫攻坚战奉献了青春和力量，在教育扶贫宣传中发挥着不可替代的作用。

文字传播在这里主要指通过书写、绘画等方式进行宣传，如手抄板、村委会（居委会）的黑板报、公告栏、用毛笔将标语口号写到红纸上张贴宣传等。这种传播形式的优点是简单易行、操作性强、表达直观生动，较印刷传播更为容易引起关注。

2. 印刷传播

印刷传播主要包括书籍、报纸、杂志等。报纸的发行量较大，因而是受众面最大的印刷类大众传播媒介，而杂志面向的对象明确，针对性更强。《中国教育报》等报刊背后的工作者坚守在教育扶贫宣传的第一线，让大众能够及时地了解最新的教育脱贫攻坚情况。《中国扶贫》《中国高等教育》《心系下一代》等杂志也开设了相关的脱贫攻坚专题，推进教育精准扶贫相关研究。相比之下，书籍所传播的信息更加系统、详细，《中国教育发展与减贫研究》《中国教育扶贫报告》《清华教育扶贫十年路》等著作全面展示了我国教育扶贫取得的成果，记录了教育扶贫的艰辛历程。

3. 电子传播

电子传播主要包括广播、电视和电影。广播的信息传播迅速，时效性强，信息受众广泛，覆盖面大，可以运用语言的特点吸引听众。车载广播也是我国教育扶贫宣传的形式之一。相比之下，电影和电视则更为生动、形象，集字、声、像、色于一体，富有极强的感染力。新闻、访谈、纪录片、宣传片、影视剧等既丰富了大众的生活，又起到了传播作用。新华社推出的微纪录片《大凉山女孩》真实展现了30年来教育是如何一步步改变了大凉山女孩的命运；"全国脱贫攻坚模范"黄文秀同志入选感动中国年度人物，她的事迹播出以后，传播到了中国的大街小巷。

4. 新媒体传播

新媒体是依托互联网而产生的新的传播形式。互联网的发展与流行丰富了教育扶贫传播的形式，扩大了受众群体，为教育扶贫传播注入了新的活力。大众可以通过网络平台交流互动、提出意见和建议，有利于进一步优化传播形式和内容。大众还可以通过关注教育扶贫有关部门的官网、微信公众号、微博，及时获得最新的教育扶贫相关信息。

（二）传播路径

1. 国内传播路径

（1）由中央政府领导的教育扶贫宣传。我国教育扶贫宣传形成了自上而下的传播路径：由党中央、国务院统领，各级政府、有关部门、各级各类学校、企业等积极响应。中央政府通过设立宣传机构、推动教育扶贫宣传实践活动、表彰扶贫模范英雄、开展教育减贫国际合作等多种形式推动中国教育扶贫深度传播。

按照党中央、国务院的统一部署，教育部承担了教育行业扶贫、定点联系滇西边境片区、中央单位定点扶贫等3项任务。教育部对各省（区、市）教育厅、各市教委、直属高校、直属单位的教育扶贫宣传进行指导和总结，通过举办教育扶贫论坛、召开新闻发布会、开设打赢教育脱贫攻坚收官战专题，及进行各地、直属高校、直属单位的教育扶贫经验介绍等方式进行宣传。

全国扶贫宣传教育中心是隶属于国务院扶贫办的副局级事业单位，负责开展脱贫攻坚宣传教育，组织实施扶贫影视宣传工作，组织开展贫困地区党政领导干部和扶贫干部教育培训，承担中央组织部委托的抽调地方党政领导干部培训和国务院扶贫办委托的培训，承担贫困地区农村人力资源开发、贫困村第一书记和驻村干部、大学生村官、贫困村创业致富带头人示范培训，承担全国扶贫日活动等。在教育扶贫宣传中具有统领性的地位。

（2）由地方政府及其他组织机构实施的教育扶贫宣传。地方政府在教育扶贫宣传中起到了上传下达的作用，同时，地方政府结合各地具体情况，充分发挥主观能动性，在总结提炼教育扶贫先进典型、推广教育扶贫的经验

做法中发挥着关键作用。

基层群众自治制度是我国的一项基本政治制度，是依照宪法和法律由居民（村民）选举的成员组成居民（村民）委员会，实行自我管理、自我教育、自我服务、自我监督的制度。居民（村民）委员会在基层的教育扶贫宣传中发挥着重要力量。居民（村民）委员会通过上门走访、张贴标语、大字报、发放教育扶贫政策宣传手册等途径向居民宣传教育扶贫相关政策。

此外，各级各类学校也积极推进教育扶贫宣传活动。例如，为了宣传教育扶贫政策，真正惠及建档立卡贫困户学生。在地方政府的支持下，一些中小学开展教育扶贫政策主题班会，确保每位学生了解教育扶贫政策给予他们的帮助；实施教师进万家活动，教师走村入户，发放教育扶贫政策明白卡，用通俗易懂、深入浅出的方式为贫困户解读教育扶贫相关政策。

2. 国际传播路径

我国不仅重视对国内的教育扶贫宣传工作，还通过向联合国等国际组织提供教育扶贫相关报告、参加国际会议等形式向世界宣传中国在教育扶贫中的经验与智慧，为世界减贫提供中国方案。

2019年7月25日至26日由中国联合国教科文组织全国委员会、成都市人民政府、联合国教科文组织终身学习研究所、联合国教科文组织教育信息技术研究所、北京师范大学共同主办的"教育精准扶贫与可持续发展2019都江堰国际论坛"在成都举行，论坛围绕"教育精准扶贫与可持续发展"主题，回顾论坛9年历程及成果，分享和互鉴国内外教育精准扶贫的经验及做法，为全面建成小康社会贡献教育力量，为构建人类命运共同体提供具有重要价值意义的中国及地方教育脱贫案例。大会同步设计了教育展览，包括"回顾与展望——都江堰国际论坛（2010~2019）""教育，阻断贫困代际传递——中国教育精准扶贫行动"，展示了中国教育扶贫政策保障、精准施策及地方实践等成果。2019年6月25日，中国人权研究会代表团在联合国人权理事会上介绍新中国成立70年来通过大力发展基础教育、职业教育及高等教育，在教育扶贫上取得的主要成就和有益经验。2018年7月17日，中国发展研究基金会发起的教育扶贫项目"一村一园计划"获得2018年度

WISE 世界教育创新项目奖，成为该奖项创办以来第一个获奖的中国项目。中国发展研究基金会副理事长兼秘书长卢迈在纽约联合国总部举行的颁奖典礼上向世界分享教育扶贫的"中国方案"。会后，卢迈团队赴纽约中央火车站艺术中心、纽约大学、哈佛大学演说，向世界分享中国在教育扶贫上的实践与经验。

此外，我国学者、专家在农村教育国际学术研讨会、教育改革与现代管理国际学术会议等国际会议上汇报中国教育扶贫相关研究。中国企业在国际上的影响力也日益提升，企业家在国际大会分享中国企业教育扶贫的创新理念，为教育扶贫贡献中国智慧。作业帮创始人兼 CEO 侯建彬在第五届世界互联网大会上提出"AI + 大数据精准教育扶贫"的创新模式，用人工智能助力教育扶贫。在 2019 年国际智慧教育展上，北京文香董事长助理史移生先生带来了主题为"互动教学解决方案如何助力教育精准扶贫"的精彩分享。

二　中国教育扶贫媒介传播的特色与经验

（一）传统与现代相结合，灵活运用多种传播媒介

新媒体的诞生和流行必然会冲击传统传播方式，但新旧传播媒介之间并不是互相排斥的，每种传播媒介都有其优势与短板，如网络传播受众广、效率高，在传播国家教育扶贫成果的过程中起到了巨大的作用。而在农村地区进行针对性的教育扶贫政策宣传时，上门走访、张贴标语等传统方式则更容易让老百姓了解到教育扶贫政策及其具体实施程序。再如由户外传统媒体发展演化而来的户外新媒体，在公交、航空、地铁、轻轨等地投放 LED 彩色显示屏，这种教育扶贫宣传形式在大城市较为流行，较传统的展示牌也更醒目和引人入胜。

此外，我国教育扶贫宣传善于把握媒介传播新动向，以互联网为依托，打造了一系列教育扶贫宣传精品。海南省教育厅推出的教育扶贫动画宣传片

《精准扶贫,教育为先》,以通俗易懂、喜闻乐见的形式,向广大群众普及教育扶贫知识。根据真实事件改编的微电影《教育扶贫,一个都不能少》,讲述了广东阳山的幸福小学为大山里的孩子提供免费食宿,帮助贫困儿童上学的感人故事。地处宁夏中部干旱带的红寺堡,是全国最大的移民扶贫区。宁夏回族自治区吴忠市红寺堡区人民政府拍摄的纪录片《聚力教育扶贫,共享一片蓝天》,既是红寺堡区教育精准扶贫工作纪实,也是红寺堡教育扶贫事业的成果汇报……

传统与现代相结合,灵活运用多种传播媒介,是我国教育扶贫媒介传播的特色与经验之一。我国教育扶贫宣传善于发挥新旧媒介的优势,扬长避短,因地制宜,从而发挥教育扶贫媒介传播合力,共筑教育扶贫媒介传播新格局。如今,互联网的飞速发展使得新旧媒介在冲突中寻求新的组合模式,丰富多样的传播媒介加快了教育扶贫宣传的速度,使得更多的百姓了解和受益于教育扶贫宣传,彰显了我国坚决打赢脱贫攻坚战的决心和实力。

(二)多元主体协同参与,丰富传播渠道

扶贫先扶智,治贫先治愚,教育扶贫是阻断贫困代际传递最有效的扶贫举措。在中央政府的领导下,各级政府、有关部门、企业、学校、爱心人士等多元主体共同助力教育扶贫。多元主体协同参与教育扶贫实践决定了教育扶贫宣传仍要发挥各界的传播优势,加大宣传力度,丰富传播渠道。

多元主体协同参与教育扶贫宣传,一方面是指我国教育扶贫宣传形成了自上而下有组织、有部署的系统传播路径;另一方面是指我国教育扶贫宣传过程中形成的多主体联合参与的教育扶贫宣传形式。如:中国大学生在线、高校思政工作队伍培训研修中心(高等教育出版社)、高校辅导员网络培训中心联合省级思政研修中心、高校共同出品"教育扶贫"系列课程,分享高校资助育人、驻村扶贫经验;教育部脱贫攻坚工作领导小组办公室参与指导,北京师范大学中国扶贫研究院承办的全国教育扶贫典型案例征集活动,评选出了235个全国教育扶贫优秀案例,后续还将择优确定部分优秀案例入

选《全国教育扶贫典型案例汇编》，由教育部脱贫攻坚工作领导小组办公室组织、北京师范大学中国扶贫研究院出版发行，并推荐部分优秀案例参加相关脱贫成果宣传活动、论坛及研讨会；宁夏学生资助中心与宁夏经济广播（FM92.8）合作开办了每周一期的《教育资助》节目，并印刷宣传手册和致初中、高中学生的一封信，发送到学校、乡镇。为了送政策下乡，宁夏学生资助中心促成固原市组织部与教育局联合发文，对固原五县（区）514个行政村的1174名村干部进行了资助政策解读培训，使国家资助政策家喻户晓。[①]

多元主体协同参与是我国教育扶贫媒介传播的又一经验和特色。教育扶贫宣传需要社会各界在党中央的领导下，积极参与、协调配合，把握关键时间节点，持续加大宣传力度，发挥教育扶贫宣传的合力。

（三）国内路径与国际路径两手抓，拓展传播深度与广度

在重视教育扶贫的国内宣传与推进的同时，扩大我国教育扶贫经验在国际上的传播与推广，是我国教育扶贫宣传的重要经验。中国积极参与教育减贫国际交流，举办"2019都江堰国际论坛"等十余次高级别会议和专题研讨交流活动。积极参加联合国等组织举办的国际会议，推进"一带一路"与教育减贫国际合作，共建"一带一路"倡议及其核心理念已被纳入联合国、二十国集团、亚太经合组织、上合组织等重要国际机制成果文件。2016年开通南南合作减贫知识分享网站，与亚、非、拉有关国家签署减贫合作谅解备忘录，在老、柬、缅实施东亚减贫示范合作技术援助项目，举办减贫培训班，对100多个国家的相关工作人员进行减贫专题培训。我国对亚、非、拉等地区的教育减贫宣传为构建人类命运共同体做出了贡献，展现了"美美与共，天下大同"的中国理念，向世界树立了中国大国形象。

---

① 宁夏学生资助管理中心：《加大资助政策宣传推进教育精准扶贫》，《宁夏教育》2017年第12期。

三 中国教育扶贫媒介传播的典型案例

(一)中央政府高度重视扶贫信息传播

国务院扶贫开发领导小组办公室于 2018 年正式开通官方微博：国务院扶贫办。该账号至今已拥有 60 多万粉丝，发布微博 3900 余条，每日阅读数可达 10 万以上。在教育扶贫领域，主要向微博用户介绍工作安排、教育扶贫攻坚新闻发布会有关情况、相关领导人作出的重要指导以及参加考察调研的活动情况。此外，利用社交媒体的互动性，在传播的同时可以收集民众在评论区的留言，对其提出的意见与建议进行认真分析，以便更好地开展教育扶贫工作。

门户网站、官方微博和官方微信是教育部新媒体三大宣传平台。教育部利用政府门户网站的传播优势，在一年内发布上千条"扶贫"相关信息，除公开的通知与信息回复以外，另转载来自教育领域报刊、新闻网站以及高校官网（如《人民日报》《光明日报》《中国教育报》《人民教育》、人民网、新华网、华东师范大学官网、长安大学官网）等的多篇文章，进一步宣传教育脱贫攻坚成就，扩大各地区各学校扶贫经验的辐射范围，提高对外影响力。教育部新闻办公室 2012 年开通官方微博"微言教育"，目前微博粉丝数已达 815 万，在教育扶贫方面，通过发布个人见闻与感想，"晒"出扶贫成效。其在年初推出微话题#我的二〇二〇#，讲述脱贫攻坚一线见闻、感人故事，获得 2000 多万的阅读与 6000 多条讨论。通过宣传学校与个人事迹，上百万的民众了解到各大高校如何对贫困地区进行定点帮扶，并将课堂开进村寨、将知识送往大山；了解到许多高素质人才自愿放弃优渥的城市生活，远赴最需要他们的山区支教。可见，整个社会的力量都被充分调动，大家的努力正在使贫穷地区越变越好。同年开通的微信公众号"微言教育"主要以推送文章的方式，介绍教育扶贫相关举措，当订阅者观看后点击"在看"，文章会被推荐到"看一看"上，实现轻松分享。

（二）地方政府积极宣传教育扶贫举措——以贺州市为例

第一，通过官方媒体传播。

在贺州，承担教育脱贫攻坚工作传播的媒体主要有中国共产党贺州市委员会宣传部主管的"长寿贺州"微信公众号，中国共产党贺州市委员会组织部主管的"贺州先锋"微信公众号、网站"寿城党旗红"，贺州市教育局主管的"贺州教育"微信公众号，以及县级的各大官方微信公众号，如"昭平先锋""昭平一二三""八部党建"等。借助这些政府媒体平台，贺州市综合运用文字、图片、视频等多种形式，充分展示脱贫攻坚以来全市各贫困村在教育保障方面取得的显著成绩，以及贫困群众学子精神面貌发生的巨大变化。如"贺州先锋"曾开设专栏"摆脱贫困奔小康""我的驻村扶贫故事"等，其中展示了许多乡村教育变迁的典型案例和助力乡村教育脱贫的典型人物。

第二，通过社会传媒机构进行传播。

各类社会传媒陆续深入5个县（区）、乡镇，采访学前营养餐、职业教育助推脱贫攻坚、学生资助体系、农村教师优秀事迹、高校助推农村产业革命等，挖掘和发现了一大批先进典型，并发动人民网、《广西日报》《科技日报》《贺州日报》等中央、省及市本级主要媒体及刊物加以报道，以点带面地展现贺州市教育脱贫攻坚的典型经验和优质成果。如贺州日报微信公众号推文《教育"托"起贫困之躯，贺州市这样做》展示了贺州市自打响脱贫攻坚战以来，全面补齐教育短板的各项举措及其成效。

第三，深入贫困地区口口传播。

通过派遣驻村工作队、脱贫攻坚突击队员入户走访等形式将控辍保学和学生资助政策等教育扶贫资料发放到贫困学子和家长手中，现身说法，切实提高学生和家长的法制意识，督促家长依法履行送子女接受义务教育的义务，切实做到一个都不能少；同时加大对家庭困难学子的就学扶持力度。比如，2020年5月中旬，在初中即将全面开学之际，贺州市平桂区鹅塘镇大明村的2名初一女生私自跑到广东东莞打工，老师、父母反复劝说都无果。贺州市委组织部派遣至大明村深度贫困村担任脱贫攻坚突击队员的芦卡卡组

织驻村队员、村干和帮扶人组成劝学专班，驱车前往东莞劝服两名学生重返校园，并召集学校老师、父母、帮扶人、第一书记、村干部等召开联席会，明确各方职责，做好相关后续工作。

（三）高校大力宣传教育扶贫的经验——以北京师范大学为例

第一，通过网站进行宣传。

网站包括学校网站如北京师范大学新闻网，定期汇报教育脱贫攻坚的工作进展；也包括各部系网站，如教育学部官网、新闻传播学院官网、社会发展与公共政策学院官网等。其中，教育学部具有学科的专业优势，更多地承担了教育扶贫的重任。教育学部的组成单位，如北京师范大学中国扶贫研究院、北京师范大学农村教育与农村发展研究院，积极开展线下讲座、会议、交流、调研等学术活动，并通过网站大力传播优秀经验与举措。

第二，通过即时通信工具或论坛进行宣传。

北京师范大学利用"企业微信"平台，联结全体教师和学生，为广大师生构筑了便利的校园生活。其中，党委宣传部通过"师大新闻"栏目推送校内新闻，介绍了北京师范大学开展基础教育对口支援等工作的详细内容。北京师范大学的校内论坛"蛋蛋网"为师生校友提供了交流平台，网站文章"一颗红心映秀山"是宣传校友黄文秀因公殉职，将30岁的生命永远定格在扶贫路上的感人事迹；还有校友发布教育扶贫项目招募高中支教老师的信息，让更多喜欢逛论坛的同学了解到相关信息。总之，"企业微信"和"蛋蛋网"是在校内传播信息的有力渠道，对于教育扶贫的宣传有着十分强大的影响力。

第三，通过组织实践活动进行宣传。

共青团北京师范大学委员会组织开展2020年学生暑期社会实践调研工作，其中包括"携手扶贫传爱心"助力脱贫攻坚专题实践调研，实践调研对象包括全面对口扶贫云南省玉龙纳西族自治县，以及青海省校战略合作暨对口支援青海师范大学、凉山州"学前学会普通话"项目暨对口支援西昌民族幼儿师范高等专科学校、广西百色市百坭村定点帮扶等项目。该调研工作让学生通过线上组队的方式，面向生源地及周边贫困地区主动与当地政府部门、教育部门和学校取得联系，并产出成果进行展示，形式主要有空中课堂教学案例、主题调研报告等。这一实践活动在学生群体中起到了很好的宣传作用，真正加深了学生对教育扶贫的深刻认识。

第四，与合作伙伴进行联合宣传。

许多组织的建立依托于北京师范大学优质教育资源及雄厚的教学、科研及人才优势。这些组织在教育扶贫的传播中也发挥着重要作用。例如，由北京师范大学作为承担单位，与其他高校和企业一同组建的互联网教育智能技术及应用国家工程实验室，在第三届中国智能教育大会上发布了《智能教育扶贫扶智公益行动宣言》，倡导全国各地各行各业，为国家发展、为民族振兴、为人民幸福，全力支持"智能教育扶贫扶智"公益行动。由北京师范大学出资设立的北京师大资产经营有限公司，通过新闻中心宣传"甘肃省临夏回族自治州东乡族自治县布楞沟流域教育能力提升"项目启动会的情况，以及北京师范大学未来教育高精尖创新中心开展"首都教育远程互助工程——和田项目"汇报暨启动会。北京师范大学与众多合作伙伴进行联合宣传，有助于相互借鉴、优势互补，形成矩阵传播，充分展示了北京师范大学对教育扶贫各项工作的大力支持，以及在教育扶贫攻坚中的新目标、新理念、新思路，为推进北京师范大学对口帮扶贫困地区项目营造了良好的舆论氛围。

除北京师范大学外，其他高校也利用相关平台宣传教育扶贫，如中国传媒大学白杨网、清华大学新闻网等。另外，由中国大学生在线主持的微博话题#教育扶贫#，阅读量达1700多万，参与讨论的用户有西南财经大学、温江教育、四川教育发布等，讨论量达6000余条。他们通过展示人物纪录片、录制微博故事、拍摄微电影、发布图文结合微博等方式宣传教育扶贫成果，讲述人间温情故事，并呼吁众多青春力量加入教育扶贫的队伍中来。

四　后扶贫时代提升教育扶贫传播效果的对策

"后扶贫时代"有狭义和广义之分，从2015年到2020年，即从脱贫攻

坚的提出到全面建成小康社会目标的实现可以界定为狭义上的"后扶贫时代",这一时期的任务是解决绝对贫困问题;从 2020 年到 2050 年,即从脱贫攻坚任务结束到实现国内人口的稳定脱贫、消除相对贫困、实现共同富裕的区间可以界定为广义上的"后扶贫时代"。目前,我们亟须重点关注在绝对贫困人口转为相对贫困人口之后,如何通过教育扶贫传播,防止出现"贫血"现象,让贫困户有稳定、持续的"造血"功能。

(一)整合多方资源,发挥传播合力

目前,国家对传统媒体有一定的把控力度,但对新媒体的有效监管仍可进一步加强,"后扶贫时代"需要从国家层面确定教育扶贫传播的总体思路、主要内容、实施手段以及相关法律法规等,以保证传播过程的有序进行和效果的最终实现。此外,教育扶贫传播涉及党和政府多个部门及相关机构如宣传部、教育部、外交部等。各级部门与社会各界应通力合作,利用各自的资源,发挥相应的职能作用,从而推动传播与交流合作方案的制订与实施;也可以通过联合举办教育扶贫传播与交流合作论坛、研究智库等平台,为教育扶贫传播提供指导,形成联合推广教育扶贫优秀经验的合力。

(二)审视国际情况,传播中国经验

1. 在国际社会积极发声,讲好教育扶贫的"中国故事"

国务院新闻办是我国对外发声的权威窗口,可通过召开新闻发布会、提供书籍或影视资料等方式向世界介绍中国决战决胜教育脱贫攻坚的有关情况,并在国内外出现突发新闻时,及时有效地发出中国自己的声音,防范和对冲个别国际媒体故意歪曲事实、恶意中伤等行为。此外,还应协助外国记者在中国进行实地采访,以便其客观准确地报道中国,让世界真正了解中国。

我国越来越多的教育企业已经走出国门,在国际舞台展露风采,这成为我们向国际社会发声的又一个重要平台。我们应积极利用"走出去"的中国企业,塑造中国新形象。企业有责任向海外宣传国内教育扶贫举措,在展示企业社会责任的同时，对国外教育扶贫事业表示支持与鼓励。

充分发挥政府与企业等在国际社会的主体作用，增加教育扶贫"中国故事"的呈现方式和表达效果，让世界听到更多优秀的"中国故事"，维护我国良好的国际形象。

2. 打造国际一流媒体，实施差异化传播

很多情况下对外传播容易造成事倍功半的结果，其中一个很重要的原因在于传播主体忽视了文化的多样性。不同国家有着不同的文化群体，其生活习惯、行为模式都存在着显著的差异性。如果以我国的文化价值观为中心进行传播，容易造成其他受众群体的"消化不良"。因此，在对外传播时，要考虑到文化差异，对传播内容进行重新编码与开放化设计，避免出现"传播折扣"。

（三）发挥主流媒体的带头作用，在新媒体语境中寻找传播发力点

主流媒体具有强大的传播力与影响力，显示了我国关注的重点领域与未来的工作方向。未来要继续发挥《人民日报》、中央广播电视总台、地方电视台和机关报等新闻媒体、新华网及人民网等大型新闻网站的重要作用，扩大教育扶贫对外宣传的影响力。

麦克卢汉指出，"媒介是社会发展的基本动力，也是区分不同社会形态的标准，每一种新媒介的产生和运用，都宣告我们进入了一个新时代"。[1]我们已经进入新信息时代，主要体现在技术门槛降低，"数字鸿沟"不断被打破，技术通过赋权普通大众扩大了教育扶贫公共参与的渠道，也使得公众的自我表达欲望和社会参与程度逐渐提高。因此，需要充分挖掘自媒体传播媒介的功能，为贫困公众畅通"发声渠道"，赋予他们话语权和发言权，帮助贫困公众进行自我传播和自我发展。

米歇尔·福柯认为，"话语即权利"。要想更好地实现教育扶贫的效果，就需要有足够的话语表达资质。因此，需要将主流媒体的政治传播和新媒体

---

[1] 麦克卢汉：《理解媒介》，商务印书馆，2000。

的社会传播相结合，整合多种媒体形态，从各个方面、各个角度对教育扶贫信息、经验进行宣传和推广。

（四）健全传播人才队伍，持续提升传播能力

1. 加强教育扶贫传播经验总结

在教育扶贫信息传播过程中，仍有许多做得不足的地方，我们应吸取经验，反思如何能真正提升传播效果。例如，很多乡村政府发布的"职业技能培训"信息吸引力不足，使得相关培训班招不满学生，农户的职业素质也无从提高。费孝通曾在《乡土中国》一书中指出中国传统社会是"熟人社会"，社会关系是按照亲疏关系的远近向外扩展的关系网，是一种以家庭为中心的差序格局。[①] 因此，在乡村传播教育扶贫信息，要注重多运用家庭等熟人关系网，要考虑扶贫信息是否符合当地受众文化水平、年龄、信息接收水平等实际情况。此外，更要对乡村传播的优秀经验加以总结，给其他地区提供参考，发挥带动作用。

2. 健全人才队伍

互联网社交媒体快速发展，融媒体建设浪潮正在袭来，媒体从业者被要求有更高的专业素养。他们需要精通各种办公图片、音频、视频处理技术；需要把握发布信息的最好时机；还需要很强的专业敏感性，善于抓住社会热点。因此，高校应更新人才培养方式，根据融媒体的发展趋势与需求调整相应教育内容，加强对学生互联网思维与传播实践能力的培养。媒体机构需要对已有员工的职业技能进行再培训，加强对其内容制作与宣传等技能的考察，提高员工对新时代的适应力。

总之，我们仍需要提升教育扶贫公关能力，有效对接扶贫需求与援助意向，促进教育扶贫工作纵深发展，实现贫困地区和贫困人口的"持续性"脱贫。要以传媒的力量，让世界看见中国的扶贫成果；以传媒的力量，让老乡们看见科技进步带来的受教育机会；以传媒的力量，让世界看见团结互助的中国力量！

---

① 费孝通：《乡土中国·生育制度》，北京大学出版社，1998。

参考文献

中华人民共和国教育部：教育部等六部门关于印发《教育脱贫攻坚"十三五"规划》的通知，http：//www. moe. gov. cn/srcsite/A03/moe_ 1892/moe_ 630/201612/t20161 229_ 293351. html。

B.6
健康扶贫视角下政府公共传播的
策略与路径优化研究

刘哲峰　成义　鲁心茵　张童昕　杨金颖*

摘　要： 政府公共传播是政府在信息社会建立公共关系的重要途径。
作为健康扶贫政策的制定者与执行者，政府通过公共传播可
以为健康扶贫攻坚行动营造良好的舆论氛围。本文从健康扶
贫视角探究政府的公共传播，并对政府健康扶贫公共传播进
行需求分析与策略分析，指出政府应该注意从宣传到传播，
提高信息传播交互性；以非权力行政方式助推政府公信力提
升；以政务新媒体的载体建设壮大政府传播矩阵，从这三方
面提升健康扶贫公共传播能力。

关键词： 健康扶贫　政府　公共传播　公共关系

公共关系是组织为改善与社会公众的关系而进行的公共活动，采用正确
的策略可以促进公众对组织的认识、理解及支持，从而树立良好的组织形
象。政府公共关系以特定的政治、经济背景为依托，运用多种传播方式与公

* 刘哲峰，国家卫生健康委宣传司新闻网络处处长，研究方向：健康传播、涉医舆情、卫生信
息公开、健康新媒体等；成义，国家卫生健康委宣传司新闻网络处副处长，研究方向：卫生
健康新闻宣传；鲁心茵，中国传媒大学媒介与公共事务研究院学术委员会秘书长、科研办公
室常务主任；张童昕，中国传媒大学媒介与公共事务研究院专职研究员，研究方向：健康传
播；杨金颖，中国传媒大学传播研究院国际新闻学研究生，研究方向：国际新闻与跨文化
传播。

众进行交流，以期保持相互理解、信任、合作的持久关系，有效提高行政效率和社会效益，从而塑造良好的政府形象，是公共关系在政府工作中的具体运用。其中，信息传播为政府与公众的沟通提供了纽带与桥梁。政府通过有目的、有策略地采用多元化传播手段与技巧开展公共关系建设，向公众释放充足的信息，赢得公众与舆论的支持与好感，从而引导公众行为，更好地构建为人民服务的政府。

2020 年是全面建成小康社会的收官之年，脱贫攻坚是全面建成小康社会中最具决定性意义的三大攻坚战之一，而健康扶贫是打赢脱贫攻坚战的关键举措。政府在健康扶贫中扮演着重要的角色，通过宣传并解读健康扶贫政策，可以有效地提高贫困公众健康扶贫政策知晓度、满意度与获得感，因而政府公共传播成为调动各方参与扶贫事业的重要前提。政府通过对健康扶贫工作和典型经验、先进人物、先进事迹的宣传，可以为健康扶贫攻坚行动提供良好的舆论氛围。本文从健康扶贫视角研究政府的公共传播，在对政府健康扶贫公共传播进行需求分析与策略分析的基础上，探究提升政府健康扶贫公共传播能力的策略与路径，以期进一步加强政府公共传播能力，为健康扶贫工程的开展营造良好的舆论氛围，推动健康扶贫各项工作的深入开展。

一 贫困地区政府公共传播能力建设的需求分析

（一）构建服务型政府的内在需求

"服务型政府"的理念最早是 20 世纪 80 年代西方国家在"新公共管理"运动的背景下提出的。构建服务型政府要求将服务作为社会治理价值体系和政府职能结构的核心，以公民本位、社会本位为指导原则。① 公

---

① 施雪华：《"服务型政府"的基本涵义、理论基础和建构条件》，《社会科学》2010 年第 2 期。

共传播是构建政府公共关系的重要途径，是政府与公众进行互动交流的重要方式。同时，在新时代媒介融合的背景下，公众舆论宣泄口和传播途径具有多元化的特点，舆情爆发的不确定性和不可控程度大幅度提高，加强政府公共传播能力是适应新媒介与新形势的必然要求。[①] 作为健康扶贫政策的制定者和执行者，坚持以人民为中心，以问题为导向，主动向公众传递方针政策、重点举措与健康知识是构建服务型政府的内在需求，可以起到有效消除贫困群众就医顾虑的作用，为公众主动参与社会治理提供条件。

（二）贫困地区社会经济发展与公民主动参与的外在需求

贫困问题是社会关注的重点，也是制约地区经济发展的难点。因病致贫和因病返贫是主要的致贫因素，贫病相交的恶性循环严重阻碍着社会稳定与经济发展，健康扶贫是脱贫攻坚的重中之重、坚中之坚、难中之难。近年来，不同贫困地区结合自身经济发展特点，发挥创新精神，积极开展健康扶贫相关政策和知识的宣讲，以满足地区发展与公民个性化的需求。公民自身健康素养的提高也进一步要求更加充分与更加便利的健康信息获取。"自说自话"式的传播方式无法获得有效的传播效果，因而政府公共传播需要注重"政府欲说"和"公众想听"之间的结合，与外界环境形成互动关系。贫困地区社会经济发展与公民的主动参与已经成为政府健康扶贫公共传播能力建设的外在需求。

（三）健康扶贫社会参与度逐年提高

健康扶贫不仅需要政府的顶层设计与健康扶贫工作方针的落实，还需要调动全社会多元行为体的主观能动性，从协同治理的途径来有效消除引起贫困的能力、资源、机会等各种严重的根源性问题。[②] 在 2016 年，国家卫生

---

① 张志海：《新时代政府公共关系：视域、问题与对策》，《党政论坛》2020 年第 9 期。

② 马婷、唐贤兴：《"健康中国"战略下的健康权利平等：一个健康扶贫政策的分析框架》，《河南大学学报》（社会科学版）2020 年第 6 期。

健康委等 15 部门便联合印发《关于实施健康扶贫工程的指导意见》，明确提出要充分动员社会力量参与健康扶贫。由国家卫生健康委指导、中国人口福利基金会实施的"健康暖心"工程广泛动员政府部门和企事业单位等多元社会力量进行跨省域跨地区的多维协同，在供资源、助医生、助机构、重评估等四个方面，积极推进了贫困地区贫困人口的健康保障。社会团体、基金会、社会服务机构等各类社会力量参与健康扶贫的主动性与积极性进一步要求政府加强对社会组织扶贫的引导和管理，提高政府公共传播能力，优化环境、整合力量、创新方式，以提高扶贫效能。

（四）提升应对重大突发公共卫生事件能力的需求

2020 年初突发的新冠肺炎疫情公共卫生事件体现了当今社会是一个"风险社会"。在疫情防控紧要关口，借助在健康扶贫工作过程中积累的方法和经验，转战疫情防控战场的贫困地区基层医务人员在较短的时间内控制了疫情的扩散与蔓延，将贫困地区疫情影响降到最低，为快速复工复产、推进脱贫攻坚创造了有利条件。社会风险是突发事件的隐性表现，突发事件是社会风险的显性表现，有必要提升应对重大突发公共卫生事件的能力。通过政府公共传播，可以有效提高公众对突发事件的预防意识，强化对风险识别、风险预警和风险消减体系建设的认知。

二 政府健康扶贫公共传播的策略分析

（一）健康扶贫工作概况

卫生健康问题是公众日常生活中的重要组成部分。习近平总书记指出，"没有全民健康，就没有全面小康"。党的十八大以来，以习近平同志为核心的党中央坚持以人民为中心的发展思想，立足中国特色社会主义的伟大扶贫实践，牢牢把握减贫进程中的突出问题及矛盾变化，对精准扶贫实践中帮扶领域的理论认识不断细化与深化，逐渐形成了符合中国特色扶贫开发的健

康扶贫思想。[①]

围绕贫困群体健康问题制定的一系列扶持政策推动了健康扶贫工程在全国的深入实施。据统计，截至2020年已"累计使近1000万因病致贫返贫贫困户成功摆脱了贫困"[②]。围绕贫困地区探索出来的健康扶贫模式，现已成为中国特色社会主义道路探索过程中的亮点。健康扶贫工程全面改善了贫困地区医疗卫生机构设施条件，提升了县域医疗卫生的服务能力。通过因户因人因病精准施策和强化对健康危险因素的控制，健康扶贫工程推动措施落实到人、精准到病，并推动了健康扶贫关口前移。而在新冠肺炎疫情期间，疫情防控和健康扶贫工程也在共同推进。

"健康扶贫历史性地消除了农村贫困地区乡村两级医疗卫生机构和人员空白点"[③]，帮助贫困群众实现常见病和慢性病能够就近医治。健康扶贫工程坚持以人民为中心的发展思想，推动健康扶贫各项工作扎实深入开展，防止因病致贫因病返贫，坚决打赢脱贫攻坚战。

（二）健康扶贫政府公共传播主要内容

1. 健康扶贫政策

健康扶贫政策的宣传与解读是健康扶贫政府公共传播的首要内容。及时宣传党中央、国务院关于扶贫工作的决策部署和重大举措，做好相关政策的解读可以加强公众对健康扶贫政策与知识的认知，进一步引导公众积极参与健康扶贫行动。相关政策重点解读包括党中央、国务院《关于打赢脱贫攻坚战的决定》《关于打赢脱贫攻坚战三年行动的指导意见》以及国家卫生健康委等相关部门《关于实施健康扶贫工程的指导意见》《健康扶贫三年攻坚行动实施方案》等健康扶贫方面的政策措施。同时，宣传解读好本地出台

---

① 张鑫宇：《习近平关于健康扶贫重要论述的思想内涵及其时代价值》，《江汉大学学报》（社会科学版）2020年第6期。

② 国家卫生健康委员会李斌副主任在2020年11月20日国新办新闻发布会上的讲话。

③ 马晓伟：《以人民为中心 以健康为根本 举全系统之力打赢健康扶贫攻坚战》，《中国卫生》2020年第11期。

的相关政策，特别是涉及群众自身利益的各项政策极具重要性。例如，河北省依托省"心连心"艺术团开展"百场演出送健康"活动，让健康扶贫政策以快板、歌舞、小品等群众喜闻乐见的节目形式直达群众。相关市县宣传人员录制健康扶贫政策宣传顺口溜，村干部、村医通过大喇叭广播用方言解读有关政策措施，打通了政策宣传"最后一公里"，以"接地气"的方式更有效地传递政策信息。

2. 健康扶贫进展

健康扶贫进展是健康扶贫政府公共传播的重要内容。健康扶贫的进展包括各地各部门贯彻落实党中央、国务院健康扶贫决策部署方面所开展的重要活动、举办的重要会议、制定的重要文件等，以及健康扶贫工作取得的积极进展、实际成效和重大成果。及时做好健康扶贫进展的信息发布和宣传报道，有助于扩大健康扶贫相关活动的传播范围，彰显健康扶贫的精神。以广西壮族自治区河池市宜州区为例，该区利用网络直播平台进行健康山歌擂台赛与巡回表演的网络直播，观看者达 5 万多人次。此外，该区还广泛开展各类健康知识普及及推广活动，包括少儿健康素养书法、"健康宜州"随手拍摄影比赛、全民健身系列活动，以及全民健康进社区、村屯、学校、机关、企业等活动，推动全民参与健康行动。这些重要活动的举办与传播培育了全社会参与健康文明生活的新风尚。

3. 健康教育知识

大力加强健康促进、提升健康教育、普及健康知识是健康扶贫政府公共传播的必要内容。健康知识的普及有助于引导民众建立健康生活方式和形成健康生活习惯，提升贫困地区民众的健康素养水平和自我保健意识，增强民众参与健康扶贫工程的积极性和主动性。"预防"是健康扶贫的重点，必须在提高居民健康素养水平、提升健康生活技能上下功夫。有着山歌特色的广西壮族自治区河池市宜州区将山歌文化与健康教育相融合，把健康素养知识编写成当地人熟悉的山歌，并聘请多位当地山歌的歌唱者担任宣讲员深入当地社区传唱，实现了 210 个村（社区）、269 所学校、200 多家机关企业和 20 多家景点景区的全覆盖。

4. 健康扶贫典型

健康扶贫典型经验与案例的宣传与传播是健康扶贫政府公共传播的关键内容。宣传报道健康扶贫的好经验与好做法，宣传推广健康扶贫先进典型和感人故事，将充分发挥其示范和引导作用，形成健康扶贫可复制、可推广的典型做法。例如，针对甘孜州石渠县是包虫病患病率超过12%的偏远高海拔藏区的实际，四川大学华西医院组建肝脏外科、超声科、血管外科等15位专家的肝包虫病多学科团队，定期赴石渠开展筛查诊治和防治培训，包虫病手术从2008年的20台次增长至2018年的近600台次，并通过"在线+在位"两种模式为当地培养可以独立完成复杂包虫病手术治疗的医护团队，使90%的包虫病患者治疗不出州，打造了覆盖居民全生命周期包虫病防治的"华西模式"。

（三）健康扶贫政府公共传播主要形式

1. 健康扶贫新闻发布工作

通过召开新闻发布会、媒体通气会、发布新闻稿等形式，主动解读健康扶贫重大政策、工作进展、典型经验以及健康科普等是健康扶贫政府公共传播主要形式之一，具有权威性强、真实性高的特点，可以为公众起到解疑释惑的作用，回应社会关切。此外，健康扶贫新闻发布还包括各地政务网站开设"健康扶贫专栏"，动态发布本地健康扶贫政策和有关信息等；利用政务微博、微信、手机报、网站等新媒体平台，以及手机短信、农村广播等方式进行健康扶贫宣传。主动发布是政府作为信息源一方传递信息的重要方式，是及时传递官方信息、表达官方态度的主要途径。例如，广东省5部门联合印发《农村贫困人口大病专项救治实施方案》（以下简称《实施方案》）后，省政府新闻办公室举行新闻发布会，省卫生健康委负责同志出席发布会，详细解读《实施方案》建立救治台账、确定定点医院、制定诊疗方案、组织医疗救治、提高医疗救治水平、发挥政策保障合力、推行"一站式"结算等内容，省卫生健康委官方网站和微博微信同步发布。

2. 现场活动和实地调研

健康扶贫政府公共传播的现场活动和实地调研包括组织各级卫生健康行政部门、医疗卫生机构等开展专家义诊、健康咨询、健康科普等活动，宣传健康扶贫政策和健康素养知识。此外还包括协调组织新闻媒体实地调研走访健康扶贫工作，采写反映健康扶贫的鲜活稿件，对当地工作经验和工作亮点进行集中采访和宣传报道。针对健康扶贫重点难点和突出短板问题开展调研活动，摸清情况，可以为研究制定有针对性的、可操作性的政策措施提供决策依据。例如，国家卫生健康委宣传司组织媒体赴陕西省榆林市子洲县周家硷镇车家沟村开展党建扶贫和年轻干部理论学习专题调研，通过在村委会召开座谈会、走访村民等形式，重点了解了健康扶贫政策宣传解读、青少年健康素养以及党建帮扶项目进展、村党支部年轻同志主题教育学习等有关情况。并进一步提出宣传工作可以更加注重差异化，注重发挥基层党员干部积极性，以及年轻党员"走下去"要形成长效机制等经验。

3. 卫生健康机构和公共场所宣传

卫生健康机构和公共场所宣传活动包括各地针对不同人群制作健康扶贫相关惠民政策的系列宣传材料，以及相关实物宣传品，在村卫生室、乡镇卫生院、医院等卫生健康机构和其他公共场所免费发放。组织开发通俗易懂、内容科学、适宜在农村地区推广的健康知识标语口号，通过不同方式在公共场所进行宣传。以独龙族的情况为例，独龙族是我国人口较少的少数民族之一，也是云南省人口最少的民族，主要聚居在怒江州贡山独龙族怒族自治县独龙江乡。出于自然和历史的原因，独龙江乡是省内最后一个通公路的乡镇。① 长期的封闭使得当地经济社会发展水平相对滞后。针对这一独特的民族，云南省专门制定一揽子工作措施，在独龙族聚居行政村开展健康村创建活动；开展"健康中国行　走进独龙江"现场主题宣传教育活动和独龙族

---

① 人民网－人民日报海外版：《云南省怒江州独龙江乡——"直过民族"再越贫困大山》，2020 年 11 月 26 日，http：//jx. people. com. cn/n2/2020/1126/c186330 - 34438229. html。

居民健康巡讲活动；并针对独龙族群众只有语言、没有文字的特点，专门设计科普知识培训材料，培训当地具备独龙族语言的乡村医生、村干部及志愿者，到群众家中口口相传健康知识。

4. 进村入户宣讲

为打通精准扶贫"最后一公里"，实现健康扶贫的真正落地，进村入户宣讲成为健康扶贫传播不可缺少的环节。这一方式可以充分发挥"第一书记"、驻村干部、基层医疗卫生工作者等的作用，采取包村包户等形式，利用结对帮扶、家庭医生签约服务、调查走访、送医送药等时机，在村民家中、村部大院、田间地头，用老百姓听得懂的语言，向贫困地区群众"面对面"宣讲健康扶贫政策，免费发放宣传品。例如，山东省淄博市以健康扶贫为切入点，选派 600 名"第一村医"按照"一拖三"原则，对1800 个村居进行健康帮扶，对"一拖三"村庄贫困人口进行全覆盖式走访，一对一宣讲，发放宣传折页、健康扶贫"明白纸"，制作发放"健康扶贫一扇通"宣传扇等，逐人入户宣讲先诊疗后付费、一站式结算等健康扶贫政策。

5. 相关经验宣传和典型推介

通过总结，发现好经验，发掘健康扶贫工作的先进典型，开展相关经验宣传和典型推介，可以讲好健康扶贫故事。例如，国家卫生健康委组织中央电视台、中国国际电视台（CGTN）、《中国青年报》《环球时报》《健康报》《中国人口报》《中国卫生画报》等电视和纸媒一同采访调研陕西榆林清涧县、子洲县等地的健康扶贫情况，并对产业扶贫、消费扶贫、对口帮扶、大病救助"一站式"服务、流动医疗服务等健康扶贫举措的相关经验做法进行报道，并形成内宣和外宣的同频共振。此外，国家卫生健康委还推出武警新疆总队医院庄仕华、江苏省扬州市广陵区医生付宝鼎、四川甘孜州炉霍县乡村医生谭晓琴等健康扶贫典型人物。在中国医师节先进典型报告会等活动中，邀请组团式援藏和健康扶贫团队讲述投身健康扶贫工作的付出和收获，展现为民服务情怀。

三 政府健康扶贫公共传播能力建设的路径创新

（一）从宣传到传播，提高信息传播交互性

召开健康扶贫专题新闻发布会。2019 年，国家卫生健康委组织健康扶贫专题发布会 9 场，委扶贫办、医政医管局以及 13 个省份卫生健康委和有关地方的 36 名负责同志走上委新闻发布台，深入解读《解决贫困人口基本医疗有保障突出问题工作方案》等政策文件，大力宣传进展成效，推广地方经验做法。

开设健康扶贫网络展。国家卫生健康委官方网站开设健康扶贫网络展览，2019 年 2 月 19 日正式上线运行。设置扶贫之路、众志攻坚、山乡故事、村间炕头、定格温暖、扶贫长镜头、宣传标语等主题页面，打造健康扶贫网络宣传阵地。目前，网络展发布稿件 600 余篇，页面浏览量超过 18 万人次。

中央媒体重点关注。2019 年，央视新闻联播节目 3 次在头条位置报道国家卫生健康委健康扶贫工作。1 月 27 日央视新闻联播报道《总书记的牵挂：一枝一叶总关情　维护全民健康建设全面小康》，8 月 13 日报道《在习近平新时代中国特色社会主义思想指引下——新时代新作为新篇章　推进健康中国　共享美好生活》，8 月 19 日新闻联播以"在习近平新时代中国特色社会主义思想指引下——新时代新作为新篇章　敬佑生命救死扶伤　我国医疗服务质量能力双提升"为主题再次报道国家卫生健康委扶贫工作。《人民日报》、新华社、《经济日报》、中央电视台等中央媒体聚焦中央高度重视健康扶贫工作以及委健康扶贫政策措施和各地经验做法，推出数十篇权威报道。

行业媒体全面报道。《健康报》《中国人口报》等行业媒体深入解读健康扶贫政策，详细介绍各地推进健康扶贫过程中的重要进展和典型经验。

网络媒体广泛传播。围绕健康扶贫政策系列宣传解读活动，新华网、央

广网、央视网、中国新闻网、腾讯网、今日头条、澎湃新闻网等各大门户网站大量转载相关报道，网民踊跃关注，评论积极正面。

（二）非权力行政方式助推政府公信力提升

国家卫生健康委为全国健康科普工作广泛、深入、可持续开展提供技术指导。开发健康教育技术指南。制定贫困地区健康教育核心信息，印发 6 种主要慢性病健康教育处方，免费发放给患者。组织基层能力培训。重点面向山西大宁、永和，陕西清涧、子洲以及"三区三州"，组织健康教育骨干能力培训。在上海举办面向南疆四地州分管领导和卫生健康工作者的健康传播培训。加强经验交流推广。召开工作推进会，介绍贫困地区健康促进三年攻坚行动进展情况，宣传推广河南、广西、贵州等地典型经验。赴贫困地区开展义诊。发挥"健康中国行""名医走基层""三下乡"等活动的示范引领作用，先后 5 次组织"中国好医生、中国好护士"月度人物赴贫困地区、革命老区，特别是"三区三州"开展健康咨询和科普讲座。

（三）政务新媒体的载体建设壮大政府传播矩阵

在新媒体时代，通过与新媒体的结合，以群众喜闻乐见的方式进行新闻发布能够更加有利于传播党和政府的声音。为此，政府应该及时发布信息回应社会关切，并强化发布信息的丰富性，吸引用户关注，实现群众多关注、政府多回复的良好现象，及时消除网络谣言的传播，稳定社会的运行。在这一方面，可以借鉴"健康中国"政务新媒体矩阵，设立#健康扶贫在路上#等相关话题。"健康中国"微博阅读量达 452.9 万，设计制作政策解读宣传片和系列表情包，刊发《六部门联合发文　解决贫困人口基本医疗有保障突出问题》《官方指南：今年农村贫困人口大病专项救治工作怎么做?》等文章，赢得网友点赞。

2020年中国公益扶贫公共关系发展报告

——社会组织参与脱贫攻坚的公共关系构建研究

崔　炜　周悦*

摘　要： 扶贫工作是一项系统的民生工程，建设良好的公共关系是凝聚扶贫力量和协调推进扶贫项目的基础。本文研究社会组织参与脱贫攻坚的公共关系构建，包括与公共部门、企业组织和社会公众三个层面的"协同"、"整合"和"服务"的关系；分析社会组织与政府、企业和公众之间也存在着合作方式有待优化、合作领域有待拓展、合作项目有待规范和合作宣传有待加强的问题；提出需要优化伙伴关系，强化公益使命，坚持精耕细作，创新合作模式，实现精准合作、赋能合作、品牌合作、跨界合作的目标，在推动脱贫攻坚与乡村振兴有效衔接中发挥更大作用。

关键词： 社会组织　脱贫攻坚　公共关系

2020年9月22日，习近平主席在第七十五届联合国大会上说：我们有信心如期全面建成小康社会，如期实现现行标准下农村贫困人口全部脱贫，提前10年实现《联合国2030年可持续发展议程》中的减贫目标。扶贫工

---

* 崔炜，中国传媒大学政府与公共事务学院副教授，公益传播研究中心执行主任，研究方向：老龄产业与公益传播；周悦，中国社会科学院大学政府管理学院讲师，研究方向：公共管理与公共政策。

作是一项系统的民生工程，事关国家发展全局，事关百姓民生福祉。因此，要坚持社会动员，凝聚各方面力量，充分发挥政府、市场、社会、公众等多主体作用，形成全社会广泛参与脱贫攻坚的格局。长期以来，国家高度重视社会力量在脱贫攻坚中的重要作用。2015 年 11 月，《中共中央、国务院关于打赢脱贫攻坚战的决定》明确提出"鼓励各类社会组织开展到村到户精准扶贫"；2016 年 12 月，国务院《"十三五"脱贫攻坚规划》明确提出"支持社会团体、基金会、社会服务机构等各类组织从事扶贫开发事业"。

社会组织是指除政府和企业之外，由公民自愿组成，具有非营利性、非政府性、志愿性、专业性等特征的活跃在社会中的机构组织。截至 2019 年底，全国共有社会组织 86.6 万个，比上年增长 6.0%；吸纳社会各类人员就业 1037.1 万人，比上年增长 5.8%。[1] 社会组织的服务范围涉及科技、教育、文化、卫生、环境保护等社会生活的各个领域。社会组织是脱贫攻坚的重要力量，发挥着联系爱心企业、爱心人士等社会帮扶资源与贫困人口的重要纽带作用，也是公共部门、企业组织等在精准扶贫中的合作伙伴和重要助手，扮演着协助贫困群众解决看病、上学、就业等难题的重要角色，在帮助贫困地区摆脱贫困和促进乡村振兴等方面发挥着重要作用。

一 社会组织参与脱贫攻坚的公共关系构建

公共关系是指为实现一定组织目标，促进公众对组织的认识、理解及支持，与其内部、外部各主体之间建立良好的关系，达到提升组织形象、促进组织发展的一系列公共活动。扶贫济困、救助危难是时代赋予社会组织的重要使命。在扶贫领域，建设良好的公共关系是凝聚扶贫力量和协调推进扶贫项目的基础，更是精准对接扶贫需求和促进共同发展的关键。社会组织参与脱贫攻坚的公共关系构建，包括与公共部门、企业机构和社会公众三个层面。

---

[1] 2019 年民政事业发展统计公报，http：//www.mca.gov.cn/article/sj/tjgb/2020 - 09 - 08。

（一）"协同"：社会组织与公共部门的关系构建

社会组织与公共部门在扶贫攻坚中构建以"协同"为主题的合作关系，主要涵盖互补共赢关系、倡导响应关系和承接服务关系。

1. 发挥各自优势，形成互补共赢的关系

以党政部门为主的公共部门是扶贫攻坚的主导力量，发挥引领、带动、号召、组织等功能，推动扶贫工作全面发展、整体推进、逐级落实；社会组织具有丰富的工作经验和专业资源，在扶贫工作中是公共部门的有力助手和协作伙伴，发挥参与、落实、补充、拓展等功能，有力地推动扶贫工作重点突破、精细服务和持续发展。社会组织发挥了在困难群体帮扶上的专业性、及时性和多样性等优势，服务更多有需要的贫困群体，与公共部门在扶贫工作中形成互补共赢的关系。

以银川市和顺新村"腾讯为村"试点为例，银川市发挥政府优势，实施智慧网络公益工程，引导互联网企业与移民行政村开展结对帮扶活动。鼓励相关互联网企业发挥自身的网络公益资源优势，有针对性地推出扶贫项目，发动企业员工、合作伙伴以及广大用户共同参与脱贫攻坚工作。腾讯公益慈善基金会发挥互联网平台优势，孵化上线"为村"平台，以"互联网＋乡村"的模式，通过移动互联网发现乡村价值，发现农村的致富带头人，提供移动互联网工具包、资源平台等，带动文化、产业、旅游资源发展，推广互联网扶贫模式，为乡村链接情感、链接信息、链接财富，促进贫困农村地区的脱贫攻坚和乡村振兴。[①]

2. 找准扶贫短板，形成倡导响应的关系

公共部门在部署扶贫攻坚工作和落实扶贫政策中，为社会组织参与扶贫攻坚工作搭建平台，协调落实社会组织参与扶贫开发的领域、内容和重点，鼓励社会组织广泛参与扶贫开发工作。社会组织积极响应公共

部门的号召和安排，广泛筹集人、财、物资源，社会组织工作人员和志愿者活跃在基层扶贫开发的第一战场和最前线，积极回应、主动承担公共部门的扶贫规划和扶贫项目。社会组织与公共部门在扶贫工作中形成倡导响应的关系，充分激发公共部门与社会组织的双重动力，提高精准扶贫的深度与广度。

北京泰康溢彩公益基金会以"关爱生命，造福民生"为宗旨，通过助老、扶贫、助学、灾害救助等公益行动，帮助更多人享受健康快乐的生活。从 2019 年 5 月开始，民政部社会福利中心从基层实地调研中了解到，贫困地区的养老服务人才非常缺乏，现有工作人员亟须通过培训来提升素质和能力。民政部社会福利中心积极联系北京泰康溢彩公益基金会，倡导发起"扶贫聚力　扶智成才"养老服务人才百县千人培训计划。培训对象主要面向"三区三州"等深度贫困地区、革命老区、民族地区、边疆地区、集中连片特困地区的从事养老的民政工作人员、养老机构的管理者和服务人员骨干。截至 2019 年底，参与培训的总人数 1354 人、县（市）数量 191 个，贫困县占比 80% 以上。2020 年开始，继续得到北京泰康溢彩公益基金会的支持，积极开展线上线下相结合的针对贫困地区的养老服务人才培训。

3. 构建支持网络，形成承接服务的关系

"政府购买服务"是指政府将直接提供的公共产品或公共服务，通过委托或招标等方式，交给有资质、有服务能力的社会服务机构来完成的过程。社会组织秉持非营利性、公益性和服务性原则，在教育科技、健康卫生、文化体育、扶贫攻坚等领域成为承接政府购买服务的重要主体之一。公共部门与社会组织通过政府购买服务的方式，在扶贫工作中形成承接服务的关系，对贫困群众的社会融入、家庭发展、心理关爱等方面进行指导和协助提升，全面帮助贫困群众改善生活环境、构建支持网络、阻断贫困传递，形成了"承接—赋能—再承接—再赋能"的良性循环，此过程有利于推进资源优化配置、政府职能转变和行政效率的提高，也有利于推动整合利用社会资源，增强公众参与意识，激发社会发展活力。

安徽省太湖县专业社工助力脱贫攻坚项目①，是由该省民政厅购买社会组织提供的社会服务，项目直接受益群体是 49 名贫困儿童，历时 6 个月，项目重点是为该村贫困家庭学生提供精神慰藉、情绪疏导、关系调适、思想引导、权益维护、犯罪预防等方面的专业服务，运用社工专业服务（个案、小组、社区等）、友好访问服务（志愿服务）、伙伴互助服务等，使贫困家庭学生能够减少消极情绪，纠正行为偏差，优化生活和学习环境，促进健康成长。

（二）"整合"：社会组织与企业机构的关系构建

社会组织与企业机构在扶贫开发中构建以"整合"为主题的合作关系，涵盖整合放大关系、引领示范关系和需求链接关系。

1. 共担社会责任，形成整合放大的关系

企业机构发挥市场资源整合优势，通过开展产业扶贫和劳动力转移等项目开展扶贫攻坚，塑造负责任的品牌形象，增加企业品牌美誉度。社会组织与有扶贫意愿的企业积极对接联络，建立长期合作关系，整合放大了技术优势、资金优势、人才优势、项目优势等，在消费扶贫、产业帮扶等方面，发挥各自作用，探索新模式新项目，为贫困地区投入资金、输送人才，由单一"输血"向持续"造血"转变，共同助力扶贫攻坚工作。这是企业和社会组织共担社会责任、实施精准扶贫的积极实践，也是充分发挥各自优势、助力扶贫攻坚的实际行动。

2018 年 6 月中国志愿服务基金会和中国建材集团共同设立"善建公益"专项基金，致力于开展扶贫攻坚、爱心帮扶、支教助学等志愿服务公益活动。2019 年 9 月，由"善建公益"专项基金资助"中国志愿医生之安徽石台站"活动中，中国医师协会医师志愿者工作委员会主任凌锋教授带领来自首都医科大学宣武医院、北京大学人民医院、解放军南京总医院等的 19

---

① 《安徽省民政厅购买社会服务助力挂牌督战村脱贫攻坚》，http：//www.thx.gov.cn/thxw/xzcz/2016865561.html 2020 - 09 - 01。

位专家，开展义诊550人，查房170人次，中医、村医适宜技术培训70人，为健康扶贫贡献了力量。①

2. 聚焦扶贫难点，形成引领示范的关系

社会组织在脱贫攻坚工作中发挥着重要作用，成为扶贫开发工作中不可或缺的组成部分。聚焦扶贫攻坚的难点，如在各种致贫原因中，因病致贫在各地区都排名前列，因病致贫家庭是脱贫攻坚的一大难点。积极挖掘和整理社会组织和企业在健康扶贫中的示范项目和典型案例，不断总结健康扶贫开发的宝贵经验，加强交流合作和信息共享，在扶贫项目开发中形成引领示范的关系，充分发挥社会组织和企业机构的合作效能和整合优势，扩大精准扶贫合作网络，共同促进扶贫攻坚工作的发展。

2017年7月12日，中国扶贫基金会、阿里巴巴公益、支付宝公益等联合发起顶梁柱健康扶贫公益保险项目，针对精准扶贫战略设计，聚焦因病致贫、因病返贫问题。顶梁柱公益保险项目以贫困家庭主要劳动力为受益主体，为现行贫困标准下18～60周岁建档立卡贫困户提供专属扶贫公益保险，降低因病致贫、因病返贫的发生率。该案例入选2019网络扶贫十大案例和社会组织扶贫50佳案例，起到了很好的引领示范作用。②

3. 充分调研需求，形成需求链接的关系

社会组织是联系爱心企业等社会帮扶资源与贫困人口的重要纽带，是链接各方力量参与脱贫攻坚的重要载体。深入扶贫基层一线进行充分调研，能够及时了解扶贫开发需求，发挥平台优势，第一时间采集和反馈最需要、最紧迫的扶贫攻坚信息，社会组织与企业机构在扶贫项目中形成需求与供给的联动链接关系，集聚扶贫资源，探索建立起扶贫开发的长效机制，激发贫困群众扶贫攻坚的内生动力和积极作为。

2017年9月，中华环境保护基金会携手美团外卖设立"青山基金"，启

① 《助力健康精准扶贫帮助最需要帮助的人——"中国志愿医生"赴安徽石台开展医疗义诊活动》，http：//www.cvsf.org.cn/news/institution/15694841981168.html 2019 – 09 – 26。

② 《顶梁柱健康扶贫公益保险项目》，http：//www.cfpa.org.cn/project/GNProjectDetail.aspx?id =85，2017年7月12日。

动"青山公益行动"，加入该行动的商家即"青山商家"，用户每在青山商家下一单，该商家将捐出一定金额的善款，用于公众环境意识宣导、生态扶贫以及环保研究等项目。青山计划以互联网思维联动合作伙伴聚焦生态扶贫，利用平台流量优势，"连接"商家与用户参与，将资金精准投向扶贫项目，利用平台生态优势，建立线上销售渠道，形成技术驱动、平台商户联动、持续投入行动的效果。①

（三）"服务"：社会组织与社会公众的关系构建

社会组织与社会公众在扶贫开发中构建以"服务"为主题的合作关系，涵盖服务提供关系、沟通反馈关系和专业支持关系。

1. 发挥专业所长，形成服务提供的关系

社会组织发挥自身专长和优势，聚焦产业扶贫、教育扶贫、易地扶贫搬迁等项目，为贫困群众提供有关生产、生活和发展的专业帮助和咨询支持，为贫困地区改善生态环境、维护生态平衡、改善生活生存条件、完善农业生产基础设施等方面提供专业服务。社会组织与贫困群众在扶贫过程中形成服务提供的关系，为贫困地区社会经济可持续发展贡献力量。

中华儿慈会发起的"起点工程"②，定位于 0～6 岁儿童早期教育领域，重点关注农村贫困地区的学龄前留守儿童。广泛动员海内外力量和社会资源，在农村贫困地区支持与建设幼儿园（班），从教学硬件配备升级和教师发展两大模块着手，通过早期阅读和安全教育等方式改善留守幼儿早期教育现状，为学龄前儿童创建安全卫生的学习生活环境，让幼儿在游戏中快乐成长。

2. 及时上传下达，形成沟通反馈的关系

习近平总书记指出"扶贫要同扶智、扶志结合起来"，并多次强调做好

---

① 《"青山计划"获"因爱同行"2018 网络公益年度项目奖》，http：//www.cepf.org.cn/projects/QSJH/STWM_ XMDT/201901/t20190114_ 689454.htm 2019－01－14。

② 《"让梦想起航" 起点工程爱贝天使基金 梦想起航云南行活动纪实》，http：//www.ccafc.org.cn/templates/T_ Common/index.aspx？contentid ＝11937&nodeid ＝125&page ＝ContentPage，2018－06－01。

就业工作对于脱贫攻坚的重要性。如果扶贫不扶智，就无法阻隔贫困的代际传递。社会组织扎根基层，了解贫困地区和贫困群众的所想所需，有助于收集和及时反馈贫困群众脱贫攻坚中遇到的困难、问题和挑战，与社会公众在扶贫攻坚中形成沟通反馈关系，架设起贫困地区群众与公共部门、企业机构、社会公众等信息传递的桥梁，有助于广泛构建政府－社会－市场合作机制，共同商议、研讨和解决脱贫攻坚难题。

苏州金螳螂公益慈善基金会秉承"扶贫要同扶智、扶志结合起来"的扶贫理念，在实地调查走访陕西省延安市和贵州省铜仁市多个贫困乡村后，实施"千人工匠·精准帮扶组合计划"①，将外部"输血"式扶贫与内部"造血"式扶贫相结合，打破贫困群众"代际贫穷"。项目实施以来，累计为985名建档立卡贫困群众提供就业技能培训并推荐就业，项目受益人中约95%年收入超过5万元，真正实现"一人就业，全家脱贫"的精准脱贫目标。

3. 导入公益资源，形成专业支持的关系

在农村扶贫工作中，要解决扶贫的"最后一公里"问题，就需要更多社会力量参与到扶贫一线，来提供专业的支持。社会组织充分发挥本行业、本领域的专业优势，为贫困地区带去优质的医疗资源、法律援助和教育资源等，为贫困群众培训生产经营技能等专业支持，与社会公众在脱贫攻坚中形成专业帮扶关系，引导公益资源投入贫困地区，促进慈善资源与贫困地区有效对接，促进当地早日脱贫致富。

中国农业大学李小云教授注册成立勐腊小云助贫中心。从2015年5月开始，小云助贫中心向社会招募志愿者进村展开规划工作，先后有10多名来自全国各地的专业志愿人员来到河边村开展志愿服务，扶贫团队有针对性地提出了包括基础设施建设、人居环境景观绿化、住房改造、公益型社区建设、产业发展等多方面的扶贫规划，并被正式纳入勐腊县精准扶贫脱贫规划。"小云助贫"组织村民成立了"发展工作队"和"青年创业小组"，由

---

① 《2019年度江苏省社会组织十佳扶贫案例公布》，https：//www.yangtse.com/zncontent/575229.html，2020－06－09。

这两个团队来集聚村内的核心骨干力量，调动其他村民积极参与、发展生产、创业脱贫。[①]

二 社会组织参与脱贫中公共关系构建存在的问题

在扶贫过程中，社会组织与政府、企业和公众形成了良好的公共关系，但也存在着合作方式有待优化、合作领域有待拓展、合作项目有待规范和合作宣传有待加强的问题。

（一）扶贫合作方式有待优化

一些社会组织与公共部门、企业组织和社会公众在扶贫合作过程中合作方式比较单一，不利于扶贫开发社会资源的有效利用和潜力发掘。如一些政府部门对社会组织进行专业性培训和政策性引导还不够，政府购买社会组织扶贫服务的形式比较单一，社会组织提供的扶贫项目与当地扶贫工作结合得不紧密；同时，一些中小城市的社会组织也面临着承接能力不足的问题，当公共部门推出有关扶贫购买服务项目，也会面临无社会组织承接的尴尬境地。部分社会组织严重依赖外部资金和物资支持，一旦难以获得持续性外部供给，可能导致所承担的扶贫工作难以为继。

（二）扶贫合作领域有待拓展

一些社会组织在与公共部门、企业及个人合作扶贫的过程中合作领域有待拓展，社会组织在已有的传统的教育扶贫、健康扶贫、产业扶贫、易地扶贫、就业扶贫等方面已取得成绩，但在扶贫公共关系上的合作精度有待提升，以就业扶贫为例，还存在着培训针对性不强、就业稳定性不高等问题。因此，需要创新帮扶机制，积极搭建劳务协作平台，加强精准对接，搞好服

---

① 《河边新村喜看瑶民新貌，"小云助贫"助力边疆脱贫》，https：//www.sohu.com/a/249975291_407316 2018－08－25。

务保障，进一步把握新知识、新技术和新业态带来的机遇和发展，引入工学一体化、"互联网＋职业培训"、职业培训包等培训新方式，帮助贫困家庭劳动力实现长期稳定就业。

（三）扶贫合作项目有待规范

社会组织参与扶贫攻坚工作的热情很高，但一些社会组织在扶贫项目开展中定位不明，缺乏专业性人才，扶贫项目的运行管理以及财务收支情况透明化程度不足，尤其是筹募资金的全流程系统管理缺乏透明性、及时性和全面性，筹募资金存在使用不及时、登记不全面和支出不合理的情况，项目持久性差，影响了社会组织的公信力，在扶贫项目实施中，没有建立起第三方评估机制，缺乏完善的监督和评估机制，存在监督力量薄弱、监管乏力等问题。

（四）扶贫合作宣传有待加强

做好扶贫工作的宣传是社会组织构建良好公共关系的重要手段。当前，一些社会组织对扶贫宣传工作的重视还不够、积极性不高、效果不理想，对扶贫工作的优秀做法和典型经验宣传不够，有分量、有影响力的宣传内容较为缺乏；一些社会组织虽然重视扶贫的宣传工作，但进入媒体融合新时代，各类信息铺天盖地，其宣传的手段比较传统，难以适应"两微一端"等新媒体宣传多样化发展的挑战，没能挖掘扶贫过程中的感人事迹和成功经验。

三　社会组织参与脱贫攻坚的公共关系的优化路径

社会组织参与脱贫攻坚的公共关系构建是不断完善、不断提高的探索过程，需要优化伙伴关系，强化公益使命，坚持精耕细作，创新合作模式，实现精准合作、赋能合作、品牌合作、跨界合作，社会组织在推动脱贫攻坚与乡村振兴有效衔接中可发挥更大作用。

（一）优化伙伴关系，促进精准合作

社会组织需要构建与政府部门、企业组织的长效合作机制，增强合作的长期性、周期性和可持续性。政府应加大对社会组织的培育力度，帮助社会组织参与政府职能转移和购买服务，引导更多的社会组织积极投入精准扶贫工作当中。社会组织注重与地方政府的协调与沟通，与公共部门、企业机构和社会公众建立良好合作伙伴关系，社会组织在扶贫攻坚中找准定位，加强自身能力建设，不断提高组织运行与管理的规范化和专业化水平，提升社会组织的信息公开和财务透明程度，加强组织制度的完善和运营的专业性建设。搭建扶贫资金、项目、信息等资源共享平台，强化社会组织间的资源链接和沟通联系，从资源互补、供需对接等方面推动多方力量融合，合力推进精准扶贫，推进乡村振兴。

（二）强化公益使命，促进赋能合作

围绕贫困地区、贫困群体的需求与乡村振兴的长远发展，一方面，构建政府部门对社会组织的赋能合作机制，政府从资金支持、技能培训、就业创业、项目孵化等方面进行政策设计来发挥社会组织优势，社会组织通过承接扶贫项目，因地制宜开展结对帮扶、技术帮扶、医疗帮扶、心理帮扶、文化帮扶等；另一方面，社会组织应加强自身建设，强化公益慈善使命，从内部制度建设、人员素质提升、管理运行机制等方面进行努力。探索利用"互联网＋公益"等新渠道、新手段，强化"线上项目"与"线下资源"的对接，创新工作理念，将扶贫与"扶智""扶志"相结合，激活脱贫增收的内生动力，增强贫困地区的"造血"机能。

（三）坚持精耕细作，促进品牌合作

在媒体融合的新时代，在推动脱贫攻坚与乡村振兴有效衔接的进程中，社会组织要重视品牌传播对公众行为和认知的重要影响。在扶贫攻坚领域深耕细作，举办仪式性的活动，以微公益的形式传播扶贫项目，大力宣传先进

人物、创新举措、典型案例，营造良好氛围，动员和吸引更多的社会力量参与扶贫开发。社会组织与政府、企业、媒体和公民共同努力，打造公益传播平台和全媒体传播矩阵，掌握信息传播的时效性和互动性，调动公众参与的积极性，提升公益传播的效果，有助于推动扶贫项目的延续性和传承性，形成示范效应和带动效应。

（四）创新合作模式，促进跨界合作

"人人公益"与"商业向善"的时代方兴未艾，各类社交媒体的广泛应用为社会公众参与扶贫开发工作带来了多元化的选择，社会组织运用新平台、新技术和新形式，利用大数据、人工智能、区块链等技术赋能催生众多创新产品服务形态，如社会组织帮助受援地区解决疫情影响下的农畜牧产品"卖难"和"滞销"问题，采取消费扶贫的"云签约"模式和直播带货系列公益活动，搭建产销对接平台，丰富消费扶贫内涵，拓宽消费扶贫渠道，创新消费扶贫形式。满足消费者需求、激发扶贫的责任感，能催生贫困户脱贫的内生动力，使其走上长期稳定增收的道路。更为重要的是，不断完善政府、市场、社会协同推进的全社会扶贫格局，调动社会各界力量助力脱贫攻坚，实现跨界联合，形成脱贫攻坚的强大合力。

参考文献

萧子扬、王堃：《社会组织参与健康扶贫的优势及路径》，《中国人口报》2020 年第3 期。

杨美兰：《社会组织参与精准扶贫的现状与展望》，《党史博采（下）》2020 年第9 期。

孙凤山、张玉芳、姜伟强：《社会组织参与精准扶贫的实践与对策——以山东省潍坊市为例》，《南通职业大学学报》2020 年第3 期。

田茂琴：《社会组织参与精准扶贫研究》，《中国集体经济》2020 年第26 期。

章敏敏：《社会组织参与农村脱贫遇到的问题及对策研究》，《天津农业科学》2020 年第8 期。

王华凤：《双向嵌入：社会组织精准扶贫的策略研究——以 S 市政府购买社工服务扶贫为例》，《广州社会主义学院学报》2020 年第 3 期。

韩潇霏、任新悦：《基于海南乡村扶贫治理的政府、企业、社会组织互动战略研究》，《企业改革与管理》2020 年第 6 期。

高崇、郝振杰：《社会组织参与攻坚脱贫的优化策略分析》，《智库时代》2020 年第 12 期。

阎茂瑶、冯佟、王栋：《"供需管三侧联动"：社会组织参与贫困治理长效机制探索——以四川省 L 县为例》，《黑龙江社会科学》2020 年第 2 期。

向德平：《社会工作力量参与脱贫攻坚持续推进》，《中国社会工作》2020 年第 1 期。

偶燕铁：《打造社会组织参与脱贫攻坚的"包头模式"》，《中国社会组织》2019 年第 22 期。

刘素君：《嵌入互动视域下政府与社会组织协同精准扶贫研究》，《厦门特区党校学报》2019 年第 5 期。

B.8
2020年中国文化扶贫公共关系发展报告

——"非遗"就业工坊助力脱贫攻坚

刘晓山*

摘　要： 2020年是决胜全面建成小康社会、决战脱贫攻坚之年。"非遗"扶贫就业工坊作为"非遗"助力精准扶贫的重要抓手，不仅使"老少边穷"地区的非物质文化遗产（以下简称"非遗"）得以实现创造性转化与创新性发展，更开辟了我国文化扶贫事业的新路径，展示了勤劳智慧的劳动人民奔向小康生活中百折不挠的精神气质。本文指出我国发展"非遗"扶贫就业工坊是要求也是需求，其中政府高度重视是保证、培育特色品牌是目标、培养带头人是根本、讲好脱贫故事是重点、拓展销售渠道是关键、广泛宣传引导是支撑。同时，举例分析总结了当前国内"非遗"就业工坊政府、企业、个人三种主导发展模式，进而提出了优化顶层设计、创新发展思维、注重产业关联、强化市场开拓、加强人才建设等推动"非遗"扶贫就业工坊高质量发展的对策建议。

关键词： "非遗"扶贫　就业工坊　精准扶贫　公共关系

2017年5月原文化部印发的《"十三五"时期文化扶贫工作实施方案》

---

* 刘晓山，国家乡村振兴局开发指导司副司长，二级巡视员。

中明确提出，依托具有较强设计能力的企业、高校和相关单位，在贫困地区设立传统工艺工作站并予以引导性资金扶持，帮助当地传统工艺企业和从业者解决工艺难题，提高产品品质，培育品牌，拓展市场，带动"非遗"传承人群增收致富。① 同年10月，党的十九大报告明确提出"推动中华优秀传统文化创造性转化、创新性发展"②，开启了"非遗"传承与扶贫事业开始协同发展的新局面。在"非遗"助力精准扶贫阶段，"非遗"扶贫就业工坊项目的出现，不仅使革命老区、民族地区、边疆地区、贫困地区的非物质文化遗产得以实现创造性发展与创新性提升，更为开辟我国文化扶贫事业探索拓宽了新路径。

一 中国发展"非遗"扶贫就业工坊的历史背景

党的十九届五中全会提出了到2035年基本实现社会主义现代化远景目标之一：建成文化强国、教育强国、人才强国、体育强国、健康中国，国民素质和社会文明程度达到新高度，国家文化软实力显著增强。

（一）推进我国"非遗"扶贫就业工坊发展建设是要求也是需求

习近平总书记在庆祝改革开放40周年大会重要讲话中指出：自古以来，中华民族就以"天下大同""协和万邦"的宽广胸怀，自信而又大度地开展同域外的民族交往和文化交流，曾经谱写了万里驼铃万里波的浩浩丝路长歌，也曾经创造了万国衣冠会长安的盛唐气象。正是这种"天行健，君子以自强不息""地势坤，君子以厚德载物"的变革和开放精神，使中华文明成为人类历史上唯一一个绵延5000多年至今未曾中断的灿烂文明。③ 长盛

---

① 中国经济网：文化部发布《"十三五"时期文化扶贫工作实施方案》，http://www.ce.cn/culture/gd/201706/08/t20170608_23499000.shtml。

② 中国网：习近平在中国共产党第十九次全国代表大会上的报告，http://www.china.com.cn/19da/2017-10/27/content_41805113_2.htm。

③ 新华网：习近平在庆祝改革开放40周年大会上的讲话，http://www.xinhuanet.com/2018-12/18/c_1123872025.html。

不衰、绵延五千年的中华文明之所以在新中国成立以后不断焕发出勃勃生机，其主要原因是在中国共产党的领导下，不断弘扬中华文明的先进性、包容性，根植于人民、服务于人民，不断发展创新。

文化兴则国运兴，文化强则民族强。文化繁荣兴盛，事关实现民族复兴，事关人民美好生活。2020年10月15日，习近平总书记在广东考察时指出，要加强非物质文化遗产保护和传承，积极培养传承人，让非物质文化遗产绽放出更加迷人的光彩。① 非物质文化遗产是一个国家和民族历史文化成就的重要标志，是中华优秀传统文化的重要组成部分。非物质文化遗产"不仅是经济资本，更是文化资本"，这为民族地区的文化扶贫提供了一种新的思维方式，也为非物质文化遗产开辟了新的保护传承路径。"非遗"助力精准扶贫是扶贫开发的创新性手段。我国的民族地区往往是贫困问题最集中的地区，文化扶贫是我国在民族地区采取的一种重要的扶贫方式。许多民族地区利用丰富的非物质文化遗产资源、独特的民族风情和旖旎的自然风光发展文化产业，走上了脱贫致富的道路。

国务院扶贫办会同文化和旅游部、中国文联等有关文化部门和相关企业，通过"非遗"保护传承、文艺文化宣传等形式与脱贫攻坚融合。2018年，国务院扶贫办、文化和旅游部联合印发了《关于支持设立"非遗"扶贫就业工坊的通知》，正式推动"非遗"扶贫就业工坊建设，支持各地以传统工艺为重点，以各类文学艺术创作为载体，依托"非遗"项目，设立了一批特色鲜明、带贫作用明显的"非遗"扶贫就业工坊；2019年，又印发了《关于推进"非遗"扶贫就业工坊建设的通知》，进一步强化了政策扶持，将"非遗"扶贫就业工坊纳入产业、就业等各项扶贫政策支持范围，按照贫困村创业致富带头人遴选程序和标准，从"非遗"代表性传承人、研培学员中，遴选一批贫困村创业致富带头人，加大扶持力度，带动贫困人口增收脱贫。

---

① 新华社广州10月15日电：《习近平在广东考察时强调以更大魄力在更高起点上推进改革开放》，《新华日报》2020年10月16日第1版。

经过八年精准扶贫、五年脱贫攻坚，困扰中华民族几千年的绝对贫困问题历史性地得到解决，脱贫攻坚成果举世瞩目。到 2020 年底我国现行标准下农村贫困人口全部实现脱贫，贫困县全部摘帽，区域性整体贫困已经基本得到解决，贫困地区的经济社会发展速度明显加快，生产生活条件明显改善，"两不愁"质量水平明显提升，"三保障"突出问题彻底消除。贫困群众收入水平大幅度提高，自主脱贫能力稳步增强，中国减贫治理能力显著提升，脱贫攻坚取得全面胜利，提前 10 年实现联合国 2030 年可持续发展议程的减贫目标，实现了全面小康路上一个都不掉队，在促进全体人民共同富裕的道路上迈出了坚实一步。我国完成脱贫攻坚这一伟大事业，不仅在中华民族发展史上具有重要里程碑意义，更是中国人民对人类文明和全球反贫困事业的重大贡献。脱贫攻坚战，不仅使贫困地区摆脱了落后面貌、贫困群众摆脱了生活窘境，更为重要的是，坚定了我们的制度自信和文化自信。同时，随着"十三五"规划的顺利完成，我国文化聚力、文化张力、文化实力所彰显出的文化自信体现在党的十九届五中全会公报中。这种文化自信有一个重要的标志：广大贫困地区和贫困群众逐步树立起来的文化自信，将使中华民族的文化自信更强、底气更足。人民有信仰、国家有力量、民族有希望，我们将在共享发展成果中形成强大的凝聚力和向心力，打造中华文化命运共同体。

（二）我国发展"非遗"扶贫就业工坊取得的成效

文化传承、文化凝聚、文化滋养、文化认同、文化发展、文化创新给脱贫攻坚战带来强劲动力和勃勃生机。

"非遗"扶贫就业工坊孕育于基层、扎根于群众，它是一种将优秀传统特色文化资源有效转化为产业优势的精准文化扶贫方式，是具有中国特色、民族特色的扶贫车间，不仅大力促进了贫困群众增收致富，带动了贫困地区经济社会发展，而且有利于弘扬中华优秀传统文化，增强人民群众的文化自信，激发传承的内生动力，发挥扶贫扶志扶智作用，是文化等部门助力打赢脱贫攻坚战、推进乡村振兴的有力抓手。目前来看，至少实现了三个"双

丰收"。一是实现了"非遗"保护传承和扶贫产业的双丰收。发展"非遗"扶贫就业工坊，盘活了当地的文化资源，不仅把文化资源转化为带动贫困群众摆脱贫困的扶贫产业，也让"非遗"保护传承基础更牢靠、发展更长远，坚定了文化自信。截至2020年底，在国家级贫困县共设立"非遗"扶贫就业工坊近1000家。二是实现了传承人和贫困群众的双丰收。"非遗"扶贫就业工坊，一头连着传承人，一头连着贫困群众。在发展"非遗"扶贫就业工坊过程中，传承人得到系统"充电"，提升了能力，拓展了市场，同时让贫困群众学会了传统技艺，掌握了一技之长，增加了劳动收入，成为新的"非遗"传承人。三是实现了扶贫和扶智扶志双丰收。通过发展"非遗"扶贫就业工坊，帮助贫困群众家门口就业，做到"挣钱顾家两不误"，实现了"农民变工匠""厅堂变车间"的转变，提升了能力、增强了自信，逐步起到了扶贫扶智扶志的作用。尤其给留守人员、残障人士等弱势群体提供了就业渠道和交流平台，促进了家庭和谐，既富了口袋，又富了脑袋，还鼓舞了干劲，受到了基层和贫困群众的欢迎。比如，深度贫困的甘肃东乡民间刺绣从传统作坊自用自销的民间工艺走上姹紫嫣红的国际服装秀，脱贫后的普通绣娘亮相T型舞台，这是基于"非遗"文化的底色和脱贫后自信力量的中华文化新精神、新风采、新风貌、新气象。

在我国消除绝对贫困、率先完成人类千年梦想后，中华优秀传统文化的传承、发扬，将继续为经济社会发展提供强劲动力，成为人们追求精神生活的重要宝库。同时，打赢脱贫攻坚战、全面建成小康社会，也为传承弘扬中华优秀传统文化提供了更加广阔的空间和平台，将促进非物质文化遗产更加发扬光大。

二 中国发展"非遗"扶贫就业工坊的经验做法

我国发展"非遗"就业工坊之所以能取得较好的经济和社会效果，最大的前提是我们是共产党领导下的社会主义国家，有习近平新时代中国特色社会主义思想的指引，有行业部门和各级政府、社会力量的众志成城，有深厚的文化底蕴，有勤劳智慧的各族人民团结奋进。

（一）政府高度重视是保证

在推进"非遗"扶贫就业工坊建设过程中，各相关行业、各级党委政府以习近平新时代中国特色社会主义思想为指引，认真贯彻落实习近平总书记关于扶贫工作的重要论述和打赢脱贫攻坚战的重要指示精神，从传承弘扬中华优秀传统文化、巩固拓展"非遗"扶贫成果高度，大力推进"非遗"扶贫就业工坊助力精准扶贫工作，切实加强产业规划引导、政策支持、组织领导，助力贫困地区打赢脱贫攻坚战。比如内蒙古、河北、湖南、甘肃、重庆等省区市，积极协调本地文旅、扶贫、财政、宣传、妇联等部门，共同推进了"非遗"扶贫就业工坊建设。为促进国家和地方品牌传统工艺的传承与振兴，凸显我国"非遗"扶贫产品独有特色，国务院专门制定《中国传统工艺振兴计划》，明确要求"发挥传统工艺覆盖面广、兼顾农工、适合家庭生产的优势，扩大就业创业，促进精准扶贫，增加城乡居民收入"。比如山东、浙江、上海等东部省市，积极发挥东西部扶贫协作机制，帮助重庆、云南、贵州等中西部省份建设"非遗"扶贫就业工坊、销售"非遗"扶贫产品。2019年中国妇女发展基金会围绕"脱贫攻坚"与"乡村振兴"战略，联合碧桂园、国强公益基金会，牵手中国时尚设计大师张肇达，打造"天才妈妈×东乡绣娘"公益品牌，并于10月下旬在京举办了公益品牌计划发布会暨公益时装秀，东乡绣娘创承"非遗"文化，一根绣针改变命运，绣出梦想绣出希望。

（二）培育特色品牌是目标

"非遗"扶贫就业工坊是依托传统工艺带动群众就业增收的一种扶贫模式。国家有关部委发布了国家传统工艺振兴目录，并投入大量资金重点支持14个门类383项国家或地方品牌传统工艺类项目，其中65%的项目分布在"老少边穷"地区。同时，组织发动社会各界力量助力"非遗"扶贫，中央

美院、唯品会、中国纺织工业联合会等高校、企业、行业协会，先后在江西、新疆、贵州、青海等贫困地区设立了传统工艺工作站，帮助当地传统工艺企业和从业者弘扬优秀工艺，培育富有民族和地域特色的传统工艺产品和品牌，带动"非遗"扶贫就业工坊建设。陕西省宝鸡市凤翔区织女益家手织布专业合作社，以西秦刺绣非物质文化传承人王金平、冯芮爱和手织布传承人宁卿惠为带头人，以"织女益家"为品牌，以传统"非遗"文化项目手织布、刺绣、泥塑手工艺品制作为载体，采取"专业合作社＋困难妇女＋公益"的形式，把农村妇女"请进来"免费教学，把织机免费"送出去"，用指尖上的艺术，绘就幸福画卷，开发产品 5 种，年产值 30 万元，带动了当地 500 多名妇女在家门口就业，实现传承、带贫、致富多赢。西藏日喀则市江孜县年堆乡尼玛藏式卡垫加工农民专业合作社理事长、全国农村创新创业优秀带头人、全国乡村致富带头人、西藏自治区脱贫攻坚创新奖获得者旦增称来，创新藏毯纺织技术，把藏族传统元素与现代技术相融合，成功研发出"看照片纺藏毯的纸样使用技术"，打造"昵炜藏毯"品牌，采取"合作社＋贫困户"模式，带动当地 26 名贫困户劳动力"不离乡不离土"就近就便就业，实现年人均增收 6 万元，用新藏毯织就一条创新致富扶贫路。

（三）培养带头人是根本

自启动"非遗"扶贫就业工坊建设以来，全国各级各地坚持"输血"与"造血"相结合，把培育优秀"非遗"传承人、"非遗"扶贫就业工坊带头人作为首要工程，列入"中国'非遗'传承人群研培计划"和"中国传统工艺振兴计划"，出台政策，明确任务，加大培训力度，持续推进，牢牢把贫困村集体、贫困户嵌入"非遗"扶贫就业工坊、传统工艺工作站等工作中，变千家万户的分散经营为千军万马的发展主力，走出了以点带面、以面带片、整体推进、共同脱贫的新路子。截至目前，全国研培计划参与院校累计培训学员近 4 万人次，加上各地延伸培训，共覆盖传承人群超过 10 万人次。涌现出"传承指尖技艺、助力精准扶贫"的石丽平、"变指尖技艺为指尖经济"的韦清花、"用苗绣开辟家乡妇女自立自强路"的石佳等一批带贫成效明显的"非遗"扶贫就业工坊带头人，呈现"培训一个、带动一片"的良好局面。江西新余市渝州绣坊创始人、中国刺绣艺术大师张小红，发挥新余中国夏布之乡优势，将夏布刺绣与中国画完美结合，创作出一幅幅意境深远的国画绣品，极大提高了夏布刺绣的艺术审美和收藏投资价值，使这朵"非遗"之花长久绽放芳香。目前，新余市发展夏布绣坊7家，其中3家上规模，带动上下游从业人员2000人左右。西藏日喀则市康马县康诺玛尼石实业有限公司负责人、"非遗"代表性传承人国吉曲巴，采用传统工艺，通过雕刻、涂抹颜料等技艺，把页岩石制成精美的工艺产品，广受欢迎，累计吸纳68名农牧民群众、9名本地大学生就业，成为当地的"明星企业"。

（四）讲好脱贫故事是重点

授人以鱼不如授人以渔。加强"非遗"扶贫就业工坊建设，不仅仅是把文化资源转化为产业优势、促进贫困群众增收、解决"输血"功能的一时之举，更是增强手艺人的荣誉感、成就感，增强文化自信，从而激发传承的内生动力，增强技能脱贫能力，实现扶贫扶志扶智。近年来，全国各级各地在注重"非遗"扶贫就业工坊特色产品开发、品牌打造、市场培育的同时，也十分注重挖掘和讲好产品背后蕴藏的"非遗"文化符号价值意义、中国文化故事，尤其是脱贫攻坚故事，并通过组织开展或参加"非遗"产品、"非遗"传承人"走出去""请进来"交流活动，积极向国内外传播中华优秀传统文化，讲好贫困地区劳动人民通过自己的巧手脱贫致富奔小康的自强自立自信故事，既展示了"非遗"在助力精准扶贫方面的作用，展示了中华儿女奔向小康生活中奋发有为的精神气质，又提升了中国形象，推进了国际减贫合作交流。如青海省互助县素隆姑刺绣有限公司总经理、全国脱贫攻坚奖奉献奖获奖者苏晓莉打造的中国刺绣行业十大品牌之一"威远土族盘绣"，产品覆盖青海主要旅游景点，销往全国6个城市和韩国、日本、东南亚等海外市场，既辐射带动了一大批贫困妇女脱贫致富，也让世界看到了青海民间艺术的无限魅力，让彩虹之乡"太阳花"在全球明艳绽放。

（五）拓展销售渠道是关键

将"非遗"扶贫就业工坊产品及时卖出去，变成真金白银，让群众得到实实在在的收益，是"非遗"扶贫就业工坊生存发展的关键。近年来，全国各级各地积极组织"非遗"扶贫就业工坊参与各类博览会、展销会、物资交流会，提升"非遗"扶贫就业工坊产品社会知名度、品牌影响力。组织阿里巴巴、京东、拼多多、抖音、快手等电商平台举办"非遗"购物节、直播带货节目等，开展"非遗"扶贫就业工坊产品线上展示和销售，有效帮助"非遗"扶贫就业工坊扩大销售。加强文旅融合，开展"非遗"扶贫就业工坊产品进景区活动，积极利用传统节日、节庆活动，在景区、历史文化街区、文旅小镇开展销售活动，通过旅游带动"非遗"扶贫就业工坊产品销售和"非遗"旅游消费。据不完全统计，仅2020年6月13日"非遗购物节"当天，阿里巴巴、京东等电商平台、网络平台销售"非遗"产品800多万件，涉及近4500个"非遗"代表性项目，成交金额近4亿元。其中，有520多家"非遗"扶贫就业工坊参加活动，覆盖了355个国家贫困县。

（六）广泛宣传引导是支撑

加强与中央媒体、地方媒体的协调合作，建立常态化的"非遗"扶贫宣传，利用流媒体设立线上线下专题、专栏、频道等，开展"非遗"助力精准扶贫、乡村振兴主题宣传活动，提升了"非遗"扶贫就业工坊建设发展的社会可见度和影响力。积极鼓励各级各地开展优秀"非遗"扶贫就业工坊评比、表彰，并借助各种媒体资源，创新传播渠道，搭建传播平台，加强对优秀案例、代表性传承人和生动实践的宣传报道，营造关注、支持和参与"非遗"扶贫就业工坊助力精准扶贫、乡村振兴的良好氛围，激发参与人群的工作热情。2020年10月下旬，文化和旅游部、国务院扶贫办在山东济南举办了第六届中国"非遗"博览会，其中"非遗"助力精准扶贫和乡村振兴论坛是重要内容。博览会以线上线下方式，集中展览了全国各地700

余项"非遗"代表项目、500个"非遗"产品、46个"非遗"工坊，展演了400余部"非遗"题材纪录片、专题片，成为广大"非遗"传承人和"非遗"扶贫就业工坊展示和推介的重要平台。

三 中国发展"非遗"扶贫就业工坊的主要模式

（一）政府主导模式——以内蒙古科右中旗为例

科右中旗是内蒙古自治区刺绣之乡、中国内蒙古刺绣文化传承保护基地、中国手工刺绣创新创业示范基地，蒙古族刺绣技艺在该旗传承已有300年历史。近年，科右中旗委、旗政府审时度势、主动作为，大力建设刺绣扶贫就业工坊或扶贫车间等产业基地，形成了"科右中旗蒙古族刺绣"文化品牌，推动实现了刺绣"非遗"文化产业化大发展。

第一，建立产业政府主导管理体制。一是旗委高度重视。成立科右中旗蒙古族刺绣产业发展专项推进组和刺绣协会，由内蒙古自治区"非遗"扶贫就业工坊带头人、科右中旗人大常委会主要领导担任负责人，并已连续两年对蒙古族刺绣产业助力脱贫攻坚做出突出贡献的企业和个人进行了表彰。旗委组织部门在刺绣扶贫就业工坊等企业成立党支部、发展党员，以党建引领产业发展。二是政府加强管理。以服务产业发展为出发点，对刺绣"非遗"文化产业资金使用开展绩效评估，规范扶贫就业工坊或扶贫车间资金使用，推动项目加快建设。同时积极搭建展览展示平台，促进企业之间交流合作。三是加强行业自律、社会参与、企业依法运营。政府先后扶持成立了刺绣产业基地、大学生创业就业服务协会，以及50多个刺绣实训基地、扶贫就业工坊或扶贫车间等，探索出了"企业＋协会＋扶贫就业工坊（车间、基地）＋农牧民（贫困群众）"的产业运营模式。

第二，建立产业市场化运营机制。一是拓宽产品研发渠道。借助美术家协会、书法家协会等专业艺术团队，开展富有民族特色的精品样图创作；借助文化旅游节庆活动，开展精品刺绣论坛、评选活动。二是设立产业村开展

产品生产。针对全旗绣工分散的现状，设立 51 个产业村，分别由各自的刺绣带头人进行管理，并辐射影响周边其他嘎查。目前，已经能够制作棉麻、真丝、皮革等材料制成的服装、装饰画、生活家居用品、办公用品等刺绣产品。三是多方开展产品销售。除每年承接 300 万元的固定订单外，还组建了 82 名大学生营销队伍，与国内 37 处销售点开展合作，以成本价走入各大景区景点。同时，与各销售网点合作，组织加工半成品，提高产销量。四是推动文旅产业融合发展。积极对接旅游产业发展，研发了 20 余种款式新颖、民族特色突出、精美实用的以刺绣为主的蒙古族特色手工艺品、民族服饰及旅游纪念品，借助各类销售平台和渠道走向了全国。

第三，建立产业双效双赢机制。通过对扶贫就业工坊等长期提供无偿刺绣技能培训及免费提供基础物料及刺绣图案，逐步建立起了把社会效益放在首位、社会效益和经济效益相统一的发展运行机制。一是推动社会影响力持续提升。在全旗 173 个嘎查集中举办蒙古族刺绣培训班 132 期，培训绣工 14700 余人次，并通过绣工们的传帮带，培养出一至三级绣工 14300 人，免费设计 7000 多种图样分发到全旗刺绣扶贫就业工坊和农牧民绣工手中。二是推动扶贫就业工坊增收致富。通过统一培训管理、统一材料发放、统一成品回收、统一收入结算，对扶贫就业工坊等提供服务和保障。三是推动产业影响力提升。成功申报并获评"蒙古族刺绣与现代设计创新创意实践基地"，成功认证"规模最大的蒙古族刺绣技艺展演活动"大世界吉尼斯纪录，2019 年全旗蒙古族刺绣产业产值达 2000 万元，推动 2895 名建档立卡贫困户每人年均增收 2000 元以上。

政府主导模式是当前"非遗"就业工坊的主流发展模式。如江西省景德镇市委市政府以国家陶瓷文化传承创新试验区建设为抓手，不断加强对以雕塑、手绘等手工制瓷为主的传统陶瓷技艺的保护和传承，保护和抢救散落在市内古街偏巷的知名手工制瓷名人名坊，历经 7 年建成占地 620 亩的景德镇名牌陶瓷作坊园，已聚集"非遗"就业工坊 16 家，全国各大窑口及知名工坊的传承人 23 人，新中式陶瓷、国瓷、珐琅彩、鼎器、艺术瓷板、古法陶瓷、创客、研学等不同的陶瓷业态，成为国际范的"手工制瓷基地"、

"浓缩版"的景德镇。景德镇市还借助特有文化资源和手工制瓷基地的特有优势，规划建设以雕塑陶瓷、手绘陶瓷等艺术瓷及非物质文化遗产开发为主题的文化陶瓷片区，积极与中国文联、中国美协、中国"八大美院"合作，力争在"十四五"期间，文化艺术陶瓷产业过百亿元，不断增强陶瓷"非遗"工坊的带贫益贫作用。又如贵州省黔东南州雷山县加强与苏州工艺美术职业技术学院合作，大力开发银饰、刺绣、蜡染等"非遗"产品，通过在乡镇设立"非遗"扶贫就业工坊、建立"非遗"生产性保护示范基地、"非遗"项目传承保护发展示范村、州级大师工作室、"非遗"研发中心和传统工艺工作站，研发"非遗"产品上百件，带动当地农民脱贫致富成效明显。

（二）企业主导模式——以依文集团为例

2013年，依文集团在贵州黔西南地区启动依文·中国手工坊"绣梦扶贫计划"，以培训为抓手，以订单为核心，以村寨工坊、村寨博物馆为载体，将"非遗"手工艺制品进行产业化、批量化生产，通过"电商扶贫"＋"深山集市"（线下销售扶贫）＋"文旅扶贫"的销售方式，让深度贫困地区的手工艺绣娘在绣梦工坊就近就地就业，持续获得收入并稳定脱贫致富。

第一，创建村寨绣梦工坊、村寨手工艺博物馆，帮扶绣娘创业脱贫。

为改变分散式的家庭生产模式，近年来依文·中国手工坊陆续在黔西南地区150多个村寨建立了600余个"绣梦工坊"，通过这些村寨绣梦工坊，将手工艺产品订单统筹发放，带动周边更多的村寨妇女参与创业。同时建立了13座独具特色的村寨手工艺博物馆，对当地的手工艺技法进行提炼、民族纹样提取和知识产权化，吸引更多热爱中国手工艺文化的设计师共同参与研发设计。

第二，在"绣梦扶贫计划"精准帮扶中创新开展大数据应用。

依文·中国手工坊将发现的绣娘、纹样、技法、工艺等进行归类整理，创建了全国首个村寨绣娘及民族纹样数据库，其中绣娘数据库涵盖8000余位村寨绣娘，可应用纹样5000余种。这个数据化平台，打通了深度贫困地

区绣娘技艺与全球优秀设计师之间品牌合作的重要渠道。通过平台，设计师可以看到每一位绣娘的详细信息（包括绣法、工艺、传承故事等），并可即时选择下单，也可以使用纹样库里代表民族文化美学的各种纹样，进行产品设计。

第三，培训到人，订单到户。

依文·中国手工坊深入深度贫困地区和大山深处，每年数以万计地对绣娘进行规模化技能培训，提升她们的绣艺，通过数据平台为她们打通与产品设计师之间的合作渠道，从而实现订单到户。

第四，"绣梦之旅" + "深山集市"，建立可持续的订单接入。

依文·中国手工坊与黔西南州政府联合打造了一条高端文旅线路——"绣梦之旅"。以传统手工艺文化为纽带，吸引游客到兴仁、册亨、贞丰、晴隆等民族地区，深度体验该地的文化、民俗以及绣娘生活，建成了一条深度文化体验和人文关怀的文化旅游线路，直接带动当地手工艺、民俗文化、餐饮旅宿等消费，帮助贫困家庭持续提高收入。

依文·中国手工坊将绣娘制作的精美手工艺品，通过线上"即绣即卖"的形式进行全网销售，让近千家电商共同成为绣娘订单的接入口。之后与北京侨福芳草地联合启动"深山集市"线下营销活动，把最原生态大山里的手工艺品还原到城市。集市中近千款富有现代设计感、涵盖数十种传统民族工匠技艺技法的文创、首饰、服装、配饰、家居等手工产品，吸引了近万人驻足欣赏、采购体验，掀起了都市赶集的新热潮。"深山集市"作为"心零售"的扶贫代表模式帮助更多深山绣娘走向致富之路。

第五，"绣梦扶贫计划"的国际化订单输入。

依文·中国手工坊一直以"让世界看见中国手工之美"为使命，让中国的时尚态度影响世界。目前，入驻中国手工坊手工艺联盟有影响力机构超过50家。另外，英国B&H创意平台、"世界婚纱女王"桂由美女士在内的知名品牌及知名设计师，都在使用经过培训的绣娘工艺绣品和纹样，中国民族地区的绣娘及其传统手工艺产品，通过再创造的方式，首次成规模、成体系地进入国外时尚市场。

企业主导模式在"非遗"就业工坊发展初期发挥了十分重要的作用。像唯品会、万达等知名企业,自2015年打响脱贫攻坚战以来,就积极响应和落实国家精准扶贫政策,充分利用自身品牌影响力、电商销售平台、人才技术、资金支持优势,聚焦"非遗"手工艺,联动各界力量精心打造"非遗"扶贫就业工坊等公益项目品牌,带动贫困人口脱贫致富取得显著成效。

(三)个人主导模式——以韦清花为例

韦清花,是广西柳州市三江县同乐苗族乡平溪屯一位年近花甲的"非遗"传承人、"侗族刺绣名家"。12岁起便与侗绣结下不解之缘,织锦、剪纸、刺绣等女工绝技她无不精通。出嫁后,她更是如鱼得水,她丈夫的祖母和母亲及妯娌都是当地的刺绣能手。三江县是典型的缺水少田山区县和国家级贫困县。20世纪90年代,很多村民就早早外出务工谋生了。韦清花因为要照顾家里老人小孩,不得不留在村里。平常干完农活之余,她都会做些刺绣手工艺产品以补贴家用。

2009年,侗族刺绣被列入自治区"非遗"代表性项目名录。2010年,韦清花创作的侗绣作品被选送为广西东盟博览会馈赠各国贵宾的礼品。2012年,她代表广西到韩国参加"美在广西"文化交流刺绣展演,并被评为自治区侗族刺绣代表性传承人。此后,政府除每年给予她5000元左右的传习补助经费外,还帮助她建起了三江第一家侗族刺绣博物馆,并为她提供了不少参加研修研习培训和展示展演的机会。2016年,她和"90后"小女儿、县级"非遗"传承人覃桂珍在三江县城创办了清花绣坊,还与香港依文公司签订了合作协议。2017年,她参加了原文化部组织的赴英文化交流活动,并受到国家领导人的称赞。

如今,她们母女俩以清花绣坊为平台,在三江县同乐乡、洋溪乡、林溪镇3个乡镇建立了刺绣基地,通过"绣坊+基地+绣娘+市场"的模式,带动当地6个贫困村300多人通过刺绣脱贫。清花绣坊业已成为一个拥有2名自治区级、1名市级民间艺人、1名县级"非遗"传承人,并集刺绣产品自主设计、研发、制作、销售于一体的工作坊、自治区级居家灵活就业基

地、全国巾帼文明岗。清花绣坊也实现了老中青"非遗"传承人的自然接续。覃桂珍经过母亲多年来的培养教导和市场历练，已顺利担起了第四代传承人责任。

个人主导模式，主要出现于"非遗"就业工坊创业初期。2020 年 9 月 29 日文化和旅游部、中国文化传媒集团有限公司、中国手艺网联合发布的《"非遗"扶贫品牌行动和优秀带头人》名单上，王光荣、石丽平、石佳、宋水仙等"非遗"领域示范带动成效显著的传承人创办的"非遗"就业工坊（企业、基地），都是在自己白手起家、发展到一定规模后，再得到政府或知名企业的支持帮助而快速壮大的。

四 提升"非遗"就业工坊发展质量的对策

习近平总书记指出，对传统文化中适合调理社会关系和鼓励人们向上、向善的内容，我们要结合时代条件加以继承和发扬，赋予其新的含义。保护好非物质文化遗产就是保护中华民族的文化基因，就是维护和传承人类共同的文明，对促进经济和社会可持续发展具有重要的历史意义和现实意义。在深入实施乡村振兴战略、全面建成小康社会的新阶段，"非遗"就业工坊前景广阔、大有可为。如何用好政策，守正创新，推动"非遗"就业工坊在巩固拓展脱贫攻坚成果、全面推进乡村振兴的长效机制上发挥更大的作用？这需要抓好五个方面，挖掘中华优秀传统文化的潜力，全方位利用好我们的文化资源，赋予"非遗"就业工坊更加旺盛的生命力，推动"非遗"就业工坊更高质量地发展。

（一）优化顶层设计，力促"非遗"就业工坊在巩固拓展脱贫成果、全面推进乡村振兴中发挥更大作用

一是加强规划引导。从完善评估手段着手，运用大数据来统计、研判、分析"非遗"就业工坊的带贫致富作用。根据"非遗"项目的独特属性和地区资源禀赋，审慎评估"非遗"就业工坊项目的可行性，科学编制"非

遗"就业工坊建设发展规划，让"非遗"就业工坊助力巩固拓展脱贫成果和乡村振兴的步子迈得更稳、行得更远。二是完善"非遗"就业工坊建设管理的规约。比如在"非遗"文创产品设计开发过程中，如何维护好文创产品的著作权、商标权及专利权，哪些可为或不可为；以及"非遗"就业工坊监督管理方法、扶持政策细则等。三是健全多元主体协同推进"非遗"就业工坊建设发展体制机制。以"非遗"衍生链条为核心，明确文化和旅游、乡村振兴、人力资源和社会保障、教育、市场监管等部门的协同责任，联合更多的领域和地区，形成政府引导，企业、传承人、村落社区、社会组织共同参与的工作格局，构建完善的培育体系和机制。

（二）创新发展思维，以新发展理念引领"非遗"就业工坊发展实践

一是增强脱贫地区民众的文化自信与自觉。加强对身边人身边事等的典型宣传教育，积极扭转脱贫地区民众轻视、忽略本地"非遗"文化开发的错误观念，增强其对"非遗"文化符号意义和"非遗"致富价值的认识，进而通过"非遗"扶贫符号引出中国文化故事，通过文化故事打造中国商品品牌，通过中国商品品牌讲好中国故事，尤其是脱贫攻坚故事，从而培育他们对乡土文化的热爱与自信，推动民众积极参与"非遗"就业工坊发展，实现自力更生和共同富裕，达到传播中华优秀传统文化、提升中国形象、促进国际减贫合作交流的终极目标。二是创新"非遗"开发和"非遗"就业工坊发展思路。牢固树立保护先于开发、开发助于保护的理念，坚持与时俱进，正确处理好保护和传承、传承和开发、开发和利用、利用和弘扬、弘扬和参与、参与和特色等"六对"关系，敢于突破"从一而终"的思维定式和"一成不变"的传统经验束缚，善于发挥自身主观能动性，进而创新观念、体制机制和方式方法，推进"非遗"文化的创造性转化和创新性发展，确保"非遗"就业工坊发展效果更好。三是增加科技含量，提升品质和扩大规模。以实现"非遗"生产智能化、产品产业化、销售电商化为目标，大力实施"智能＋数字技术制造""互联网＋制造""电商换市"等新一轮

技术改造和创新能力提升工程，积极探索"外部资源引入＋内部企业对接"线上与线下相结合的科技成果转化模式，做大做强"非遗"产品研发、生产、展示、销售、反馈等渠道，扩大"非遗"就业工坊产品科技含量和市场占有率。

（三）注重产业关联，积极构建多产业融合发展、互促共进的"非遗"就业工坊发展新格局

一是深化"非遗"就业工坊与旅游产业的融合发展。积极把"非遗"就业工坊发展纳入文化旅游产业发展、旅游线路布局中统筹谋划，充分发挥"非遗"开发、"非遗"就业工坊的文化创意、商品制造、市场交易、旅游娱乐等功能，推动其在焕发新的生机活力的同时助推旅游经济快速融合发展。二是推动"非遗"就业工坊与其他产业良性互动。深化"非遗项目＋传承人＋就业工坊（基地）""传承人＋合作社（协会）""就业工坊（基地）＋农户"等模式，发挥"非遗＋"效应，大力延伸"非遗"扶贫开发、"非遗"就业工坊发展链条，推动实现文化制造业、文化服务业、现代特色农业的有效衔接，形成"非遗"就业工坊与其他扶贫产业共建格局。

（四）强化市场开拓，切实提高"非遗"就业工坊竞争力

一是鼓励企业自创品牌。完善"非遗"就业工坊品牌培育、评价、宣传和保护机制，对有创牌潜力的产品和企业，进行梳理排队，引入专业辅导培训机构，实行分类指导、梯次培育，做大做强一批品牌企业。支持重点优势"非遗"就业工坊依托品牌优势，整合无牌、贴牌"非遗"就业工坊的生产能力，加快形成一批拥有竞争力的知名品牌。二是搭建多样化产品销售平台。大力开展"走出去、引进来"活动，组织"非遗"就业工坊参与各级各类展会和品牌营销活动。通过引进有品牌、渠道、用户的知名电商企业和相关企业，以及 App 软件，采取订单生产、以销定产等多种形式，扩大"非遗"扶贫就业工坊传统工艺产品销售渠道。

（五）加强人才建设，推动实现"非遗"就业工坊可持续发展

一是强化"非遗"就业工坊传承人培训。坚持常态培训提升与订单精准培训、自主培养与外援引进相结合，积极与高校、职业院校、社会培训机构等合作，通过实施"非遗"职业教育工程、"非遗"进校园活动，或者开设相关课程培养传承人和后备人才，或者邀请机构专家为项目参与人员进行在岗培训。依托国家"非遗"传承人研修研习培训计划，邀请研训计划学员开展以学带学活动，培养更多"非遗"传承人。鼓励民间举行传统技艺比赛、传统技艺展示等活动，提升传承人的技艺水平。二是强化"非遗"就业工坊带头人培育。积极支持具有较强工作能力的优秀"非遗"传承人、"非遗"扶贫就业工坊带头人参与深度研培及交流、展示、传播等各项活动，提高保护传承能力和社会影响力。优先从"非遗"代表性传承人、研培计划学员中，遴选培育一批贫困村创业致富带头人，加大培育扶持力度，提升带贫益贫水平。三是提升"非遗"就业工坊技术水平。积极扩大传统工艺工作站建设，组织开展"非遗"专家、设计师、代表性传承人进"非遗"工坊活动，帮助其解决工艺难题，改善产品设计，提升整体品质，对接市场需求。

如期全面建成小康社会、打赢脱贫攻坚战，使中华民族伟大复兴向前迈出新的一大步，实现了从大幅落后于时代到大踏步赶上时代的新跨越，社会主义中国以更加雄伟的身姿屹立于世界东方。在以习近平同志为核心的党中央的正确领导下，中华优秀传统文化更加发挥出激发贫困地区、贫困人口内生动力的强劲底蕴，将激励农村广大群众勤劳致富，在巩固拓展脱贫成果、全面实施乡村振兴战略中，向着共同富裕的目标迈进。

B.9
2020年中国妇女事业与减贫公共关系发展报告

——妇女在中国脱贫攻坚中的作用

曹立 徐晓婧*

摘　要： 妇女既是脱贫攻坚的重点对象，也是脱贫攻坚的重要力量。贫困妇女脱贫，关系到妇女的个人发展，关系到贫困的代际遗传，关系到家庭的和谐幸福，关系到贫困人口的整体脱贫进程，是打赢脱贫攻坚战、实现可持续脱贫的关键所在。在脱贫攻坚实践中，妇女发挥了重要的"半边天"作用，是扶贫产业的生力军和扶贫车间的主力军。但是，妇女脱贫仍然存在性别歧视、教育不足、女性统计数据缺失和专门政策扶持缺位等问题。因此，应构建和谐包容的社会文化，消除对妇女的歧视和偏见；保障妇女基本卫生医疗服务，解决妇女因病致贫、因病返贫问题；为妇女提供平等优质的教育，确保妇女拥有平等就业机会；建立妇女稳定脱贫长效机制，防止妇女返贫致贫；动员妇女投身乡村振兴，贡献巾帼力量。

关键词： 妇女脱贫 代际传递 "半边天"作用 公共关系

---

* 曹立，中共中央党校（国家行政学院）经济学教研部副主任、教授，博士生导师，主要研究领域是区域经济与区域发展、精准扶贫与乡村振兴；徐晓婧，中共中央党校（国家行政学院）研究生院博士研究生，主要研究领域是区域经济与乡村振兴。

2020年10月1日，习近平总书记在联合国大会纪念北京世界妇女大会25周年高级别会议上的讲话中提到，建设一个妇女免于被歧视的世界，打造一个包容发展的社会。① 国家主席习近平夫人——联合国教科文组织促进女童和妇女教育特使彭丽媛女士于2020年9月16日在21世纪人类消除贫困事业与妇女的作用——纪念北京世界妇女大会25周年暨全球妇女峰会5周年座谈会的致辞中指出，妇女不脱贫，人类就不可能消除贫困。② 妇女的发展程度是衡量社会文明进步的重要尺度。妇女的进步和发展，是衡量一个国家减贫事业的重要指标。

中国一直是全球妇女发展和减贫事业的积极倡导者和有力推动者。十八大以来，全国妇联深入贯彻落实习近平总书记关于脱贫攻坚的系列重要讲话精神以及党中央、国务院决策部署，把协助党和政府做好妇女脱贫工作作为责无旁贷的重大政治任务，全力推进"巾帼脱贫行动"，聚焦深度贫困，因地制宜精准落实立志脱贫、能力脱贫、创业脱贫、巧手脱贫、互助脱贫、健康脱贫、爱心助力脱贫七项帮扶举措，团结引领广大妇女，发挥妇女独特作用，为坚决打赢脱贫攻坚战发挥"半边天"作用，用辛勤劳动创造幸福美好新生活。习近平总书记强调，扶贫先扶志，扶贫必扶智。脱贫攻坚是以人的全面发展为价值导向，扶物质更要扶精神，妇女的全面脱贫、全面发展是一个需要进一步关注和研究的大问题。正如2020年10月12日，彭丽媛在通过视频向联合国教科文组织第五届女童和妇女教育奖致贺词中强调："妇女得不到良好教育，就不会有人类社会发展进步。女童和妇女教育，功在当代，利在千秋。"妇女不仅是消除贫困的受益者，更是参与者和贡献者。在扶志扶智方面，妇女有着特殊的作用，妇女脱贫实现了自强和自立，决定了其对孩子教育和对家庭产生了积极影响力，对阻断贫困代际传递发挥着重要

---

① 新华社：《习近平在联合国大会纪念北京世界妇女大会25周年高级别会议上发表重要讲话》，（2020 – 10 – 01）/ ［2020 – 11 – 8］. http：//www. xinhuanet. com/politics/leaders/2020 – 10/01/c_ 1126568081. htm。

② 新华社：《彭丽媛：在21世纪人类消除贫困事业与妇女的作用——纪念北京世界妇女大会25周年暨全球妇女峰会5周年座谈会上发表致辞》，（2020 – 09 – 16）/ ［2020 – 11 – 8］，https：//xhpfmapi. zhongguowangshi. com/vh512/share/9404408？ channel = weixin。

作用。妇女脱贫是关系到贫困人口的整体脱贫进程，是打赢脱贫攻坚战、实现可持续脱贫的关键所在。

一　妇女在中国脱贫攻坚中发挥重要作用

妇女既是脱贫攻坚的重点对象，也是脱贫攻坚的重要力量。妇女数量约为中国 7 亿多脱贫人口中的一半，相较于男性，女性更弱势，其参与度低、知识水平低、身体状况差，再加上传统观念所导致的思想封闭狭隘，决定了妇女成为脱贫攻坚的重点对象和主体力量。十八大以来，中国高度重视并全力支持贫困妇女脱贫发展领域，注重贫困妇女的参加和获益，在经济、就业、教育、卫生、公益等方面实行多项帮扶举措并提供强有力的保障，取得显著成果。根据现行农村贫困标准，2020 年中国农村贫困人口全部脱贫，提前 10 年实现联合国 2030 年可持续发展议程的减贫目标。这为人类进步事业发展做出了重大贡献。妇女在中国 7 亿多脱贫人口中约占一半，其重要性不言而喻。[①] 中国许多妇女积极响应党和国家号召，不但不满足于自身脱贫，而且带动乡邻共致富，在中国减贫事业中贡献"半边天"力量。

党的领导是脱贫攻坚的根本保证。各级妇联组织强化党建带妇建，通过带政治方向、带工作、带队伍、带致富、带阵地、带服务，全面提升党建带妇建促脱贫的工作水平，极大地带动了妇女脱贫。在脱贫攻坚的伟大实践中，妇女技能得到提高、就业渠道得到拓展，思想得到解放和提高，作为家庭经营者、农业生产者、乡村守候者的妇女成为脱贫攻坚的重要力量，通过在教育、就业、健康方面积极脱贫，实现自身脱贫发展。

（一）扶志扶智，推动妇女教育脱贫

全国妇联积极发挥宣传引领作用。充分发挥 6700 多个妇联网站及新媒

---

① 新华社：《彭丽媛：在 21 世纪人类消除贫困事业与妇女的作用——纪念北京世界妇女大会 25 周年暨全球妇女峰会 5 周年座谈会上发表致辞》，（2020 – 09 – 16）/［2020 – 11 – 8］，https://xhpfmapi.zhongguowangshi.com/vh512/share/9404408？channel = weixin.

体平台、90多万个姐妹微信群、57万多个社区"妇女之家"的作用，线上线下大力宣传习近平总书记关于扶贫工作的重要讲话精神、脱贫攻坚的惠民政策和取得的巨大成效，广泛宣传妇女脱贫和带贫的先进经验和突出事迹。贫困地区妇女树立起自尊自信自立自强精神，对自我价值的评价和自我认同度得到提升，参与脱贫攻坚的内生动力得到进一步激发。积极参加各类扶贫宣传活动，比如"巾帼脱贫大讲堂""巾帼脱贫故事会"等宣讲活动以及"最美家庭""美丽家园"建设等活动，并认真配合政府做好易地搬迁工作，弘扬好家风，移风易俗得到大力倡导。贫困地区女性受教育权利得到保障，其在基础教育、高中教育、继续教育方面得到政府和社会各界的高度重视并进一步加强，受到雨露计划等教育扶贫政策的大力支持，积极接受职业教育的培训，教育水平得到较大提高。有能力的妇女带头人被培育为优秀妇女典型，充分发挥典型引领作用，成为妇女脱贫致富的带头人，并引导贫困妇女坚定脱贫信心决心。贫困地区妇女骨干和贫困妇女积极参加线上线下的各类脱贫培训，妇女脱贫能力得到切实提高。随着脱贫攻坚工作的深入推进，妇女经济生活的参与度得到提升，从边缘走向中心；妇女社会角色认知得到提升，从依附走向独立；男女平等意识得到强化，从被歧视得到尊重。①

（二）发展特色产业，助力妇女就业脱贫

依托当地资源优势，发挥女性村干、致富女能人和职业农民、家庭农场、龙头企业等新型经营主体的"领头雁"作用，大力发展特色种养、手工编织、电子商务、家政服务、乡村旅游等妇女特色产业，带动更多的农村妇女增收。各贫困地区具有不同的区域特点、文化特色和民族特质，妇女通过在旅游服务、文化产业、特色种养、边境加工贸易、技能培训、农村电商、扶贫车间、小额信贷等渠道，实现就地就近灵活就业，找到了产业发

①　王乐：《习近平总书记扶贫论述对南疆农村妇女脱贫意识转变的若干思考》，《边疆经济与文化》2020年第7期。

展、就业增收之路。妇女通过旅游产业实现就业脱贫，积极抓住旅游扶贫政策机遇，充分发挥旅游业就业容量大、进入门槛低、工作方式灵活、关联带动性强等特点，依托当地自然资源禀赋，深度挖掘少数民族聚居区特色旅游资源，做大旅游产业。妇女通过文化产业实现就业脱贫，深挖民族特色文化资源，实现民族特色文化传承和文化创意旅游的深度融合发展。妇女通过特色种养实现就业脱贫，实施"一村一品"等产业发展模式，发展特色种养等主导产业，并通过整合土地资源进行土地流转，成立各类合作社。妇女通过边境加工贸易实现就业脱贫，位于边境的贫困地区妇女通过发展边境加工贸易，构建"物流＋电商＋金融"一体化经贸新模式，实现"通道经济"向"口岸经济"转变，铺就致富新道路。妇女通过手工技能培训实现就业脱贫，宜绣则绣、宜剪则剪、宜编则编，加入妇女手工协会、合作社以及"巾帼扶贫车间"并参与手工创业创新大赛，用巧手实现美好生活。随着家政服务业市场不断扩大，通过接受贫困妇女家政培训以及配合政府组织输转工作，妇女生活得到极大改善。妇女通过农村电商实现就业脱贫，随着农村电商范围拓宽，农村网店数量激增，国务院扶贫办等部门下发《关于促进电商精准扶贫的指导意见》等文件，积极用好农村电商、直播农业等新产业、新业态，通过"电商＋产业＋扶贫"融合发展模式，从事特色产品的加工生产，许多妇女电商扶贫品牌得到大力培育支持，各地领导干部在新冠肺炎疫情期间走进直播间帮贫困妇女"带货"。妇女通过扶贫车间实现就业脱贫，扶贫车间有着工厂式、居家式、贸易流通式、种养式等亦农亦工的用工形式，深受农村青壮年特别是农村留守妇女的欢迎。在扶贫小额信贷等金融服务的帮助下，妇女的就业渠道得到扩大，其资金困难问题得到解决，可以进行创业，积极创办家庭农场、"农家乐"和农业合作社，从而可以发展生产、增收脱贫。

全国妇联为妇女创业就业提供支持，投入2430万元创建486个"全国巾帼脱贫示范基地"，带动各地妇联在832个贫困县创建了2万余个妇字号基地，扶持由妇女创办领办的家庭农场、"农家乐"和各类农业合作社30多万个。十八大以来，全国妇联积极为贫困妇女解决资金难题，全国累计有

656.90 万名妇女获得贷款并收到 3837.73 亿元创业担保贷款；各级妇联配合扶贫部门发放扶贫小额信贷 677 亿元，扶持带动 122 万建档立卡贫困妇女发展生产、增收脱贫。

（三）实施"两癌"救助，助推妇女健康脱贫

为缓解因病致贫返贫，贫困妇女可以接受宫颈癌和乳腺癌（以下简称"两癌"）两项免费检查，建档立卡贫困"两癌"患病妇女可以接受"两癌"救助全覆盖，并有妇女"两癌"健康保险。围绕"健康中国 2030"规划纲要，实施"健康中国—母亲行动"，聚焦"三区三州"深度贫困地区，结合贫困地区和少数民族妇女群众的健康需求，通过在县妇幼保健院或乡镇卫生院集中检查和医卫人员携带设备入乡入村入户进行检查相结合的方式以及政府部门设置的绿色通道，并可以指定专人进行初筛、接诊和转诊，贫困地区妇女的受检信息得到详细登记。通过"两癌"检查与救助的实施，"两癌"早诊早治率得到大大提高，治疗成本和患者死亡率得到大大降低，贫困妇女看病难、看病贵和因病致贫返贫问题得到有效缓解，女性健康得到关爱保障，妇女的自我保健意识和防癌意识得以唤醒，妇女参与健康体检的积极性得到激发。[①] 贫困地区妇女可以在农村赶集、广场舞场所等人口集中的地方看到"两癌"检查与防治知识的标语、横幅以及宣传手册等，积极利用村（社区）小广播、微信、电视专题片等方式进行学习，积极参加健康知识讲座、专家义诊、健康长跑活动等各种形式的健康宣教活动，了解到国家卫生健康相关政策，树立起健康意识，学习家庭健康知识，开始注重生活品质，养成文明卫生习惯和健康生活方式，不仅增强了妇女的健康理念、提高了妇女的健康水平，还有利于建设乡风文明。

（四）扶贫车间助力妇女成为家庭文明建设的重要贡献者

"巾帼脱贫基地"和"巾帼扶贫车间"成为妇女参与扶贫的主战场。在

---

① 黄晓薇：《团结引领广大妇女　为决战决胜脱贫攻坚再建巾帼新功》，《学习时报》2020 年第 4 期。

脱贫攻坚实践中，妇女发挥了重要的"半边天"作用，她们留在家里照顾老人、哺育孩子，是扶贫产业的主要劳动力和扶贫车间的主力军，实现"一人就业，全家脱贫"并带动他人致富奔小康。扶贫车间助力妇女在自身脱贫的同时，能够更好地照顾孩子和老人，使她们成为家庭文明建设的重要参与者和贡献者。妇女有着独特的性格和思维优势，在家庭教育和家风培育上占据核心地位。一方面，"昔孟母，择邻处"，女性的教育对于后代的引导重要且影响深远，妇女文化程度越高，生育年龄也相应提高，更注重生育质量，注重早教和优教，自觉学习科学育儿的相关知识和方法，人口素质得到提高。在对子女的家庭教育中，作为母亲，其严格要求、言传身教和以身作则对子女的成长起到重要作用，并且可以阻断贫困的代际传递。另一方面，在家风培育上，妇女一人分饰母亲、女儿、妻子、儿媳等多重角色，这决定了妇女是家庭的核心，是维系家庭和睦、延续家族血脉、传承家庭文化的纽带，对涵养优秀家风、创建和谐家庭、践行中华传统美德起着决定性作用，对促进家庭和睦、社会和谐稳定、推动社会文明进步具有重要意义。

二 妇女脱贫工作中存在的问题

在精准扶贫的强大合力作用下，中国贫困妇女的生存性贫困已得到有效缓解，但是，当前仍然面临诸多问题，需要进一步关注和解决。

（一）性别歧视阻碍了妇女发展

男女平等早在新中国成立之初就被定为基本国策，但是贫困地区性别平等意识明显滞后于法制建设。在贫困地区男权主义的主导下，女性长期被视为男性的附属品，严重阻碍了女性群体的发展，大大降低了其追求美好生活、追求经济独立的积极性。由于"男尊女卑"思想根深蒂固，贫困地区婚育观念落后，妇女习惯将话语权交给男性，导致贫困地区早婚早育成为一种普遍状态，让妇女早早地局限于养儿育女的生活琐碎当中，是贫困代际传递的根源之一。在贫困地区，妇女受到"重男轻女"思想的长期影响，其智力和才能、精神和心理受到了压制和抑制，男女在权利、机会、资源分配等方面依然不平等，各类隐性或显性的性别歧视现象依旧大量存在。

（二）教育不足导致就业不足

贫困地区教育服务供给明显不足，由于受到"女子无才便是德"等封建传统的普遍影响，大量贫困妇女受教育程度低（小学文化程度居多）、自身发展意识不强，文盲率普遍高于男性，直接影响妇女的发展能力，导致其认知能力和学习能力难以适应数字化社会的变迁。贫困地区妇女虽然在扶贫车间实现就业，但文化程度低，就业的企业大多是劳动密集型企业，属于低端行业，导致妇女参与就业的层次较低、缺乏专业技术、接受的技能培训水平较低，故其务工收入水平不高。受到"男主外、女主内"思想的长期影响，仍有部分男性劳动力外出打工挣钱，女人负责在扶贫车间工作并照顾老幼、从事家务劳动和农业生产，导致妇女眼界低、见识短，生活方式单一、精神文化缺失。加之贫困地区信息基础设施建设不完善，从而产生"数字鸿沟"。这意味着贫困地区妇女很少有机会参与到以信息为基础的新经济活动当中，也难以享受到数字经济快速发展带来的红利，如参与线上教育、培训、购物、娱乐等活动。[①] 在信息化时代，掌握越多信息的人会拥有更好的发展条件，而贫困地区妇女在获取、吸收、交流、应用信息时受到很大限制，这影响其自身内生动力的培育与发展。

（三）缺少女性数据统计和关注致使政策扶持不足

缺少按照性别划分的贫困统计和监测，贫困政策中关注贫困妇女的相关规定往往缺乏可操作性，相应的政策实践过程亦缺乏社会性别意识。[②] 在贫困数据统计中，缺少按照性别划分的贫困人口数据。人们只注意贫困人数、贫困程度等指标，很少注意性别因素。在统计工作实践中，统计人员对女性

---

① 聂常虹、陈彤、王焕刚、王雷：《新时代我国妇女脱贫问题研究》，《中国科学院院刊》2020年第10期。

② 吴惠芳：《农村妇女扶贫面临的新挑战》，《妇女研究论丛》2016年第6期。

贫困的关注度不高，被统计女性也缺乏对自身重要性的认知，统计工作者和被统计人员的认知局限性导致贫困女性数据缺乏有效统计，其结果通常依据贫困家庭的人口性别比例估算得出，这种统计忽视了女性贫困现象的特殊性。可以看到，中国现行统计制度下的性别统计还非常薄弱，性别统计存在很大缺口，致使社会发展过程中存在的性别问题不易被发现。同时，专门针对妇女的扶贫政策措施较少，特别是在妇女家庭教育方面。当前，中国妇女扶贫的相关政策主要强调在落实已有扶贫政策时保障性别平等，部分保障健康及合法权利的政策向女性倾斜。另外，扶贫政策中关于贫困妇女的相关规定可操作性仍待加强。除了专门针对妇女的扶贫项目，其他项目在设计和实施过程中大多缺少对妇女参与的考量。[①] 即便是专门针对妇女创业的（全额贴息）免息小额担保贷款，各地实施的程序和担保要求提高了贫困妇女的准入门槛，致使大部分贫困妇女无法获得贷款。

三 推进妇女减贫的对策建议

脱贫摘帽不是终点，而是新生活、新奋斗的起点。站在新的历史起点上，贫困治理的重点将逐渐转变为消除相对贫困以及防止返贫和新的致贫，贫困治理的工作也转变为实现精准扶贫与乡村振兴的有效衔接，建立贫困治理的长效机制。

（一）构建和谐包容的社会文化，消除对妇女的歧视和偏见

坚持男女平等基本国策，继续大力倡导性别平等观念，营造男女平权的良好氛围并将性别平等内化为社会行为规范；倡导政府各部门在决策过程中强化社会性别意识，继续推动贫困地区"志智双扶""移风易俗"；在社会意识和文化层面推动社会性别平等，减少妇女群体在社会生活的各个方面处于弱势地位的现象。要通过引导农村妇女自强、自力更生、艰苦奋

---

① 吴惠芳：《农村妇女扶贫面临的新挑战》，《妇女研究论丛》2016 年第 6 期。

斗的教育，解决好贫困地区妇女的精神贫困问题；通过引导妇女认真学习政策法规，让妇女自觉用法律武器依法维护自身的合法权益不受侵犯；通过引导妇女加强对社会主义核心价值观等科学文化知识的学习，着力提升其综合素质能力，使贫困地区妇女成为实现家庭幸福、社会和谐的重要力量。

（二）保障妇女基本卫生医疗服务，解决妇女因病致贫、因病返贫问题

为解决妇女因病致贫、因病返贫问题，要强化妇女基本医疗保障，构建全覆盖多层次社会保障体系，新型农村合作医疗和大病保险制度要对贫困妇女给予政策的特别关照，要对贫困妇女给予门诊统筹的重点覆盖，要对贫困妇女参保中的个人自缴部分加大财政补贴力度。加强基层全科医生队伍建设，特别是妇科医生队伍建设，加大"两癌"免费检查和救助力度以及妇女健康宣教力度，加强贫困地区医疗急救体系，完善重大疾病保险制度和医疗救助制度，探索贫困地区妇女"两癌"健康保险试点工作；充分运用"互联网＋"思维，运用网络远程医疗会诊。同时，做好大病保险、医疗救助、临时救助、慈善救助、商业保险等保障制度之间的衔接，特别是对贫困地区妇女发挥兜底、救急、救助的精准医疗救助作用。

（三）为妇女提供平等优质的教育，确保妇女拥有平等就业机会

深入开展群众性公民道德实践活动，加强新时代妇女道德建设；推动文明习惯、优良家风、科学家教进村庄、进家庭，引导贫困地区妇女搞好家庭教育，以文明家风促进乡风文明；引导各类女性人才返乡和下乡，让贫困地区妇女学习到先进文明、先进技术和先进经济形式，并将其引入乡村振兴中，推动实现乡风文明和治理有效。注重教育资源均衡发展，特别是农村义务教育均衡发展，为妇女提供平等优质的教育，保障贫困地区妇女受教育权利得到充分保障。消除就业性别歧视，促进男女就业机会均等，明确用人单位招用聘用要求，不得以提高聘用标准或设置排斥条件等方式变相拒

绝、限制招用聘用妇女，切实保障妇女平等就业的权利，维护妇女的合法权益。积极开辟适合妇女特点的就业领域，借助产业结构调整升级潮流，推动妇女在新兴产业和行业就业，帮扶农村妇女向第三产业转移，探索灵活多样的就业形式，为妇女创造新的就业机会和就业岗位。扩大公益性岗位覆盖面，创新公益性岗位开发方式，落实公益性岗位管理工作，帮助贫困妇女就近就地就业。大力开展职业技能培训，强化贫困妇女认知能力和学习能力，完善贫困地区信息基础设施建设，助力贫困妇女在弥合"数字鸿沟"的同时享受数字经济发展红利，进一步推动包容性数字乡村建设。鼓励贫困妇女从家庭事务的束缚中解放出来，通过增加贫困地区育儿类、养老类公共服务供给，提高妇女市场参与度，从而提高家庭劳动社会化水平。加快职业教育发展，满足不同人群的不同职业教育需求，激发妇女潜力，推动广大贫困妇女参与经济社会发展，实现贫困妇女建功立业和社会经济与公平竞相发展新局面。

（四）建立妇女脱贫长效机制，防止妇女返贫致贫

拓宽关爱帮扶范围，既要考虑脱贫不稳定、贫困边缘妇女，也要根据疫情发展实践将因疫致贫返贫的妇女纳入帮扶范围，巩固落实返贫监测和解决相对贫困的长效机制。密切关注容易发生返贫风险的单亲贫困母亲、患重病妇女、残疾妇女等特殊困难妇女群体，研究常态化帮扶措施。构建包容、弹性、可持续的社会安全网，针对贫困地区人口未来可能出现的返贫现象，多措并举，用好政策工具箱，搭建包含多方面、多期限、多方式富含弹性的帮扶政策体系。[①] 建立贫困人口动态进出机制，充分运用互联网信息、大数据处理技术，完善包括基本条件、申报时间、收入变化、审核流程等在内的信息技术管理平台，做到扶贫对象精准识别、措施到户精准对接。完善兜底保障政策设计，扩大兜底保障覆盖范围，做到"应保尽保""应兜尽兜"，提

---

① 聂常虹、陈彤、王焕刚、王雷：《新时代我国妇女脱贫问题研究》，《中国科学院院刊》2020年第10期。

高兜底保障水平，结合当地经济社会发展水平，通过动态调整兜住兜牢兜好民生底线。健全贫困测量评估体系，从性别观念、心理健康、角色分工、参与能力、家庭地位、扶贫资源分配、扶贫政策满意度、社会支持网络、社会适应能力等多维度视角出发。①

（五）动员妇女投身乡村振兴，贡献巾帼力量

充分发挥妇女的积极性、主动性和创造性。大力开展休闲农业、乡村旅游、农村电子商务、巧手编织培训等农业新产业新业态，在农村一二三产业融合发展中不断拓宽妇女创业致富渠道。立足当地资源优势，引导妇女抓好特色产业发展，发挥女能手、致富女带头人、农村妇女骨干、基层妇联干部、返乡创业女大学生、女农民工等群体和家庭农场、龙头企业等新型经营主体的作用，大力发展特色手工、种植养殖、巾帼电商、家政服务、乡村旅游等妇女特色产业，树立农产品品牌意识，推动把地方土特产和小品种做成带动妇女创收的大产业；支持家庭农场、专业化农业服务组织、现代化农业产业园等发展，促进妇女走互助合作和适度规模经营之路，提升妇女组织化程度；推动农业产业结构从种养业转到一二三产业融合发展，让农村妇女更多分享产业增值收益，帮助她们在更广领域、更深层次参与农业农村现代化建设。② 同时，积极引导妇女落实好妇女创业担保贷款，认真开展贷免扶补，切实解决抓产业发展融资难问题。③ 建设美丽家园，投身生态宜居环境整治。强化贫困地区妇女的生态环保理念，引导妇女绿色发展、清洁生产、绿色出行，自觉践行简约适度、绿色低碳的生产生活方式；树立健康理念，普及健康知识，养成清洁卫生习惯和文明健康的生活方式；提升农村妇女的环保节能意识，并带动家庭成员节约用水、

---

① 苏海：《中国农村贫困女性的减贫历程与经验反思》，《云南社会科学》2019 年第 6 期。

② 左琳：《女性脱贫是彻底消除贫困的重要组成部分》，中国报道，（2020 – 10 – 30）/［2020 – 11 –8］，http：//www. chinareports. org. cn/djbd/2020/1030/18187. html。

③ 陈丽宇：《坚持六个引导充分发挥农村妇女在脱贫攻坚中的作用》，《农民致富之友》2019 年第 8 期。

减少农药化肥使用，注重垃圾分类，科学合理处置农业生产废弃物；引导妇女积极参与环境保护、植树造林、美化乡村，发展庭院经济，实现社会效益和经济效益的双赢；帮助易地扶贫搬迁妇女适应新生活、融入新环境，共建共享生态宜居新家。①

---

① 吉林省妇女联合会：《吉林省妇联"改善人居环境·建设美丽家园"倡议书》，（2019 – 08 – 10）/［2020 – 11 – 8］，https：//baijiahao. baidu. com/s？id = 1641441945439188760&wfr = spider&for = pc。

地 域 篇

Regional Reports

B.10

新媒体时代凝聚红色精神
在脱贫攻坚中的舆论力量

——以河南脱贫攻坚舆论宣传相关工作为例*

郜书锴**

摘　要： 红色精神是以爱国主义为核心、以实现共产主义为目标的中
国共产党革命精神，主要包括在中国革命各个时期逐步形成
的井冈山精神、长征精神、延安精神等。脱贫攻坚是一项历
史性工程，是中国共产党对人民作出的庄严承诺，是一项对
中华民族、对人类都具有重大意义的伟业。弘扬红色精神，
实现脱贫攻坚，贯彻切实提高党的新闻舆论传播力、引导力、

---

* 本文系河南理工大学哲学社会科学创新团队项目（项目批准号：CXTD2021－1）的研究成
果，教育部人文社会科学研究规划基金项目（项目批准号：17YJA860004）的研究成果。
** 郜书锴，河南理工大学文法学院教授。

影响力、公信力的要求，在脱贫攻坚宣传中充分凝聚红色精神。河南舆论宣传相关工作突出表现在四个方面：一是用互联网＋宣传的新思维提高舆论传播力，二是用人际和社区传播的直接性提高舆论引导力，三是用影视媒体的形象性提高文化感染力和舆论影响力，四是用时间媒介和空间媒介的独特优势提高舆论公信力。

关键词： 新媒体　红色精神　脱贫攻坚　舆论力量　河南省

经过8年的持续奋斗，我国如期完成了新时代脱贫攻坚的目标任务，脱贫攻坚成果举世瞩目，也为其他国家摆脱贫困提供了鲜活案例。中国是为全球减贫作出最大贡献的国家。不仅如此，我国的减贫脱贫方略，也为全球减贫提供了中国方案和中国经验，尤其是为其他发展中国家提供了有益借鉴。河南省是人口大省、农业大省，是全国脱贫攻坚的重要战场，对全国脱贫攻坚的最后胜利意义重大。如今，河南全省累计实现651万多建档立卡贫困人口脱贫，实现贫困村全部退出、贫困县全部摘帽，这是河南脱贫攻坚战的一项重大成果，是河南脱贫历程上的一个重要历史节点，标志着河南由此进入了新的发展阶段，彰显了不同凡响的河南力量。在脱贫攻坚战的全过程，强化舆论引导发挥了"河南力量"的重要战略性作用，尤其是红色精神的舆论力量显示出强大凝聚与动员功能。

舆论是一种普遍的社会现象，正确的舆论具有强大的社会组织与动员能力。要把社会动员能力转化为社会进步的力量，新闻媒体、传播载体必须面向亿万群众，持续不断地进行宣传教育，达到潜移默化的效果。舆论历来是影响社会发展的重要力量。古今中外，任何政权想要长治久安，都必须抓好舆论工作。从中国看，一手抓枪杆子，一手抓笔杆子，高度重视舆论工作，是我们党的优良传统。从烽火连天的革命岁月，到热火朝天的建设年代，再到波澜壮阔的改革时期，党始终注重运用新闻媒体传播真理、组织群众、推动工作，形成了"唤起工农千百万，同心干"的强大力量，这是不断取得胜利的重要法宝。因此，习近平总书记强调指出，党的新闻舆论工作"是治国理政、定国安邦的大事"。坚持正确的舆论导向是新闻工作的生命线，因此，"新闻舆论工作的各个方面、各个环节都要坚持正确的舆论导向"。在人类社会进入互联网时代，党的新闻舆论工作必须坚守主流舆论阵地，确保舆论导向正确，引导舆论走向正面健康。

新媒体时代，新闻舆论工作发生了深刻变化，主要体现为传播舆论环境、传播渠道、传播方式和传播对象等发生了深刻的变化，新媒体成为新的舆论阵地，也成为各种势力争夺的重要阵地，要赢得新闻舆论的主导权，必须增强舆论工作的针对性。一要努力适应分众化、差异化传播趋势，加快构建舆论引导新格局；二是团结稳定鼓劲、正面宣传为主，是党的新闻舆论工作必须遵循的基本方针；三是善于设置议题、主动设置议题是新闻舆论工作者的一项重要能力；四是开展舆论监督重在建设，发挥舆论监督在统一思想、凝聚力量、促进改革发展、维护社会稳定中的积极作用。习近平总书记指出，为了实现我们的目标，网上网下要形成同心圆。什么是同心圆？就是在党的领导下，动员全国各族人民，调动各方面积极性，共同为实现中华民族伟大复兴的中国梦而奋斗。CNNIC 统计数据表明，作为媒体的互联网在舆论引导上发挥的作用越来越重要（见图1）。

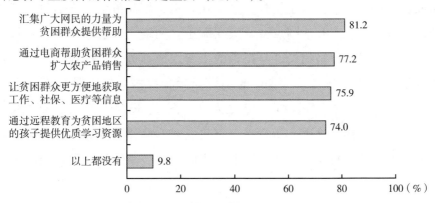

图1　互联网在帮助贫困地区脱贫方面发挥的作用

数据来源：中国互联网络发展状况统计调查。

红色精神是以爱国主义为核心、以实现共产主义为目标的中国共产党革命精神，主要包括在中国革命各个时期逐步形成的井冈山精神、长征精神、延安精神等。脱贫攻坚是一项历史性工程，是中国共产党对人民作出的庄严承诺，是一项对中华民族、对人类都具有重大意义的伟业。因此，要持之以恒地把红色精神融入新闻宣传和思想教育工作，最大限度地激发人民群众的爱国热情，充分发挥社会主义的制度优势，确保脱贫攻坚目标的如期实现。习近平总书记在党的十九大报告中指出，要高度重视传播手段建设和创新，提高新闻舆论传播力、引导力、影响力、公信力，为在脱贫攻坚中凝聚红色精神的舆论力量提供了方向指引。舆论的传播力、引导力、影响力、公信力，既是相辅相成、相互促进的，又有各自的工作着力点，是党的新闻宣传工作的行动指南，也是脱贫攻坚舆论工作的行动指南。

一 用互联网＋宣传的新思维提高舆论传播力

舆论的传播力，主要体现为信息有效抵达受众的能力、实现有效覆盖的能力和进行有效传播的能力。很多人特别是年轻人基本不看主流媒体，从网上获取大部分信息。必须正视这个事实，加大力量投入，尽快掌握这个舆论战场上的主动权，受众在哪里，新闻舆论工作的触角就要伸向哪里，着力点和落脚点就要放在哪里。网络传播已经成为现代社会主要传播方式，网络舆论已是舆论的主要组成部分，网民成为主要的传播对象和传播参与者。CNNIC 的统计显示，我国网民数量已经达到约9.4亿人，手机网民数量约9.32亿人（见图2、图3）。因此，要强化互联网思维，把握舆论生态新特点，有效应对互联网成为舆论主渠道、主阵地、主战场的新变化，网上网下形成同心圆，掌握这个舆论战场上的主动权。

顺应新的传播生态，河南日报报业集团等主流媒体主动作为，于2019年6月推动新版河南党史网上线运行，其初衷就是更好地借助互联网技

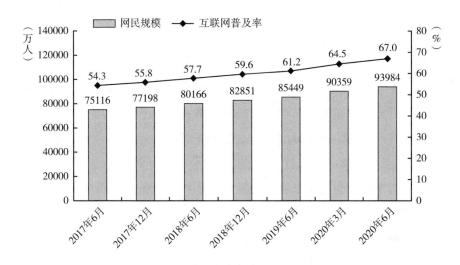

图2　我国网民规模和互联网普及率

数据来源：中国互联网络发展状况统计报告。

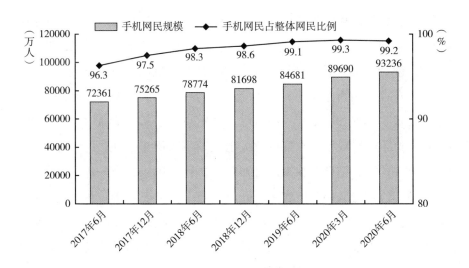

图3　我国手机网民规模及其占网民比例

数据来源：中国互联网络发展状况统计报告。

术，推进党史研究、党史宣传、党史教育的新媒体化，从而宣传党的历史、传播红色文化；其目的是深入挖掘党史中蕴含的丰富精神资源，把红

色资源利用好、把红色传统发扬好、把红色基因传承好。河南新闻媒体一直高度重视对党史工作的宣传报道，始终把"弘扬红色文化，宣传革命事迹"作为新闻媒体的重要任务。利用这一契机，河南日报报业集团、大河网络传媒集团充分利用"互联网＋技术"优势，与河南省委党史研究室共建共享党史史料数据库，通过大数据分析和深度挖掘，推动河南省党史文化的传承与创新；坚持充分利用"互联网＋宣传"新媒体优势，不断推进"互联网＋党史研究、党史宣传、党史教育"，激励全省人民传承理想信念火种，共筑充满希望的未来，为决胜全面小康社会建设、让中原更加出彩积蓄正能量。

互联网＋宣传模式不仅提高了新闻舆论的传播力，还提高了红色精神宣传的舆论传播力。为了充分激发脱贫攻坚中的舆论力量，河南省将历史与现实相融，把讲好鄂豫皖革命斗争史与新时代中国特色社会主义道路相结合，把革命年代留下的大别山精神与习近平新时代中国特色社会主义思想相结合，传承传播红色革命故事，发掘发现身边好故事。为此，河南独具匠心设计建成"鄂豫皖革命纪念馆"，以红色为基调，以千里跃进大别山的"千"字为建筑造型，以百位将军雕像和鄂豫皖红色根据地地图、三十万烈士英名为墙面浮雕，和红军广场融为一体，全面展示鄂豫皖革命根据地的形成、发展和不断壮大的过程，隆重再现了从大革命时期到解放战争时期各个历史阶段发生在鄂豫皖大地上的重大历史事件。为了让红色文化走进群众心里，纪念馆在设计之初就将国际、国内较为先进的理念、技术、设备引进纪念馆的陈展当中。开放过程中，革命歌曲《八月桂花遍地开》《十送红军》等反复在整个展厅回响；电脑触摸设备分布在展厅各处，展示红二十五军长征史的电子翻书设备，以模拟真实场景辅助声光电和影像的形式宣传了鄂豫皖区域的红色革命史，使展览更贴近实际、贴近生活、贴近群众。[1] 革命纪念馆作为传播载体，以红色革命故事、重大历史事件、典型人物精神为主要传播内容，无论在舆论导向上还是在理念信念上，

---

① 《红色文化大放异彩》，《河南日报》2008年2月28日第3版。

都潜移默化发挥了以思想启发人、以精神感染人、以技术帮扶人、以信息沟通人的作用，这不仅切实传承了红色基因，且有效激发了脱贫攻坚所需要的革命精神。

习近平总书记2019年9月16日至18日在河南考察调研时的讲话中指出，鄂豫皖苏区根据地是我们党的重要建党基地，焦裕禄精神、红旗渠精神、大别山精神等都是我们党的宝贵精神财富。开展主题教育，要让广大党员、干部在接受红色教育中守初心、担使命，把革命先烈为之奋斗、为之牺牲的伟大事业奋力推向前进。革命博物馆、纪念馆、党史馆、烈士陵园等是党和国家红色基因库。要讲好党的故事、革命的故事、根据地的故事、英雄和烈士的故事，加强革命传统教育、爱国主义教育、青少年思想道德教育，把红色基因传承好，确保红色江山永不变色。[1] 新闻宣传和爱国教育必须围绕红色文化、红色历史展开舆论宣传，让人民群众接受精神洗礼、感悟初心力量、坚定理想信念、传承红色基因，在脱贫攻坚的战场发挥中流砥柱的作用。

二 用人际和社区传播的直接性提高舆论引导力

引导力是在对公众舆论进行引领的过程中体现出来的。思想舆论的引导力在很大程度上就是舆论领袖的引导力。舆论领袖扎根于广大的社区，其舆论引导力就直接体现在人际传播的日常活动中。因此，社区传播和人际传播在提高舆论引导力上有着直接的作用，舆论领袖在脱贫攻坚的过程中发挥着重要作用。显然，这些舆论领袖就是我们身边的优秀党员和社区干部，他们本身就是红色精神的传承者、践行者和宣传者。河南省各级政府作为权威消息的发布者和舆论的引领者，发挥着关键性作用。CNNIC发布的数据显示，河南省各级政府机构微博10251个，居全国之首（见图4）。

---

① 《坚定信心 埋头苦干 奋勇争先 谱写新时代中原更加出彩的绚丽篇章》，《河南日报》2019年9月19日第2版。

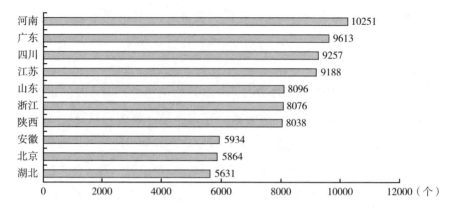

图4 我国部分省份政务机构微博数量

数据来源：CNNIC。

　　红色文化是在革命战争年代，由中国共产党人、先进分子和人民群众共同创造并极具中国特色的先进文化，蕴含着丰富的革命精神和厚重的历史文化内涵。红色文化是中华民族的重要资源，是以红色革命道路、红色革命文化和红色革命精神为主线的集物态、事件、人物和精神于一体的内容体系。河南有深厚的革命历史和丰富的红色资源，焦裕禄精神、红旗渠精神、大别山精神等熠熠闪光，这些都是流淌在1亿中原儿女血脉中的红色基因。挖掘红色资源、打造红色品牌，真正让革命精神内化于心、外化于行，在脱贫攻坚的舆论氛围中广泛凝聚红色精神的巨大力量，激发人民内心的精神力量。红色资源是党和国家的宝贵精神财富，是马克思主义在中国特色社会主义实践中的具体体现，具有培育涵养社会主义核心价值观的重要功能。在脱贫攻坚的舆论引导中，要用好这些宝贵教育资源，不断丰富中国精神，壮大中国力量，汇聚起实现中国梦的强大正能量，让宝贵精神得以广泛传播、发扬光大，使广大党员干部不断吸收红色文化精神滋养，纯洁党性、坚定信念、锤炼作风。在脱贫攻坚的战场上，社区传播和人际传播要积极发挥独特作用，借助人际传播独特的影响力，要认真讲好河南故事、树好河南形象，在每一处社区的每个人的心中播撒"红色种子"。

社区活动是群众邻里之间拉近感情、交换思想的常见形式。农民夜校、道德讲堂、文化大院、文化广场等各种社区活动，通过将红色文化、红色故事、红色标语等融入各类主题活动之中，让干部群众在红色精神的熏陶下做文明新风的传承者和践行者，以打造社区文明新风助力全面振兴战略。社区传播的实质是人际传播，利用中国社会熟人社会的人际交往，充分发挥红色资源的理想信念教育功能，做好基层党组织的党建工作，确保红色文化深入基层，使农村基层党组织发挥推动发展、服务群众、凝聚人心、促进和谐的重要作用，使红色资源成为引领社区群众的思想"蓄水池"。

社区标语是启迪思想、号召行动的有效方式。标语，即用简短文字写出的有宣传教育作用的口号。它旨在把群众组织起来，是集体活动的号角。"幸福都是奋斗出来的""绿水青山就是金山银山""撸起袖子加油干，脱贫攻坚当示范""精准扶贫，不落一人""不怕苦，不怕累，脱贫攻坚不掉队"等标语以其直观性、生动性、启发性激励人民的信念和行动。社区是人们日常生活的自然空间，"标语成为呈现在人们眼前的媒介形式，标语作为一种文化符号现身于社区墙体和触手可及的空间，有着突出醒目的效果。以美学视角观之，优美的社区环境犹如一幅山水风景画，文字起到了对画面的阐释和确证作用"①。

乡村广播是传播信息、动员群众的有效途径。十七届三中全会闭幕之后，确定农村改革发展的新部署，建设新农村，完善农村基础建设由此拉开序幕。伴随着社会主义新农村建设的号角，和着服务"三农"、全面建设小康社会的节拍，农村广播正迈开大步向千家万户走来。农村广播作为重要的思想舆论阵地，肩负着传播社会主义先进文化、巩固发展社会主义意识形态的重任，因此，农村广播的存在很必要。目前，农村广播在传播实效性方面比电视传播更快、更便捷，无论哪里发生新闻事件，只需打电话到电台，马上就能口播出来，也可以采用新闻记者现场播报的方式，这些优势

---

① 陈致群：《凝聚脱贫攻坚的舆论力量》，《中国社会科学报》2020年3月5日第1版。

是目前有些电视台无可比拟的。农村广播不但承担社会宣传的作用，同时，还是党和政府的喉舌，是社会的主流媒体，肩负传播党和政府的声音的任务。[①]

乡村会议是信息传达、组织协调的直接方式。村落是中国传统乡村社会的基本单位，它形成代际相传的乡村生产和生活方式，产生以血缘和地缘为基础的村庄共同体，并存在着某种无形的伦理边界。乡村会议常常在乡镇、自然村、村小组三个层级进行，告知情况，部署工作，信息自上而下流动；同时，乡镇干部需要直接深入到村或组召开村委会会议、党员大会、村民代表大会，收集意见，了解实情，在信息实时交互、双向流动中消除分歧，凝聚共识，从而形成脱贫攻坚的组织力量。脱贫攻坚是群众的事业，只有激发群众的内生动力，促进群众的广泛参与，才能打赢脱贫攻坚战，这是已经被伟大实践证明的共识。[②]

三　用影视媒体的形象性提高文化感染力和舆论影响力

舆论影响力基于舆论传播力而发挥效用。舆论导向不正确、不精准，就一定不可能发生预期的正面影响力。影视媒体的独特价值就在于直观、形象、生动，成为群众喜闻乐见的舆论媒体，在提高红色文化感染力和提高舆论影响力上都发挥着不可替代的作用，也是脱贫攻坚舆论场上的有生力量。贫困群众既是脱贫攻坚的对象，更是脱贫致富的主体。要加强扶贫同扶志、扶智相结合，激发贫困群众的积极性和主动性，激励和引导他们靠自己的努力改变命运，过上美好生活。国家统计局河南调查队的调查数据显示，近年来，河南农村贫困地区生活消费能力增强，消费支出增长明显，生活质量稳步提高（见图5）。

---

① 陈致群：《凝聚脱贫攻坚的舆论力量》，《中国社会科学报》2020年3月5日第1版。
② 陈致群：《凝聚脱贫攻坚的舆论力量》，《中国社会科学报》2020年3月5日第1版。

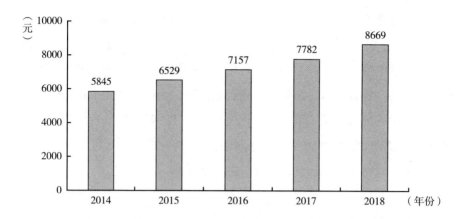

图5 河南农村贫困地区生活消费能力

数据来源：国家统计局网站。

为发展红色文化产业，弘扬红色精神的当代价值，河南桐柏县与中国电影集团、中央电视台商定，2020年3月份联合开拍《桐柏英雄》30集电视连续剧，并被列为河南省17项重点文化产业项目；创排大型情景歌舞《桐柏英雄》，将《妹妹找哥泪花流》《十送红军》《八月桂花遍地开》等脍炙人口的革命经典歌曲融入现代舞蹈、戏剧、音乐中。作为"全国红色旅游经典景点"，桐柏县在革命年代先后成为3个中央级、6个省级、9个地级党政军领导机关所在地，刘少奇、李先念等老一辈无产阶级革命家都曾在这里战斗和工作过。长篇小说《桐柏英雄》和由此改编的电影《小花》，就是桐柏革命斗争的真实写照。2019年是新中国成立70周年的历史时刻，另一部革命传奇电影《猎枪》在河南泌阳角子山马术俱乐部开机。这部有深刻纪念意义的红色革命题材电影，是对无数为了新中国英勇奋斗、无畏牺牲的革命先烈的最好纪念，对宣传推介泌阳丰厚的历史人文精神，特别是壮阔的红色革命历史，具有重大意义；对进一步开发泌阳的红色旅游资源、开展爱国主义教育和激发脱贫攻坚的积极性具有极大的推动作用。

位于河南新乡的辉县市，因其壮美的南太行美景，以及独具特色的历史文化，得到了众多游客的青睐，有越来越多的影视剧组前来取景拍摄。当年热播的院线电影《举起手来》，以及网络电影《铁血英雄》和《王牌美女特

163

工》都在这里取景拍摄。辉县市南寨镇北寨村一位普普通通的农民李东蕾，很喜欢影视，更热爱家乡。听说有一位农民出身的"平民导演"任德勇计划拍摄抗战电影，就主动邀请他来村里取景拍摄。北寨村积极组织村民来扮演群众演员，各自拿来了家里的老物件做道具，为电影增加了真实的地方色彩。拍电影的形式活跃了群众的文化生活，讲述了村里的红色故事。命名为《神勇小飞虎》的电影已经在优酷独家上映，是一部可以让观众重温红色历史、传承革命精神、弘扬红色文化等的正能量影片。

除了电影之外，电视媒体也积极参与进来。河南广播电视台红色放映厅是一种崭新的影视传播形式，是河南新农村数字电影院线 2018 年 4 月推出的"红色经典，一映百应"电影主题放映活动的流动阵地。这一活动通过常态化的影视作品公益放映，推动习近平新时代中国特色社会主义思想和党的十九大精神深入基层、深入群众、深入人心，增强政治引领力和思想引领力，进一步提升党员意识，增强支部活力，有效提高党内政治生活质量。电影公益放映不仅能丰富群众文化生活，更能围绕党的中心工作开展宣传教育。目前，河南新农村数字电影院线正加紧人员培训和设备更新等工作，确保红色流动放映厅在省直机关基层党组织建设中，通过红色电影放映，传承红色基因，凝聚奋进动力。

随着网络媒体日益发达，网络传播的力量是任何一个景区都不能忽视的，特别是年轻一代，每天都离不开网络，可以采用年轻人喜欢的方式——微电影来宣传景区，讲奋斗的故事，精准定位弘扬正能量。河南林州红旗渠景区积极利用这种新的传播方式宣传红旗渠精神——红旗渠不仅仅是一项水利工程，更是民族精神的象征。正如习近平总书记在河南考察调研时强调的那样，要讲好党的故事、革命的故事、根据地的故事、英雄和烈士的故事，加强革命传统教育、爱国主义教育、青少年思想道德教育。唯有利用和创新传播手段，才能让人民群众从红色文化和红色精神中汲取营养，从中国共产党的奋斗历程中凝聚力量，在中华民族伟大复兴的中国梦中完善升华，这是激励中国共产党不断发展壮大的精神动力，也是新时代中原更加出彩的力量支撑，是打赢脱贫攻坚战的文化基因。为此，充分发挥红色文化及其精神的当代价值，广泛调动影视传播的舆论力量，不但确保了脱贫攻坚战取得全面胜利，而且可为奔赴现代化建设新征程凝聚磅礴力量。

四 用时间和空间媒介的独特优势提高舆论公信力

媒体的公信力，是需要在传播对象那里得到验证和确认的一种特殊之力。最为直观的时间媒介（如革命文物、文化遗迹、历史影像和文字记载等）、空间媒介（如革命纪念馆、博物馆、烈士陵园、广场等建筑），它们曾在国家的统一和文明进步的过程中功不可没，即使在今天的全媒体时代依然不可缺席，且以其可触摸、可感知性让人眼见为实，以其不可替代的公信力吸引着大众的注意力。同时，借力政务头条号或抖音等新媒体传播手段，可提升舆论公信力的几何效应。CNNIC 报告显示，河南省政务头条号数量7279 个，仅少于山东省（见图6）。

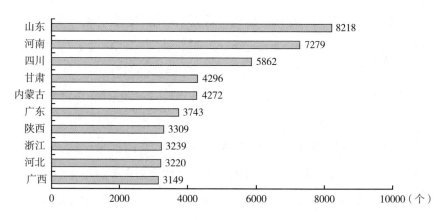

图6 我国部分省份政务头条号数量

数据来源：CNNIC。

河南省是革命文物资源大省，在广阔的中原大地上分布着 2000 多处不可移动革命文物，各类馆藏革命文物数量颇丰。革命文物是激发爱国热情、振奋民族精神、弘扬革命传统的重要载体，以时间性在特殊的空间里发挥着独特的教育价值。目前，河南全省 55 家革命纪念馆、革命博物馆全部免费开放。八路军驻洛办事处纪念馆、杨靖宇将军纪念馆等纪念馆、博物馆年平均接待参观团体达数百个、参观人数数十万。郑州二七纪念馆是为纪念1923年京汉铁路工人大罢工而建设，前来参观的各界团体和散客络绎不绝，成为广大群众接受精神洗礼的场所。鄂豫皖苏区创造了"28年红旗不倒"的传奇，红旗渠见证了"人间天河"的壮丽诗篇，焦裕禄精神书写了"县委书记的榜样"，红色精神璀璨夺目，蕴含着中国共产党的初心和使命担当。为此而建设的革命博物馆、纪念馆、党史馆、烈士陵园等红色基因库，让可歌可泣的英雄人物活起来、彪炳史册的革命事件动起来，深刻呈现中国共产党的政治本色和价值追求，生动诠释共产党人的道德境界和人格力量，让人民群众感受到红色文化历久弥新的生命力和感召力。①

千年以降，河南既是人口大省、农业大省，也是中国的缩影。全国脱贫攻坚战打响后，河南就成为脱贫攻坚的主战场。在这个战场的每一处，都有红色精神熠熠生辉。在河南的红色文化宝库中，以大别山、桐柏山为核心的革命圣地游，以焦裕禄纪念园、红旗渠等为核心的时代精神游，有效促进了红色文化与区域特色文化的创造性转化和创新性发展。20世纪60年代，河南林州人民历经十年奋战，在太行山的悬崖绝壁之间建成了全长1500公里的大型引水灌溉工程——红旗渠。如今此地入选"全国红色经典景区名录"，每年有数十万游客前来参观游览红旗渠风景区，感悟红旗渠精神。红色也是河南信阳新县得天独厚的优势，100个"全国红色经典景区名录"里，新县就占有4个。利用这一特色，按照建成全国重要的革命传统教育基地、红色旅游基地、红色文化传播基地的战略定位，新县保护和挖掘红色资源的热浪，以燎原之势铺展开来。烈士陵园、博物馆、英雄山、白马山上的红色巨型雕塑，如熊熊火炬，如猎猎旌旗，向人们发出永恒的召唤。首府景区、许世友将军故里等红色景区游人如织。在红色旅游龙头的带动下，绿色休闲游、民俗文化游蓬勃兴起，游客在红色文化历史时空中穿行，感受将军

---

① 《坚定信心　埋头苦干　奋勇争先　谱写新时代中原更加出彩的绚丽篇章》，《河南日报》2019年9月19日第2版。

县的壮烈与伟大；在清新怡人的青山绿水中徜徉，洗涤了心灵，陶冶了情操，回归了自然。红色文化的感染力和吸引力，正在转化成红色精神的召唤力和公信力，形成脱贫攻坚和迈向现代化新征程的战斗力。清博数据挖掘表明，从传播渠道而言，继续强化网页和客户端的传播功能，挖掘传统报刊和微博、微信的功能，与其他新媒体渠道合力实现全媒体传播，可实现传播效果的最大化（见图7）。

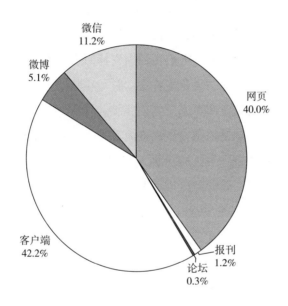

图7　河南脱贫攻坚新闻舆论渠道

注：作者据大数据绘制。

在五千年黄河文明史上，河南省人文底蕴深厚，文化旅游产品历史悠久、种类齐全、数量众多、品位高端。中国共产党人在实现革命历史使命的进程中，在中原大地留下了众多红色遗址遗迹，塑造出了大别山精神、焦裕禄精神、红旗渠精神，涌现出了吉鸿昌、杨靖宇、彭雪枫等著名革命先烈，树立了一座座精神丰碑。近年来，河南省高度重视红色资源的开发和保护，积极学习借鉴外省（区、市）经验，推动红色旅游与历史文化、自然山水的融合与整合，重磅推出的"苏区首府、将军故里"大别山红色圣地游，

"艰苦卓绝、浴血长征"长征精神游,"抗日烽火、燎原中州"中原抗日故地游,"千里跃进、逐鹿中原"中原解放战争战地游,"艰苦创业、时代先锋"太行创业精神游等红色精品线路,内容经典、形式多样,打造出了独具特色的河南红色文化品牌,蕴藏着不可替代的精神价值。

在脱贫攻坚的决战时刻,河南充分利用红色精神激发人民群众的斗争热情,提振信心、坚定决心,从确保全面建成小康社会的高度进一步增强使命感,从全省脱贫攻坚面临的艰巨任务中进一步增强责任感,从应对新冠肺炎疫情影响中进一步增强紧迫感,憋住一口气、铆足一股劲,只争朝夕、加压奋进,把耽误的时间抢回来,把遭受的损失补回来,确保高质量完成脱贫攻坚任务,向党和人民交出一份合格答卷。脱贫攻坚的全部舆论工作,始终坚决贯彻习近平总书记对新闻舆论工作的重要指示,牢牢把握正确舆论导向,唱响主旋律,壮大正能量,做大做强主流思想舆论,把全党全国人民士气鼓舞起来、精神振奋起来,为决胜全面建成小康社会、开启现代化建设新征程、实现人民对美好生活的向往贡献舆论力量。

B.11
河边扶贫实验中的公共传播过程与效果分析*

董　强　陈邦炼　宋海燕**

摘　要： 2015 年初，响应党中央精准脱贫的号召，中国农业大学李小云教授工作团队扎根河边村，开展了河边扶贫实验。在过去的六年间，河边扶贫实验得到了来自各个方面媒体的极大关注与报道。河边扶贫实验过程中呈现公共传播的全程参与的特征，主要有两个方面的原因。第一个原因是脱贫攻坚作为国家予以高度重视的战略部署，相应地带动了各个方面媒体的极大关注与传播。第二个原因是河边扶贫实验注重在国家的脱贫攻坚政策设计中进行社会创新，媒体在这一社会创新过程中不仅是记录者、传播者，更是协力者。

关键词： 河边　扶贫实验　公共传播

　　党的十八大以来，以习近平同志为核心的党中央对扶贫工作进行了一系列新部署、新安排。打赢脱贫攻坚战，已经成为上下齐心、共谋发展、实现全面建成小康社会的一项全社会的集体行动。中国农业大学李小云教授作为国务院扶贫开发领导小组专家委员会成员，从 2015 年初带领工作团队在云

＊ 此项研究得到了中国扶贫基金会资助的河边实验行动梳理与理论总结课题经费的支持。

＊＊ 董强，中国农业大学人文与发展学院副教授，博士生导师；陈邦炼，中国农业大学人文与发展学院博士生；宋海燕，中国农业大学人文与发展学院讲师。

南省西双版纳州勐腊县注册社会组织——小云助贫中心，深入勐腊县深度贫困瑶寨河边村，在当地政府的领导和支持下，与贫困农民共同生活、共同探索，在理论积淀的基础上创新实践。通过五年多的河边实验探索创新，改变了河边村的贫困面貌，初步摸索出了以主导产业拉高穷人收入为特点的，以复合型产业为核心的深度性贫困综合治理的河边创新经验。河边农户的精神面貌焕然一新，满意度大幅度提高，收入显著提高，生活有了明显的改善。2017 年，包括瑶族妈妈客房和瑶族妈妈餐厅在内的全村新业态产业的收入达到了 19 万元。2018 年，包括瑶族妈妈客房和瑶族妈妈餐厅在内的全村新业态产业的收入达到了 58 万元。2019 年，包括瑶族妈妈客房、瑶族妈妈餐厅、新型农业在内的全村新业态产业的收入达到了 121 万元。2020 年，受到新冠肺炎疫情的影响，河边村的新业态产业受到了较大的影响，收入出现了下滑。

河边实验先后得到各级领导和社会各界的广泛关注。云南省委书记陈豪一行在 2017 年 5 月到河边村实地考察，对这一实验予以高度肯定。2017 年，李小云教授因河边扶贫实验为国家治理深度贫困提供了重要的决策参考而获得全国脱贫攻坚奖创新奖。2018 年 1 月，全国政协常委、全国政协经济委员会副主任、中央农村工作领导小组原副组长陈锡文赴河边村调研深度贫困治理实验。2019 年 3 月，全国人大常委会委员、农业与农村委员会副主任委员刘振伟一行考察河边实验。2020 年 8 月，国务院扶贫办主任刘永富在时任云南省委副书记、现云南省省长王予波及副省长陈舜的陪同下考察河边扶贫实验，指出河边扶贫实验是减贫的中国案例。

在过去数年间，河边扶贫实验得到了来自各个方面媒体的极大关注与报道。据不完全统计，有近 400 条的媒体消息报道了这一实验。在百度检索河边扶贫实验，有 700 多万条内容。这些报道的媒体包括国家官方媒体（新华网、人民网、中央电视台等），地方官方媒体（《云南日报》、云南电视台、北京广播电台等），市场化媒体（《南方周末》、澎湃新闻、《新京报》等），互联网媒体（今日头条、搜狐网、新浪网等），公益行业媒体（中国慈善家、《公益时报》等）、公益行业自媒体（公益慈善周刊、南都观察）。

在我们看来，河边扶贫实验的推进离不开公共传播的支持，两者之间是相互协力的过程。在最初的阶段，公益媒体报道帮助河边实验团队形成了公益创新方案并筹措到了公益资源。在实施的中期，主流媒体报道帮助当地社区村民、当地社会以及相关政府部门对河边扶贫实验有了更高的认知度，同时在更大的范围内传递了河边扶贫实验的理念。在实施的后期，媒体报道促进河边扶贫实验的扶贫成果有效扩散，同时也让实验工作团队更好地反思实验的不足与挑战。

一　河边贫困状况及扶贫实验概述

河边村位于云南省西双版纳傣族自治州勐腊县勐伴镇，行政隶属为勐伴镇勐伴村民委员会的一个村民小组（自然村）。河边村系1982年由高桥旧址搬迁而来，地处西双版纳热带雨林自然保护区南腊河流域，平均海拔为800米左右，年均气温为19.2℃，年均降雨量在1600～1780毫米。全村共有57户，206人，劳动力138人，除2位上门女婿为汉族外，其余皆为瑶族（蓝靛瑶）。河边村现有土地782.3亩，其中水田145.7亩，旱地636.6亩，橡胶林地2800亩左右。人均水田地0.67亩，人均旱地2.95亩。河边村2015年人均可支配收入为4303元，人均消费支出为5098元，人均债务为3049元。2015年河边村农户生计的主要来源是种植业和养殖业，主要种植水稻、玉米、甘蔗及砂仁，主要养殖冬瓜猪。农户的主要收入来源是甘蔗种植、砂仁采摘及外出打工。河边实验实施以前，农户居住均为人畜混居的破旧简陋的木干栏式房屋，村内无硬化路，通村路为约8公里土路。

河边扶贫实验自2014年12月开始以来，经历了四个阶段：第一阶段：河边贫困诊断阶段（2014年12月～2015年8月）。通过与勐腊县委政府、勐伴镇党委政府和河边村民开展近十个月的参与式贫困诊断发现，河边村属于典型的深度性贫困村寨，整体性地长期陷入贫困陷阱中。第二阶段：河边深度贫困综合治理方案形成阶段（2015年8月～2015年12月）。基于参与式贫困诊断形成这样的方案：充分利用河边村气候资源、雨林资源、瑶族文

化资源发展高收入的新业态产业，摆脱依赖低收入传统农业的生计结构，从而帮助河边村民走出贫困陷阱。同时，在新业态主导产业的驱动下，持续发展冬瓜猪养殖、养蜂、养鸡、养鱼、自烤酒等辅助性产业，基于水稻为主的种植产业，打造复合型产业脱贫模式，应对生计风险，实现河边村稳定脱贫。第三阶段，河边深度贫困综合治理建设阶段（2016 年 1 月～2018 年 12 月）。在这一阶段，先后建成瑶族妈妈的客房 47 间，现代化的卫生间 47 个，瑶族妈妈的厨房 15 间（在第四阶段又建成了 12 间厨房），集体猪舍 6 座，现代化会议室 1 间，儿童活动中心 1 所，商业酒吧 1 个，休闲商店 1 个，4G 网络覆盖全村，八公里通村公路得到了硬化。在河边村开展了冬季蔬菜和中草药、花椒的示范种植，以及冬瓜猪、土鸡和蜜蜂、鱼的示范养殖，自烤酒酿制等小型加工业扶持。第四阶段，河边新业态产业正式运营（2019 年 1 月至今）。2019 年 1 月，河边村注册成立雨林瑶家专业合作社。通过组建合作社的村民工作团队，正式承接河边新业态产业的运营。

二 公共传播介入河边扶贫实验的过程分析

河边扶贫实验过程中呈现公共传播的全程参与的特征，主要基于两个方面的原因。第一个原因是脱贫攻坚作为国家高度重视的战略部署，相应地也带动了各个方面媒体的极大关注与传播。第二个原因是河边扶贫实验注重在国家的脱贫攻坚政策设计中进行社会创新，媒体在这一社会创新过程中不仅是记录者、传播者，更是协力者。

（一）第一阶段（2015～2017 年）：借助公益媒体构建河边实验的创新方案与募集公益资源

河边扶贫实验在这一阶段主要的工作是诊断河边深度贫困的状况及原因，寻找到解决河边贫困问题的创新方案并做好实施这一方案的资源筹备。小云助贫中心注册在西南一隅的国定贫困县，要实现公益资源的动员是极具挑战性的。李小云教授作为小云助贫中心的创始人，时任总干事兼理事长，采取了借助公益媒体传递公益新观点的方式来提升机构在公益领域的影响力和资源动员力，同时也在思考河边村的公益创新方案。

在这一阶段，小云助贫中心链接了不同类型的公益媒体。公益慈善周刊和南都观察是非常重要的传播渠道。中国慈善家、公益时报、南方周末公益版发挥了重要的作用。李小云教授在《践行朴素公益，追忆朱传一先生》（公益慈善周刊，2015 年 3 月）中提出公益力量的独特性不在于与国家、市场对抗，而在于有机地平衡国家和市场在民生和民主建设上的负能量。李小云教授在《中国公益文化不应该专属于某些阶层》（公益慈善周刊，2015 年 4 月）中对朴素公益进行了解释，认为朴素公益主要与公益大众性，公益文化、公益资源的分配有关。在中国慈善家 2015 年 11 月的文章《用方案型公益引导政府资源建设民生》中，李小云教授提出两个概念：方案型公益、公益资源下行。他希望通过公益形成方案，引领政府资源进入民生领域。李小云教授在《扎克伯格"裸捐"是美国大众公益文化的呈现》（公益慈善周刊，2015 年 12 月）中对中国的大众公益文化进行了反思。李小云教授在《中国公益头上的"三座大山"》（公益慈善周刊，2016 年 5 月）中指出公益人和公益机构被三座大山（钱、权力、学术）压得直不起腰来。李小云在《关于公益专业化的那些纠结》（敦和基金会，2016 年 5 月）中对公益组织的异化进行了学术讨论。李小云教授在《公益社会：中国社会之未来？》（公益慈善周刊，2016 年 6 月）中认为中国社会的走向是逐步形成自利和利他相平衡、自立与互助相结合的现代公益型社会。李小云教授在《公益价值神圣，但公益人不是圣人，公益组织不是圣殿》（南都观察，2016 年 11 月）中指出社会公益事业需要发育以自知、自觉和自律为核心的内在约束机制。李小云教授在第八届中国非公募基金会发展论坛中就中国公益未来走向提出了三个警惕：不能成为民粹主义的公益，不能成为国家主义的公益，也不能成为发展主义的奴隶（《中国公益的新使命与挑战》，善达网，2016 年 11 月）。2017 年 3 月，李小云教授在《南方周末》报道的《"精准扶贫"实践中，为何公益组织集体性缺位》文章中，指出这一集体性缺位反映了公益组织系统性参与这一重要社会行动的能力不足，需要从制度层面予

以支持。2017年8月，《公益时报》报道的《河边村，一位大学教授的扶贫实验》讲述了小云助贫中心在河边村的工作思路。

从2015年到2017年，小云助贫中心每年都会参加99公益日的筹款。为了提升小云助贫中心在筹款群体中的关注度，李小云每年都会在99公益日前夕通过各种公益媒体发声。李小云教授在《你的捐赠不是施善》（公益慈善周刊，2015年9月）中提出公益不是简单的慈善行为，而是一个基于平等与和谐伦理的社会行动。李小云教授在《99公益日：中国新公益的标志》（公益慈善周刊，2016年9月）中指出，99公益日体现了新技术促进国家与社会整合的模式。李小云教授在《马化腾淡淡地通过指尖，把公益文化穿透了中产阶层》（南都观察，2016年9月）中指出，腾讯99公益日通过中产阶层所接受的文化偏好，将"捐赠"这个公益的核心淡淡地通过指尖，以极度娱乐游戏的形式在这一群体中表达。李小云教授在《中国"世界慈善捐助指数"全球倒数第二——写在腾讯99公益日》（公益慈善周刊，2017年9月）中指出，实现公益在确保社会公平上的必要补充作用的基础不是绑架富人捐助，而是发育人人公益的社会价值。通过这些发声，引发公益界和公众群体对公益焦点问题的关注，并能够为小云助贫中心的项目进行捐赠。小云助贫中心在2015年、2016年和2017年相继发起了边陲瑶寨旧貌换新颜、瑶族妈妈的一间客房、瑶族妈妈的一间厨房三个公众筹款项目，每年都有5000人次左右进行捐款，筹集资金总额180万元左右。这些资金成为河边扶贫实验的重要建设资金。

此外，在这一阶段，李小云教授由于提出了公益思想，得到了公益相关奖项的肯定。这些奖项的获得为小云助贫中心提升公益影响力产生了重要的作用，进而为河边扶贫实验提供了公益支持。2015年12月，由南方都市报社、深圳卫视、新浪微博共同主办的责任中国2015年公益盛典颁奖礼在深圳举行，李小云教授被评为年度唯一公益思想奖。2016年9月，由中央农村工作领导小组、人民日报社指导，人民日报社《中国经济周刊》主办的首届中国扶贫论坛"精准扶贫与全面小康"，向李小云教授颁发了"中国扶贫社会责任奖"。2017年1月，善达网根据其在不同场合的发言量及其言论对公益行业的影响力和推动力将李小云教授选为 2016 年度"六大公益思想者"。

（二）第二阶段（2017～2018 年）：全国及地方主流媒体集中报道河边实验的创新方案

经过 2015 年的贫困诊断和 2016 年的扶贫行动，2017 年河边扶贫实验的成果开始初步显现。在这一年，河边村开始建成一栋栋瑶族干栏式的传统木楼，嵌入式的瑶族妈妈客房开始接待外部来的客人。在勐腊县政府＋中国农业大学＋小云助贫中心＋河边村民的协力下，一个独具创新思路的社会扶贫模式逐步形成。这一模式先后得到了云南省乃至国家的高度认可，随之也吸引来了云南省和国家级主流媒体的关注与报道。

2017 年 5 月 13 日，云南省委书记陈豪来到中国农业大学与小云助贫中心的勐腊县勐伴镇河边扶贫点考察工作，了解扶贫点工作情况。实验团队介绍了复合型产业发展方案，方案的实施带动了当地农户大幅提高收入。陈豪书记对于河边扶贫实验的做法给予了很好的评价，指示要将中国农业大学扶贫点河边村的经验传播出去。按照这一指示，2017 年 6 月 8 日云南省委宣传部组织中央驻滇、省州级等多家媒体到勐腊县勐伴镇河边村村民小组就脱贫攻坚工作进行采访报道。新华社云南分社、新华网、云南日报社、云南网、云南广播电视台等媒体对河边村在党委政府和有关部门的支持下，引入公益组织力量、发展复合型产业、加快脱贫致富步伐的经验与成果进行全面推广报道，并将其作为云南省脱贫攻坚的先进典型进行广泛宣传。2017 年 5 月 29 日，《云南日报》头版刊登了《河边瑶寨新面貌》新闻，中国农业大学与小云助贫中心对于河边村的帮扶事迹得到了充分肯定。从 6 月 26 日开始，《云南日报》基于勐腊县河边村精准扶贫连续刊发了七篇文章：《常来常往的"老庚"》（6 月 26 日）、《山旮旯打通了"高速路"》（6 月 27 日）、《不再"转着靠太阳"》（6 月 29 日）、《涌入瑶寨的"公益达人"》（7 月 3 日）、《土鸡蛋十元一个销京沪》（7 月 4 日）、《瑶族妈妈的"五星"客房》（7 月 5 日）、《喜看大象常漫步》（7 月 6 日）。2017 年 6 月 30 日，新华网云

南频道刊发了《一个云南贫困山村的"综合治理"扶贫初探》。2017 年 12 月，由中共云南省委宣传部、云南省文明办、云南广播电视台共同主办的公益活动"云南好人"中，李小云教授获得"云南好人"称号。2018 年西双版纳广播电视台与勐腊县委宣传部特地制作了《走进河边村》的脱贫攻坚宣传片，将河边村作为当地脱贫攻坚的示范村。

2017 年 9 月 13 日，全国脱贫攻坚奖评选结果揭晓，李小云教授因河边扶贫实验的创新贡献荣获全国脱贫攻坚奖创新奖。这一奖项的荣获进一步扩大了河边扶贫实验的社会影响力，再次引起各个主流媒体的积极报道。9 月 25 日，人民日报社《民生周刊》以《李小云：创新深度贫困综合治理》为题进行了报道，关注河边深度性贫困综合治理的创新路径。10 月 18 日，《光明日报》刊发《瞄准扶贫"最后一公里"——记 2017 年全国脱贫攻坚奖创新奖获得者、中国农业大学教授李小云》，介绍李小云教授发起的精准扶贫"最后一公里"实验。11 月 30 日，《南方周末》发表《一位大学教授的滇南扶贫实验》文章，对河边扶贫实验在强势资源导入下能否实现可持续的增收进而脱贫予以关注。2018 年 2 月 19 日，中央电视台新闻频道以《农大教授李小云：把新家安在河边村》为题报道了李小云的河边实验的创新思路。此外，在这一阶段，李小云教授因河边扶贫实验先后两次获得公益奖项。2018 年 12 月，李小云教授获得行动者联盟 2018 公益盛典的年度十大公益人物称号。2019 年 4 月，中国慈善家揭晓 2018 年度十大社会推动者，李小云教授因河边扶贫实验入选这一名单。

除此之外，河边扶贫实验的方案也得到了海外媒体的报道和国际性减贫评选活动的认可。2017 年 3 月，凤凰卫视中文台《承诺 2020》栏目报道了河边扶贫实验的实施进程。2017 年 10 月 8 日，德国第一公共电视频道 ARD Weltspiegel（World Mirror：世界之镜）以《中国：2020 后就再也没有穷人了吗?》为题，通过纪录片的形式报道河边村的瑶族生活与扶贫情况，呈现了河边村的扶贫成效。2019 年 10 月，《通过综合施策推动深度贫困地区脱贫——中国农业大学李小云团队"河边实验"案例》入选全球最佳减贫案例。

（三）第三阶段（2019～2020年）：各方媒体对河边实验井喷式报道，广泛宣传扶贫成果

2019年初，国家认定勐腊县退出了贫困县序列。河边扶贫实验作为勐腊县提前完成脱贫工作的社会扶贫典型再次得到媒体的关注。河边村的脱贫不仅全面达到了国家的脱贫标准，并在此基础之上探索与乡村振兴的有机衔接。无论是在河边村的脱贫成效，还是在后续的巩固脱贫成果与乡村振兴衔接方面，河边村再次提供了鲜活的实践经验。这些超前的经验本身就值得公共传播予以关注。

从2019年到2020年，中央电视台的新闻频道、农业农村频道、社会与法频道等多档重要的专题栏目都从不同的视角报道河边扶贫实验，特别是在《新闻联播》上的重要报道引起了广泛的影响。2019年2月9日，中央电视台新闻频道播出《新春走基层：河边村的"成人礼"》，央视记者蹲点河边村，记录在精准扶贫和乡村振兴的国家战略下，一个小村庄摆脱贫困的喜悦与成长。2月11日，中央电视台《新闻联播》以《河边村的春天》为标题长时段报道了中国农业大学李小云教授团队和小云助贫中心帮扶河边村的故事。该报道生动地记录了河边村瑶族妈妈的客房的交接工作。11月14日，中央电视台农业农村频道《大地讲堂》栏目播出《中国式扶贫，到底赢在哪？》。中国农业大学教授、全国脱贫攻坚创新奖获得者李小云；河边村会计邓林国及驻村博士生吴一凡用在云南省勐腊县河边村4年成功脱贫的实验告诉我们，贫困的根源来自社会和环境的约束。12月29日，中央电视台社会与法频道《社区英雄》播出李小云教授在云南勐腊河边村的扶贫实践。李小云教授在50岁后，做出一个重大决定——到乡村，找寻初心！他要深入扶贫一线，把脉贫困根源，了解民生多艰，真正为中国的乡村和农民干点实事！主持人张越用敏锐的媒体人视角通过与李小云教授对话的形式——解答河边实验诸多疑问。2020年10月18日，李小云教授做客中央电视台新闻频道《面对面》栏目，倾情讲述他在河边村"新业态"发展实验上的历程与对未来的展望。河边实验现在最大的困难就是和市场对接，实验团队要

帮他们对接市场，市场一旦对接上就稳定了。

除了中央电视台之外，其他的主流媒体和社会媒体、新媒体也通过各种题材的报道，呈现河边扶贫实验的显著效果。2019年5月，澎湃新闻刊发《一个大学教授的扶贫实验：让年轻人回村，不只是种地搞农业》。该文章关注到了河边实验中青年群体。通过现代的经营体制把这些年轻人留在河边村，使其参与新业态产业的经营。中国慈善家在2019年3月刊中刊发了《李小云："传统对接现代"的社会创新》文章，将河边扶贫实验实践总结为在微观上突破结构性约束，从而改变社会不平等的探索性实验。2019年6月，《人民日报》（海外版）旗下时政品牌侠客岛发布《攻坚期，一位教授发自扶贫一线的思考》。该文章探讨了李小云教授在河边村如何找准问题、针尖对麦芒地创造解题思路，同时实现河边村的可持续发展。2019年9月，《新京报》以《河边村：用"瑶族妈妈客房"摆脱"贫困的诗意"》为题报道了河边村的脱贫路径。2020年6月，李小云教授和企业家王石、李铁在搜狐视频明日地平线大讲堂就乡土观念如何对接现代化——河边村脱贫之路进行直播对话。2020年10月，《南方人物周刊》刊发《传统瑶寨的现代发条》文章。李小云认为河边村属于结构性贫困，要从根本上改变这种贫困，必须把他们带上现代的列车。从这几年的经验来看，河边村的人特别愿意面对现代化的东西。2019年12月，李小云教授入选中国慈善公益品牌70年70人代表人物。2020年12月，瑶族妈妈的一间客房项目荣获凤凰网行动者联盟年度十大公益项目奖项。

当然，媒体在给予高度聚焦的同时，也就河边扶贫实验提出了相关的反思。这样的扶贫模式是否可持续、可推广？河边扶贫实验能否将这些影响其可持续发展的困难克服？这些疑问帮助河边扶贫实验团队更好地去创新方案、解决瓶颈性的挑战。2019年11月，央视网报道了《李小云：温暖皆如我，天下无寒人》。在这篇文章中，李小云教授称："河边实验99%可能失败，我们在做1%的另一种可能，失败和成功都会教育我们，给我们启示。"这也许就是河边实验的真正价值所在。2020年9月，搜狐新闻极昼工作室报道了《在抽水烟的原始村庄，一个北京教授的乌托邦难题》。这篇文章中提到李小云教授在河边村的脱贫承诺实现了，但他的困惑仍未得到解答：抽水马桶、幼儿园和汽车这样的现代福利，会一直留在这座边境线上的原始村庄吗？

三　公共传播对河边扶贫实验及河边村的效果分析

（一）公共传播对河边扶贫实验的效果分析

基于对不同阶段的公共传播的特点分析，可以看出公共传播与河边扶贫实验是相互促进、相互协同的。这样的作用可以分为两个层面。第一个层面是，公共传播促进河边扶贫实验的推动。通过公益媒体传播，名不见经传的小云助贫中心实现了公益影响力的形成与提升。小云助贫中心的公益影响力一方面能够帮助河边扶贫实验筹集到更多的公益资源和社会资源，另一方面可以带动公益专业力量进入河边扶贫实验。第二个层面是，公益传播与河边扶贫实验有效互动。在第二和第三阶段，随着主流媒体和社会媒体、社交媒体等多方介入宣传，河边扶贫实验成为脱贫攻坚的典型案例。这样一种典型提升了基层政府和当地社会对河边扶贫实验的知晓度，从而在勐腊县乃至西双版纳州形成了对河边扶贫实验良好的支持环境。在这样的环境支持下，河边扶贫实验能够更容易突破现有的社会瓶颈，河边扶贫实验能够不断创新。此外，大量的媒体报道帮助河边扶贫实验提升了在全国范围内的知名度。这样的知名度为河边扶贫实践经验的传播搭建了通畅的渠道。因此，河边扶贫实验成为各个重要媒体关注的重点村落，从而能够将鲜活的创新经验传递出去。

（二）公共传播对河边村的效果分析

大量的媒体报道聚焦到河边村，无疑为这一村庄带来了非常大的改变。这样的改变背后是帮助传统封闭的河边村以更开放的心态对接现代生活。这样的过程尽管缓慢，但是改变已经发生。

首先，河边村民越来越大胆自信了，好奇羞怯的情况越来越少。早期有记者进村时，村民推搡其他人上镜，尤其是妇女显得十分害羞。在拍摄过程中，没有上镜任务的村民却十分好奇，探头探脑，跃跃欲试。随着媒体进村的次数越来越多，村民对于镜头不再表现得好奇又胆怯，只要接受邀请，都能从容地表达自己的想法。村民对于媒体记者的"长枪短炮"已经习以为常。他们见到拍摄现场，都不再驻足，该下田的下田，该做饭的做饭，在镜头前展示自己最自然的生活状态。村民接受采访时在使用普通话方面进步明显。最初村干部都不能完整地使用普通话回答记者的提问，甚至需要小云助贫中心的工作人员陪同翻译。如今三岁的娃娃面对镜头都能用普通话流利对答。在逐步适应媒体报道的过程中，开始涌现出来一些能够代表河边村形象的代言人。村支书李福林、村会计邓林国、合作社 CEO 周志学、合作社管理人员黄志成成为"代言"常客。他们在各种媒体上能够流畅地讲述河边村的各种各样的故事和对这一巨变的感受和看法。

其次，河边村民在通过各种媒体更充分地了解外部世界的同时，开始通过社交媒体向外部自主展示河边乡村生活。盘永飞是具有初中学历的河边村民。在河边实验之前，主要从事橡胶、蔬菜种植。自从实验团队在村里开始进行农业示范，盘永飞成为村里养蜂采蜜的带头人，专注于开发雨林蜂蜜等附加值较高的生态农产品。盘永飞在一位户外探险网红的指导下学会了网络直播。2020 年，盘永飞开始学习使用快手等短视频媒体，注册了直播号。他在快手上带领观众进入热带雨林，讲解雨林植物，展示雨林生存技能。同时，他把自己在雨林中寻找野生蜂蜜的全程进行直播，卖出了不少产品。盘永飞希望通过直播的方式让外界更了解美丽的河边瑶寨。

此外，媒体报道改变河边村民的行为习惯与自我认同。河边生活的细节被各方媒体关注，无形中让村民更加注重养成良好的行为习惯。从前的河边村没有厕所和厨房，人畜混居，卫生条件极其恶劣，儿童随地大小便、大人随地吐痰丢弃垃圾的现象屡见不鲜。随着河边实验的不断深化，村民的行为习惯发生了明显的变化。村民说："现在全国人民都看着我们了，村里随便丢一块垃圾都会被几百万只眼睛看着。"村民看到游客乱丢烟头、纸屑时，会默默拾起来丢到垃圾桶。有时也会抱怨："现在村里的娃娃都知道垃圾不能乱丢，这些大人怎么不懂！"媒体的报道使河边村成为脱贫攻坚的典型，村民们在不知不觉中承担起维护这份荣誉的责任。河边村民对自我的定位已经不再是贫穷落后的边民，而是其他地方学习的榜样。

当然，大量媒体报道也给河边村一些关键人物带来了烦恼。为了配合媒体的采访和拍摄，村民常常需要放下手头的工作，正常的生产生活节奏被打断。对这方面体会最深的是河边村干部和合作社管理团队。这些村民都是参与河边扶贫实验的关键人物。因此，无论什么媒体都会首先对他们进行采访。记者的跟随和观察有时会让他们工作分心，或者无法劳作。有时候村民正准备去干农活，记者一个电话又得折回来，一天的劳动就被耽搁了。虽然河边村已经不再以农业作为主要收入来源，但是村民还是保持了下地干农活的作息习惯。就连开了餐厅、建了客房，非农产业年收入超过10万元的邓会计，也常常念叨着："我又有三天没去砍把（除草）了……我要把手机关机，谁来采访、考察都找不到我。"不过，每次他都是嘴上说说，对于任何进村的客人，他都会热情接待。

四　河边扶贫实验公共传播的启示

在过去的六年中，河边扶贫实验得到了大量的媒体报道。这些媒体既有国家级的主流媒体，又有具有广泛影响力的社会媒体。究其原因是这些媒体通过挖掘河边扶贫实验，可以从不同角度获得高质量的报道点。河边扶贫实验之所以能够做到这一点，是因为很好地契合了国家脱贫攻坚的政策部署以及在这一部署下实验方案与成效的不断迭代。可以这么说，扶贫的社会创新与有效落地是河边扶贫实验不断获得媒体青睐的根本原因。河边扶贫的社会创新主要是不断基于河边村脱贫进程中的难点问题提出有效的公益方案。最开始就是动员专业志愿者和扶贫专家完成一份河边村深度贫困综合治理方案。基于这样的方案提出了新业态产业为主导的复合型产业结构。新业态产业的落地就是通过整合政府、公益和社区资源实现河边村的房屋重建与嵌入

性客房的打造。在这个过程中实现了厕所革命、厨房革命、人畜分离。为了促进河边的新业态产业的形成，河边会议室、河边酒吧、河边商店、河边停车场得以建成，人居环境不断美化，真正成为美丽乡村。基于对防止后续返贫的考虑，阻断代际贫困的干预措施开始实施，河边儿童活动中心得以建成并运行。新业态产业的持续运行促成了河边雨林瑶家专业合作社的创建。以河边村的青年人为主体的合作社管理团队组成真正落实了社区为本的发展理念，同时提升了河边村内生的发展能力和治理能力。

通过河边扶贫实验的公共传播历程，我们认为媒体不仅是报道主体，也是实验的推动主体。通过对上述历程的分析，可以看出媒体对于河边扶贫实验发挥了重要的推动力量。那么如何能够促进媒体产生推动力？这是媒体未来要参与国家重大战略、形成新角色和新价值的落脚点。从目前脱贫攻坚与乡村振兴战略衔接以及未来全面推进乡村振兴战略的角度来看，媒体要多关注在这一重大战略中的社会创新，持续地关注一些典型的社会创新实践。在关注的同时，既要报道这一创新的鲜活经验，也要直面创新中的难点与挑战问题。通过全面的报道，可以更好地促进创新实践的主体反思工作的方案与思路，促进社会创新能够不断走向纵深，为乡村振兴战略的全国推进提供有价值的案例典型。

传播篇

Communication Reports

B.12

2020年中国扶贫领域舆情风险
与舆论引导报告

周亭 邓天奇 任若惕*

摘　要： 2020年是全面建成小康社会目标实现之年，也是全面打赢脱贫攻坚战的收官之年。在这一年，各媒体平台报道了与扶贫相关的话题，形成了良好的"高质量完成脱贫攻坚任务"的舆论氛围；不过同时也存在一些突发舆情事件，影响了公众对于扶贫攻坚这一工程的认知和态度。本文对2020年全年我国扶贫领域舆情的总体态势进行了总结，归纳了精准扶贫、消费扶贫等五大扶贫领域舆情风险类型，梳理了扶贫领域舆情风险的传播规律，并提出新时代应对扶贫领域突发舆情的

---

* 周亭，中国传媒大学政府与公共事务学院副院长，教授，博士生导师；邓天奇，中国传媒大学传播研究院博士研究生；任若惕，中国传媒大学传播研究院硕士研究生。

舆论引导建议。

关键词： 扶贫舆情　突发事件　舆情风险　舆论引导

　　如何消灭贫困一直是全人类恒久关注的话题。全球化潮流与科技发展虽然在很大程度上促进了世界经济的发展，但并没有根本解决广泛存在于世界各个地区的贫富差距，甚至还加速了差距的扩大。

　　自新中国成立以来，我国政府就在全国范围内开展了各式各样的扶贫活动。党的十八大以来，以习近平同志为核心的党中央高度重视脱贫攻坚工作，举全党全社会之力，深入推进脱贫攻坚，取得了重大成就。2020年，新冠肺炎疫情肆虐全球，给我国经济社会发展带来前所未有的危机，加大了脱贫攻坚工作的强度，增加了脱贫攻坚工作的难度。在此严峻情况下，我国政府在重点搞好疫情防控工作的同时，统筹推进脱贫攻坚，瞄准扶贫攻坚的薄弱环节，紧密结合乡村振兴推进情况与贫困地区就业实际，在农产品销售、扶贫工程建设等方面巩固了脱贫攻坚成果。

　　中国在脱贫攻坚上探索出的道路为世界减贫事业的治理进程提供了切实的经验。首先，"精准扶贫"方案为全球脱贫事业提供了"中国药方"。习近平总书记强调的"六个精准"是我国扶贫机制的改革与创新，其中包括扶贫识别、帮扶等重要环节，是对西方经济学家主张的被动扶贫治理模式的突破，对以第三世界国家为主的国际贫困治理具有重大意义。其次，"以人为本"的制度安排为全球脱贫攻坚事业提供了"中国道路"，它符合贫困治理的现实发展规律，为全球贫困治理提供了经过实践检验的中国方案。

　　与此同时，我们应当承认中国的扶贫政策在落地实施的过程中还存在不少问题，比如对贫困人口的识别不够精准，对贫困和脱贫信息、帮扶资源变动信息的掌握较为滞后，扶贫措施不能很好实现本地化，存在同质化和"一刀切"的问题等。我们还应当看到，国际社会在目的、目标和政策上对中国脱贫攻坚工作提出质疑、存在偏见，对于营造良好的国内外舆论环境造成不利影响。这提示我们，未来不但要持续做好扶贫攻坚工作，还要讲好扶贫攻坚故事。

本报告回顾 2020 年中国扶贫领域的舆情态势，重点分析了扶贫领域易发、多发的舆情风险，并提出舆论引导的建议。

一 扶贫相关舆情的总体态势

互联网时代的舆情态势较之以往出现了更为复杂的局面，传统媒体和社交媒体都对扶贫议题保持高度关注。本报告以"扶贫"、"poverty alleviation"为关键词，以 2020 年 1 月 1 日至 2020 年 11 月 30 日为监测周期，搜集了《人民日报》、新华社、《中国日报》《环球时报》、中国新闻网五大主流媒体及微博平台的相关报道，并对境外全网英文报道和 Facebook、Twitter 平台的发文进行了采集。

（一）新闻媒体

在报道数量上，国内五大主流媒体对扶贫议题保持着持久关注，境外媒体则对该议题关注度较低。在影响范围上，多个国家均对中国的扶贫议题有所关注，但未有深入报道。在情感倾向上，国内外媒体对扶贫相关议题的正面与中性报道较多。

1. 报道数量

《人民日报》、新华社、《中国日报》《环球时报》、中国新闻网五大主流媒体共发布涉及扶贫的相关报道 1840 篇（不包括转引），境外媒体仅有 39 篇，境内外报道数量悬殊。

在报道趋势上，国内外媒体对扶贫相关议题的报道量随着时间变化均呈上升趋势，但增长速度有所不同。国内主流媒体持续关注扶贫议题，报道力度逐渐增大，10 月、11 月两个月的报道量就达到了第 2、3 季度的约 2 倍，是第 1 季度的约 5 倍；而国外媒体对扶贫相关议题的新闻报道量增幅较小，报道数量在低位徘徊。

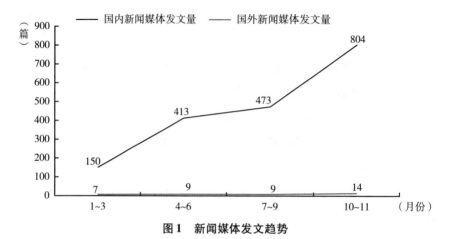

图1 新闻媒体发文趋势

2. 热点媒体

国内5家主流媒体对扶贫议题进行了大量报道，其中新华社以528篇报道位列第一，《人民日报》与《中国日报》报道数量较为接近，《环球时报》的报道量相对较少。

国外共有27家媒体围绕扶贫议题发布了新闻报道，其中仅有5家媒体报道量在2篇及以上，其他22家媒体均只发布1篇报道，反映出它们对这个议题并无持续的关注。

从参与报道的国家来看，美国、英国、意大利、印度、巴基斯坦等国家对中国扶贫相关议题均有所报道，但关注度较低。

表1　媒体报道量排行

单位：篇

序号	媒体	国家	报道数量
1	新华社	中国	528
2	《人民日报》	中国	453
3	《中国日报》	中国	438
4	中国新闻网	中国	286
5	《环球时报》	中国	135
6	PR Newswire	美国	8
7	CNN	美国	2

序号	媒体	国家	报道数量
8	Big News Network	阿拉伯联合酋长国	2
9	Reuters	英国	2
10	Relief Web	英国	2

3. 报道方式

在报道方式上，国内外媒体发布的新闻均以原创为主，国内原创新闻共1169篇，占报道总量的63.5%；国外原创新闻26篇，占报道总量的66.7%。新华社扶贫议题相关稿件被我国外宣媒体及国外媒体转载最多，共计256次。

4. 情感倾向

总体而言，国内外新闻媒体对扶贫相关议题情感倾向均以正面、中性为主，国内媒体的正面报道比例高达80.9%，远高于国外媒体。

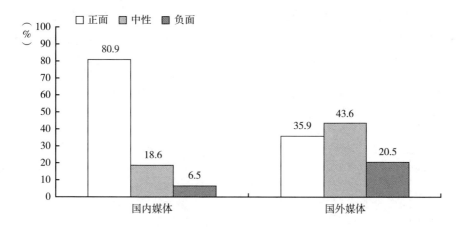

图2　报道情感倾向

国内媒体中的正面报道突出扶贫工作的成就，展现扶贫措施的高效性和群众高满意度；中性报道包括对扶贫措施的介绍，对扶贫相关理论的介绍；负面报道围绕扶贫中出现的相关问题展开，具体包括扶贫领域腐败和作风不正、扶贫钱款使用不当、扶贫岗位设置不合理等，对扶贫工作进行舆论监督。

国外媒体中的正面报道肯定了中国政府的扶贫成果，中性报道主要介绍扶贫措施，负面报道主要对扶贫措施的合理性、有效性提出质疑，比如涉及"易地搬迁"扶贫后居民后续的文化融入情况、就业情况，有报道认为"搬迁违背当地居民意愿，后续的生活很难得到保障"；还有一些报道将对新疆地区的扶贫支援视作对宗教自由的侵犯和对宗教文化的消除，将扶贫工厂视为对工人的剥削，这些质疑投射了国外媒体对中国的刻板印象，对于中国政府扶贫工作的肤浅认知、先入为主和主观臆断。

（二）社交媒体平台

从社交媒体平台帖文数量看，在本报告监测周期内，微博平台扶贫相关帖文 640 条，占社交媒体平台帖文总量的 80.3%；Twitter、Facebook 两家境外社交媒体上扶贫相关议题帖文数量较少，对中国扶贫相关议题关注度很低。国内公众多持客观中立或积极正面态度，负面情绪较少。

从社交媒体帖文内容看，国内外差异明显。国外社交媒体平台与扶贫相关的帖文停留在介绍信息的浅表层次，而国内社交媒体平台内容更为丰富多元，除了常规的扶贫理论学习、扶贫先进人物故事等之外，还有扶贫特色活动的介绍；另外，明星偶像对于扶贫议题的带动能力很强，产生了积极的效果。

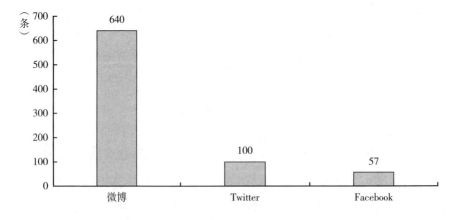

图 3　社交媒体发文量

微博平台发文主体以个人为主，网民积极参与主流媒体设置的议程。《人民日报》"2分钟看扶贫那些事儿"系列短视频和央视网"医保扶贫"系列帖文被网民多次转发，扩大了传播声量。明星偶像对粉丝有很强的带动能力，他们或担任扶贫活动的形象大使，或以"扶贫"为主题进行艺术创作，均能引起粉丝大范围参与。

除此之外，网民还发帖记录生活中与扶贫产生关联的事件，如"前年单位发了对口扶贫盐源县的带壳生核桃，去年发了各种口味的核桃仁，今年则是盐源苹果。感觉自己见证了一个地区产业转型升级之路"。网民对社会热点的反应也很迅速，2020年底围绕"丁真走红成为旅游形象大使"贡献了很高的讨论热度。总体上看，国内社交媒体上话题多元、开放的氛围使扶贫相关议题接地气、有温度。

Twitter平台发文主体也以个人为主，发文内容包括扶贫脱贫典型个案，对旅游及电商等多种扶贫方式效果的评价等。Twitter平台存在一些负面态度的帖文，如认为"易地搬迁"将带来归属感消失、中国扶贫工作的可持续性不强、在新疆和西藏的扶贫措施意在将中国变为单民族国家等。

Facebook发文主体以中国外宣媒体为主，发文内容包括习近平总书记围绕扶贫的讲话，中国在脱贫中的经验，扶贫的渠道，扶贫中的典型个人等。不同帖文的浏览量差异较大，但整体浏览量偏低，鲜有10万+浏览量帖文出现，单篇帖文浏览量最低为153，整体评论、转发量少，传播效果有限。

二　扶贫领域舆情风险的类型及特征

结合国内外主流媒体报道以及社交媒体的数据，本报告对涉及扶贫的突发舆情风险点进行了分类，认为在精准扶贫、消费扶贫、贫困地区兴建工程、虚假扶贫短视频以及少数民族地区扶贫等话题中存在舆情风险。

（一）涉及精准扶贫

精准扶贫贯穿我国脱贫攻坚的全过程，是使扶贫资源精准到县、村、

户、人，使扶贫真正成为惠及全体人民的伟大工程。通过精准扶贫，我国农村贫困率明显下降，贫困人口大量减少。但在精准扶贫的过程中，也有一些部门调查研究不深入，指导工作脱离实际，政策不落实、不到位、不精准，进而引发社会大规模讨论，影响精准扶贫工作的成效。

从新闻媒体关于精准扶贫的报道中可以梳理出三类可能的舆情风险。一是在精准扶贫战略推进中，扶贫脱贫工作只注重指标达成，忽视目标实现的长期性。如《人民日报》的文章《改变扶贫工作"效果悖论"》一文指出少数地方的精准扶贫工作陷入"效果悖论"，即扶贫干部在扶贫技术指标上下了不少功夫，群众也有所得，但是获得感并不强，甚至有些人心生不满。二是受疫情影响返贫背后的问题。如《人民日报》援引《光明日报》文章《因疫因灾致贫返贫地区产业扶贫应更精准》认为，我国扶贫产业抗风险能力还不够强，自然风险、市场风险较高，必须推动因疫因灾致贫返贫地区乡村产业扶贫再精准。三是精准扶贫工作执行存在问题。新华社援引《学习时报》的报道《精准扶贫：全面建成小康社会的制胜法宝》指出，从扶贫工作成效上看，在脱贫攻坚工作中一些地方还存在着贫困识别不够准、帮扶不够准、工作不够实、监管不够严等问题。以上报道虽然在情感倾向上均为中性报道，但由于互联网的开放性和社交化特征，存在局部问题被放大、进而演化为负面舆情的可能。

在社交媒体上，"精准扶贫"一词存在被污名化的风险，主要表现为三种情况。一是质疑精准扶贫的公平性，如有微博用户发文认为中央精准扶贫的政策到地方变成了扶亲、扶富，不精准；二是认为没有将精准扶贫与扶志相联结，如有微博用户发文指出农村精准扶贫不精准，假扶贫、养懒汉比比皆是；三是批评精准扶贫是不必要的面子工程，如有微博用户发文认为，现在的精准扶贫工作是政府花钱把一些人的贫暂时买走，这种方式就是面子工程。网络空间中对精准扶贫的质疑和批评具有民粹主义色彩和非理性的特点，需要予以关注。

（二）涉及消费扶贫

2020年新冠肺炎疫情给贫困地区农产品销售带来影响，消费扶贫通过线下＋线上多种渠道降低风险，解决产业出路问题和助力贫困户增收，收效良好。但在开展消费扶贫的过程中出现了少数地区请名人直播带货反亏钱，发红头文件搞摊派任务，部分扶贫产品过度依赖帮扶单位包销，生产水平与产品质量不高，供应链落后，缺乏长效机制等问题，引发负面舆情。

新闻媒体的报道主要关注直播带货扶贫的有效性。2020年1月6日，新华网刊发了《创造千亿市场增量 直播行业正待"祛火"升级》一文，在指出农货直播助推扶贫事业具有积极作用的同时，批评部分直播只知道盲目跟风，不懂得算经济账，没有遵从市场规律。中新网刊发的《国务院扶贫办谈贫困地区请名人直播带货：要算经济账》一文则引述时任国务院扶贫办副主任洪云天的观点指出，目前发现少数地区请名人大牌，最后算账下来，直播带货请名人花的费用和直播带货以后的效应不成正比。人民网转引《北京青年报》的文章《名人直播为家乡带货 信用更高责任更大》强调名人直播为家乡带货如果出了问题，其后果只会比一般名人直播带货更严重——不但会损害网友的权益，损害名人自身的公信力和社会形象，还会对名人家乡的声誉和父老乡亲的切身利益造成伤害。上述报道均从不同侧面警示了直播带货的问题以及在直播带货中政府、个人应承担的责任与义务。

社交媒体上关于消费扶贫的负面舆情更为集中。新浪微博平台#请不要盲目购买助农产品#超级话题阅读量已经超过305.8万，共有近7000条评论。部分网友在该话题下对消费扶贫的质量问题展开了讨论，如"购买的助农花卉发货时间长，产品质量与宣传不符"。部分网友针对明星带货助农产品展开评论，重点关注明星的"翻车"事件，如"我国扶贫工作的工作重点和中心一直是在开源上面。扶贫项目的发展是需要循序渐进的。而不是送钱假扶贫，起不到开源和发展产业的效果"，"公益不是偶像失格的遮羞布，扶贫要的是细水长流，而不是一蹴而就"。

（三）涉及贫困地区兴建工程

2020年以来，有关贫困地区斥巨资兴建工程的舆情多发，如"贵州贫困县独山县举债造天下第一水司楼""贵州贫困县剑河县花8600万元建仰

阿莎雕塑"等事件多次引发舆论关注。

2020年7月微博账户名@观视频工作室发布名为《亲眼看看独山县怎么烧掉400亿！周年特辑（上）》的纪录片，称"独山县负债400亿，造价2亿的天下第一水司楼等景观已成为烂尾楼"，此话题引发了关于扶贫工作的巨大争议。2020年8月13日，新华社报道了陕西贫困县建豪华中学一事，刊发了《陕西摘帽深度贫困县投资7.1亿元建"豪华中学"引争议》一文，随后每日经济新闻、环球网等多家媒体均跟进了该报道，在社交媒体上引发了舆论热议。10月21日，人民网的《未使用扶贫资金建巨型雕塑就有理?》一文报道的贵州剑河县耗资8600余万元建雕塑一事引发高度关注。

此类舆情事件经新闻媒体报道后，迅速在社交媒体上掀起舆论浪潮。《中国新闻周刊》关于#贫困县7.1亿豪华中学喷泉凉亭被拆除#的微博话题获得了10604条评论以及201711次点赞；央视新闻关于#贵州独山县大型水司楼#的微博话题同样引发用户的广泛关注，获得了430条评论和3699次点赞；《三联生活周刊》关于#当地官员回应8600万建88米高雕塑#的微博话题获得了2497条评论与47021次点赞。从数据不难看出，这类话题由于和"贫困"反差巨大，非常"吸睛"。上述话题的舆情风险主要聚焦两个方面。一是质疑这类工程是否动用了扶贫专用款项，如微博用户评论"都是贫困县了，哪来的这么多钱"。二是不满这类事件发生后政府的做法，认为贫困县在这类工程曝光后对原有工程进行拆除是一种二次浪费，"建都建了为何还要拆，浪费了7亿"等评论表达了对政府拆除行为的不满。

（四）涉及虚假扶贫短视频

2020年以来，部分短视频平台的用户频繁发布贫困群众生活的视频，主要反映孤寡老人、残疾人、留守儿童和孤儿"吃喝不保""衣衫褴褛""房不能住"等内容，有的视频通过"人设""摆拍""自编自演"的方式二次加工剪辑后发布，通过炒作个别极端案例激发群众负面情绪，误导公众对脱贫攻坚的认知。

新华社援引中国经济网的文章《社科院互联网专家李勇坚：短视频是

扶贫攻坚的重要机遇》，指出了短视频新业态扶贫还存在产品质量、平台监管责任、税收、防止成瘾和发展模式等问题需要解决。中新网的文章《卖惨吸粉赚流量　如此"慈善直播"当休矣》强调一些自媒体从业者打着"慈善直播"的幌子，在镜头前呈现失真走样的脱贫内容，呼吁坚决抵制纵容弄虚作假和炒作热点等行为，不让虚假短视频泛滥。以上报道从不同角度强调了只有如实反映扶贫情况的短视频，才能真正促使广大网民理智看待当前我国扶贫工作取得的巨大成果和面临的现实挑战。

此类虚假短视频在社交媒体上的讨论也引起了较大反响。在抖音平台，针对此类现象已经形成话题关键词"扶贫网红作假""摆拍造假做慈善视频""抖音扶贫打假""假扶贫被揭穿的网红"等。讨论的话题主要集中在两个方面。一是揭发部分网红的扶贫造假行为，如抖音账号@河南交通广播的短视频《利用网友的爱心，填满自己的钱包，这种人该抓》报道了某网红为了涨粉，向农村老年人发放现金后又收回的事件。二是向公众普及扶贫造假短视频的一般流程，如抖音账号@惊奇探长发布了名为《看了100个正能量慈善视频，我发现了他们的套路》的短视频，揭示了团伙利用剪辑手法、直播间安排托儿、删评论等方法虚假扶贫的套路。上述两条短视频均引发了网友的热烈讨论，有抖音网友表示，"真正想做善事的人根本不会直播""网络这东西相信你必亏，平时看看就好"。虚假扶贫短视频应当被杜绝，但是从受众评论的情感态度来看，也存在以偏概全、不加区别的倾向，不宜全盘否定扶贫短视频的积极作用。

（五）涉及少数民族地区扶贫

自20世纪80年代中期我国大规模开展扶贫工作以来，少数民族和民族地区始终是党和国家的重点扶持对象。2020年独龙族和毛南族实现整族脱贫，成为我国全国少数民族摆脱贫困的范例。但是近年来国际舆论炒作、煽动、质疑、歪曲我国民族宗教事件不断发生，少数民族地区的扶贫议题也经常被国外媒体利用，作为批评、抹黑我国扶贫工作成就的素材。

如英国广播公司的报道《中国在消灭贫困运动中搬迁了居住在800米

高的悬崖上的村民》一文批评中国的扶贫运动给少数民族易地搬迁的民众带来了巨大的债务包袱。意大利媒体 Bitterwinter 发布了《新疆的扶贫：人民在监狱中被奴役》一文，抹黑我国帮扶少数民族地区贫困人口就业的政策，将其污名化为消除"极端主义"意识形态的战略手段。印度媒体《印度斯坦时报》援引路透社的文章《中国政府鼓吹西藏人民追求物质财富、放弃宗教自由》，捏造了有关中国西藏扶贫政策的若干不实信息，认为中国借助扶贫运动改变藏人的思想观念和价值观，督促藏人减少对宗教的关注，将更多关注放在物质繁荣上。上述报道中存在诸多事实性硬伤，信源的合法性不足，逻辑难以自圆其说。部分西方国家在涉及我国民族问题上一向奉行双重标准，我国的少数民族地区扶贫问题很有可能被一些别有用心的政客所利用，引发国际负面舆情。

在海外社交媒体平台上，关于中国少数民族地区扶贫的负面舆情较为集中。部分言论聚焦少数民族贫困人口易地搬迁，如有 Twitter 用户认为易地搬迁扶贫会给少数民族老人在精神层面带来巨大伤害；部分用户捏造关于我国新疆、西藏等区域民族扶贫政策的虚假言论，认为中国政府在西藏、新疆的"扶贫"活动旨在将中国变成一个"单一民族国家"；还有的用户污名化新疆的职业技能教育培训工作，发表了"把贫穷的维吾尔族人关在监狱里并不等于使他们摆脱贫困"的不实言论。以上出于政治目的、基于想象的言论是对我国扶贫工作的造谣抹黑，损害了中国政府的国际形象，也造成了不利于我国开展扶贫工作的国际舆论环境。

三 扶贫领域风险舆情传播规律

（一）短视频平台引燃突发舆情

2020 年短视频平台已经成为引燃扶贫领域负面舆情的重要载体。由于短视频是一种视觉媒体，较为契合当下网民群体的移动化、碎片化、快节奏的视听习惯，相较于文字、图片等媒体也更加具象、生动，极大地增强了网民的代入感，带动扶贫领域风险舆情迅速扩散。

2020年度的扶贫突发舆情中，有很大一部分来自短视频。如部分账号在贫困山区通过一些小恩小惠说服当地村民配合拍视频，号召粉丝众筹捐款，并将善款据为己有。这种行为不但让公众蒙受了损失，也引发了公众对平台的不信任情绪。

（二）社交媒体聚集负面情绪

社交媒体已经成为公众讨论社会问题、发表观点、表达情绪的重要平台。信息发布的低门槛令这个平台去中心化、去权威性，众声喧哗；互动性的特征又赋予了人们相互关联，快速复制信息、生产信息、扩散信息的可能性。

从2020年扶贫领域的几起突发舆情事件不难发现，微博、微信等社交媒体是舆情的策源地和重要信源。独山县天下第一水司楼事件从曝光到发酵均以微博、微信作为最主要的信息和观点集散地和议题设置者，引发传统媒体跟进报道，形成社会热议的舆情事件。

（三）传统媒体仍具较强引导力

传统媒体在扶贫领域突发事件的传播与舆论引导中仍具有举足轻重的地位。虽然不少事件由社交媒体率先曝光，但传统媒体的报道和挖掘更为注重事实而非联想、求证而非推理、真相而非情绪，发挥了澄清事实、疏导情绪、引导舆论的作用。

四　扶贫领域舆论引导建议

（一）直面问题，主动引导舆论走向

对于网友质疑的扶贫攻坚存在的"评估体系不够精准"等问题，相关主体应主动回应，介绍该问题产生的背景及原因，引导广大公众看到偏远山

区扶贫工作的艰巨性，形成正确的认识，将传播议题聚焦于"中国的扶贫工作正在不断完善当中"，让理解、认同、点赞等积极态度占据主流舆论场。

（二）畅通渠道，建立严肃问责机制

涉及扶贫地区兴建工程的负面舆情在舆论场中发酵时间长、影响范围大，在后续处理中，群众常质疑"涉事单位自己调查自己，结果是否具有客观性"。针对此类舆情，需建立畅通的回应、问责和举报渠道。首先，当低层次部门的回应效果不佳时，应申请更高行政级别部门的介入，适时视情况提级回应，缓解不满情绪，推动事件解决。其次，针对此类涉及政府扶贫形象的事件需要建立问责机制，对涉事单位与涉事领导进行调查问责，并向公众主动公开，问责的承诺兑现有利于降低舆情热度，重建公众信任。最后，需加强举报受理工作，鼓励群众通过各种方式进行举报，治理扶贫过程中出现的腐败现象。

（三）改进手段，避免宣传用力过猛

新闻媒体在扶贫报道和扶贫节目中有时出现过度宣传的情况，如电视节目过度放大明星个人的扶贫贡献，在扶贫报道和短视频中大量使用煽情手法。正能量的传递有助于统一公众思想，达成对"扶贫"的共识，但正能量不能与煽情画等号，尤其在宣传帮扶人员帮助贫困人群时，应避免使用"阳光大爱"等词语，此举容易引起公众反感，质疑其借机赚流量。基层扶贫工作的宣传应考虑对象的文化水平和接受能力，多使用表情包、顺口溜、讲故事等方式，用更贴近人民群众的视角展现扶贫工作的成绩。

（四）维护信任，注重长期形象建设

形象的塑造是一个长期的过程，政府的扶贫形象是公众对于政府扶贫行为的主观评价，当扶贫工作出现失误和偏差时，"修正行为"与"自责道歉"可以从理性以及感性两个层面争取公众的理解和原谅。在扶贫领域还

应特别注意避免工作中的官僚主义作风，在扶贫过程中要主动给予扶贫对象必要的尊重和关爱，对于扶贫工作人员需要强化其服务意识和媒介素养的相关培训，使其树立为人民服务的理念、更善于处理舆情风险、得到公众的信任和支持。

参考文献

左停、贺莉、刘文婧：《相对贫困治理理论与中国地方实践经验》，《河海大学学报》（哲学社会科学版）2019 年第 6 期。

檀学文、李静：《习近平精准扶贫思想的实践深化研究》，《中国农村经济》2017 年第 9 期。

张伟宾、汪三贵：《扶贫政策、收入分配与中国农村减贫》，《农业经济问题》2013 年第 2 期。

李毅：《精准扶贫研究综述》，《昆明理工大学学报》（社会科学版）2016 年第 4 期。

翟秀凤：《网络民生舆情的传播现状、话语特征和治理启示》，《经济导刊》2017 年第 11 期。

许启启：《中国为全球贫困治理提供有益借鉴——国际舆论解读中国扶贫成就与努力》，《对外传播》2018 年第 6 期。

B.13
中国减贫经验的国际传播及影响力研究

郑冬芳　刘春霖*

摘　要： 中国减贫工作为世界减贫事业做出了巨大贡献，中国减贫经
验的国际传播一方面有助于国际社会共享减贫经验，推动全
球消除贫困，更重要的是向世界展示中国现象。本文基于
"谷歌搜索"和"Yandex 搜索"研究英语、法语、俄语、阿
拉伯语、西班牙语有关中国减贫经验的新闻报道以及
YouTube 视频分享平台中有关中国减贫经验的英语视频，了
解中国减贫经验国际传播的报道数量情况和国际传播主体情
况，并对中国减贫经验国际传播的影响力趋势，在其他国家、
区域、国外大众、国外媒体中产生的影响力，以及我国媒体
在传播中产生的影响力情况进行分析。

关键词： 中国减贫经验　国际传播　国际传播影响力　谷歌搜索
Yandex 搜索　YouTube

中国是世界人口最多的国家，极端贫困人口曾占世界极端贫困人口总
数的 43%，因此中国减贫工作成为世界关注的焦点。自 2013 年底习近平
总书记提出"精准扶贫"的概念之后，中国的扶贫减贫工作开启了新的篇
章，并取得了举世瞩目的成就。习近平在 2013 年全国宣传思想工作会议

---

* 郑冬芳，西安交通大学马克思主义学院教授，博士生导师；刘春霖，西安交通大学马克思主
义学院博士生。

上的讲话中指出:"要精心做好对外宣传工作,创新对外宣传方式,着力打造融通中外的新概念新范畴新表述,讲好中国故事,传播好中国声音。"① 通过了解中国减贫经验的国际传播现状和影响力,可以检验国际社会对我国扶贫工作的认可程度,有助于发现我国在进行中国减贫经验国际传播中出现的短板以及应对部分外媒不实报道的方法,增强我国在国际上的话语权。

国际传播是信息的跨国传播,其目的是通过信息接触其他国家的民众,进而影响其他国家的舆情与立场。当今网络媒介成为信息传播的主场,使得信息的传播几乎无国界可言,任何传播主体跨越信息来源国的范围所进行的传播都属于国际传播的范围。因而,中国减贫经验的国际传播既包括我国作为传播主体对外传播中国的减贫经验及其产生的影响,也包括他国作为传播主体对中国减贫经验的传播现状及其产生的影响力。

为了较为全面地了解中国减贫经验在世界范围内的传播现状,我们对中国减贫经验的英语、法语、俄语、阿拉伯语、西班牙语(联合国工作语言,以下简称五种语言,均按此顺序排列)五种语言的新闻报道进行了收集、整理和分析,以了解中国减贫经验在使用不同语言的地区和国家中的传播现状和影响力,而其中一个重要的方面,是了解中国减贫经验在国际知名视频平台中的传播情况,以此了解中国减贫经验在国外大众中的影响力。

一 中国减贫经验国际传播及影响力数据的获取

对中国减贫经验的国际传播及影响力数据的获取,我们主要依托全球最大的网络搜索引擎——谷歌搜索获取五种语言新闻报道。由于谷歌搜索中俄语报道较少,我们又使用了俄罗斯最大的搜索引擎——Yandex 进行补充检索,然后使用"八爪鱼"软件对检索结果进行抓取。在搜集数据的过

---

① 习近平:《习近平谈治国理政》(第一卷),外文出版社,2018,第156页。

程中，为了最大范围地获取有关中国减贫经验的报道，我们将"中国"和"贫困"以并列的形式作为关键词，用五种语言分别进行检索。为进一步提高检索的精确度，在谷歌搜索中我们使用"intext：a AROUND（X）b"①搜索指令进行关键词搜索，以英语为例，搜索指令为"intext：china AROUND（20）poverty"，搜索网页文本中含有中国和贫困两个关键词的距离不超过 20 个单词的网页。搜索的时间设置以三个月为时间单位，对2017 年 10 月 1 日至 2020 年 9 月 30 日间的新闻进行检索，按照相关度排序，抓取检索结果中的信息标题、链接网址、发布时间、内容简要、所含关键词。在去除重复信息后，先以"中国"和"贫困"为固定关键词进行交叉初步筛选，再人工对信息进一步筛选，去除无关信息后，五种语言共获取信息 3650 条。

在获取相关视频信息时，2020 年 11 月 11 日我们在 YouTube 首页中以"中国"和"贫困"的英文并列形式作为关键词进行检索、抓取。由于在视频平台中，视频会因观看次数而保持一定的热度，不会因为发布时间而减少热度，因此在视频检索和抓取时不设时间限制。经过去除重复信息和无关信息后共获取 140 条信息。

二　中国减贫经验国际传播的总体情况

通过对所抓取的网址域名构成做分析和查询后，将各语种的传播主体分为四类，分别为我国媒体、海外媒体、国际媒体、其他，其中"其他"中主要包括政府部门、各类国际或区域组织、教育机构、研究机构等。

（一）中国减贫经验的报道数量情况

在对不同语种的报道数量进行统计后发现，中国减贫经验的国际传播

---

① "intext：a"：在页面的文本中查找带有 a 关键词的网页；"a AROUND（X）b"：查找 a 和 b 两个关键词之间的距离不超过 X 个词。

中，相关英文报道最多，数量远大于其他语种。其次是俄语报道，而阿拉伯语和法语报道量相对较少（见表1）。

表1　不同语种海内外媒体报道数量和占比情况

	语种	我国媒体	海外媒体	国际媒体	其他
报道数量（篇） 占比（%）	英语 （n = 1758）	1326 75.43	347 19.73	24 1.37	61 3.47
报道数量（篇） 占比（%）	法语 （n = 261）	171 65.52	87 33.33	1 0.38	2 0.77
报道数量（篇） 占比（%）	俄语 （n = 1049）	333 31.74	682 65.01	1 0.10	33 3.15
报道数量（篇） 占比（%）	阿拉伯语 （n = 274）	195 71.17	78 28.74	1 0.36	0 0.00
报道数量（篇） 占比（%）	西班牙语 （n = 519）	331 63.78	173 33.33	3 0.58	12 2.31

通过表1可以发现，除了俄语报道外，我国媒体发布的报道数量在各语种报道数量中的占比均超过了63%，是传播中国减贫经验的主力军，这一特点尤其体现在英语报道中，75.43%的英语报道是由我国媒体发布的。从各语种报道数量的对比来看，我国媒体虽然在各语种的报道中发挥着主要作用，但除了英语语种外，其他语种的报道数量都相对较少，尤其是法语和阿拉伯语的报道十分有限。在海外媒体方面，俄语的报道占到俄语报道总数量的65.01%，远超我国媒体的俄语报道数量，而法语和阿拉伯语的报道同样比较有限。仅次于俄语的是英语媒体对中国减贫经验的报道，但相较于英语广泛的适用范围及庞大的媒体数量而言，英语媒体的报道总量并不多。在国际媒体方面，相对集中的是英语媒体，这与英语作为国际通用语言有关。

（二）中国减贫经验的传播主体情况

通过对所抓取新闻内容的分析发现，除了新闻媒体外，各类国际或区域

组织、教育机构、研究机构、各国政府部门等在传播中国减贫经验中均发挥着主体作用。我们从大众传播影响力的角度考虑，新闻媒体在信息传播中发挥着主要作用，因此本研究对中国减贫经验的国际传播主体分析只针对新闻媒体。

首先，在我国媒体方面，共抓取到 18 家媒体对中国减贫经验进行了报道，平均报道数量 130.88 条，其中报道数量较多的媒体主要有新华网、人民网、CGTN（中国环球电视网）、中国网、CHINADAILY（中国日报网）、《环球时报》、《南华早报》（香港）、中国国际广播电台（见表 2）。我国官方主流媒体在对外传播中国减贫经验中发挥着主要作用，其中新华网、人民网、CGTN、中国网、中国国际广播电台以多语种形式发挥着对外传播作用，中国日报网和《环球时报》则只有英语报道。

表 2　我国主要媒体报道数量情况

单位：条

媒体名称	新华网	人民网	CGTN	中国网	CHINADAILY	《环球时报》	《南华早报》	中国国际广播电台
报道数量	1266	376	242	146	99	78	59	25

其次，在国外媒体方面，共有 612 家媒体对中国减贫经验进行了相关报道，但对中国减贫经验进行重点报道的媒体极少，平均报道数量只有 2.23 条，报道量在 20 条以上的媒体仅 6 家（见表 3），其中 4 家为俄罗斯媒体（REGNUM 通讯社、rossaprimavera.ru、Труд、RG.RU）。俄罗斯的 REGNUM（列格努姆）通讯社和哈萨克斯坦的 DKN 新闻网对中国减贫经验进行了大量的报道，发挥了重要的传播作用。而 BBC（英国广播公司）的报道虽然总数较多，但其是由不同语种的报道共同组成的，单语种的报道量并不多，发挥的传播作用有限。其他海外媒体中，报道数量在 10 条左右的有俄罗斯 TACC（塔斯社）、英国 REUTERS（路透社）、美国 Forbes（福布斯）、乌兹别克斯坦 Podrobno 新闻社等。除了上述媒体的报道相对较为集中外，其他媒体的报道数量相对较少。

表3　报道量20条以上的国外媒体情况

单位：条

媒体名称	REGNUM 通讯社	DKN 新闻网	rossaprimavera. ru	Труд	RG. RU	BBC
报道数量	118	87	36	34	29	26

最后，总共抓取到24家跨国媒体对中国减贫经验进行了报道，但报道数量均十分有限。这些媒体中具有一定影响力的有 allAfrica（泛非通讯社）、Global Voices（全球之声）、Inter Press Service（国际新闻社 IPS）、泛阿媒体 Al-Ummah 等，其他多为受众范围较小的行业或组织新闻媒体，如亚洲保险业新闻媒体 Insurance Business ASIA、医疗类新闻媒体 Medical Xpress、人道主义信息门户网站 ReliefWeb 等。

综上，通过对比海内外媒体报道总量和媒体数量可以发现，虽然国外有大量的媒体对中国减贫经验进行了相关报道，但国外媒体的平均报道数量极为有限，而为数不多的我国媒体却进行了大量报道。由此可见，在我国媒体大量的对外传播下，中国减贫经验在国际上引起了广泛的关注，但关注度并不高，国外媒体的报道往往停留在"提及"层面。

三　中国减贫经验国际传播的影响力分析

由于所抓取到的跨国媒体和其他主体对中国减贫经验传播的信息量较少，因此，在对中国减贫经验国际传播的影响力分析中只针对我国媒体和国外媒体的报道数量进行分析。

（一）中国减贫经验国际传播的影响力趋势

首先，基于我国媒体和国外媒体的报道数量可以发现，国外媒体与我国媒体的报道数量变化趋势基本一致，总体呈现增长趋势，这说明中国减贫经验的国际传播影响力正逐步提升（见图1）。其中，2019年10～12月和2020年4～6月的报道数量激增，并在4～6月达到峰值。这主要由于在

2019 年 10 月 1 日的新中国成立 70 周年以及 10 月 17 日的 "国际消除贫困日"，我国媒体增加了对中国减贫事业的报道，国外媒体也纷纷跟随报道，对中国 70 年的发展道路和减贫经验表现出了极高的关注。而 2020 年 4 ~ 6 月报道数量激增则是由于我国在有效控制了新冠肺炎疫情之后开始大力恢复经济和扶贫工作，我国应对新冠肺炎疫情对减贫工作的影响成为国内外的关注焦点，我国媒体和国外媒体对此都进行了大量的报道。

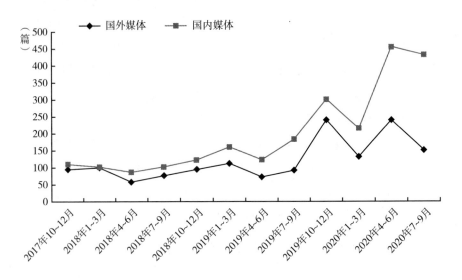

图 1 国内外媒体报道量变化情况

其次，从媒体的数量变化可以发现，媒体数量的变化趋势与媒体的报道数量变化趋势基本一致（见图 2）。其中，2019 年 10 ~ 12 月和 2020 年 4 ~ 6 月媒体数量的激增再一次说明我国的经济发展模式和减贫经验得到国际社会的广泛关注，并产生了较大的影响力。而 2020 年 4 ~ 6 月参与报道的媒体数量的增幅小于相关报道数量的增幅，可见其中一些媒体加大了对中国减贫工作的报道力度，这说明疫情后中国如何恢复经济发展、如何按期完成消除贫困的目标成为国际社会所关注的焦点。值得注意的是，虽然 2019 年 10 ~ 12 月参与报道的媒体数量较多，但相比 2020 年 4 ~ 6 月的媒体数量和报道数量比例，足见国外媒体对中国应对新冠肺炎疫情对减贫工作的影响所采取的措施的关注度远高于新中国成立70周年的相关主题。

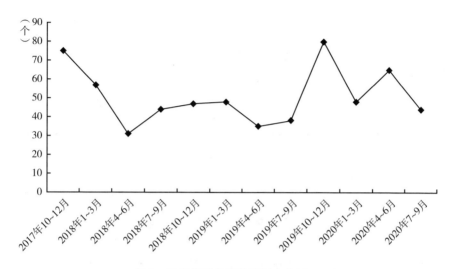

图2　进行报道的媒体数量变化情况

最后,从进行报道的国家数量变化可以发现,近三年对中国减贫经验进行报道的国家数量没有显著增加,基本保持在20～30个国家,只有2019年10～12月内出现短期激增,并达到峰值,数量甚至一度达到以往的大约2倍(见图3)。具体统计显示,共有105个国家和地区对中国减贫经验进行了相关报道,这说明虽然有众多国家和地区对中国减贫经验进行了报道,但其中一些国家并未持续关注。对比报道数量的增长和参与报道的国家数量的变化可见,部分国家对中国减贫经验持续关注并有逐渐增强趋势。

综上,中国减贫经验的国际传播的影响力在逐步上升,并从2019年10月起快速提升。中国减贫经验的国际传播影响范围十分广泛,但只有部分国家持续关注。

(二)中国减贫经验国际传播在不同国家的影响力

首先,从报道的数量来看,报道数量在前10位的国家有11个(见表4)。其中,俄罗斯的报道数量远远超过其他国家,占到俄语语种报道量的

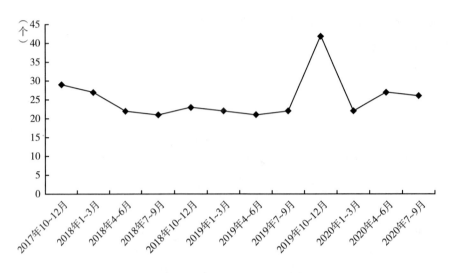

图3 进行报道的国家数量变化情况

70.67%，并超过了我国媒体俄语报道的数量，这充分说明中国减贫经验在俄罗斯的传播具有较大的影响力。哈萨克斯坦、印度、巴西、乌克兰、巴基斯坦、乌兹别克斯坦作为发展中国家，对于解决贫困问题的经验和方法有着迫切需求，因此对中国减贫经验的关注度较高。英、美两国虽然进行了较多的报道，但两国作为世界媒体强国，其媒体的国际影响力巨大，中国作为世界第二大经济体所取得的举世瞩目的减贫成绩自然成为其分析和报道的重点，因此，英、美两国较多的报道并不代表中国减贫经验在两国有较大的影响力。而法国和西班牙媒体出于其语种原因，在世界范围内有广泛的受众群体，因此对中国减贫经验的报道量较大，也不能代表中国减贫经验在两国有较大的影响力。除此以外，其他国家总体的报道量都较少。

表4 报道数量居前10位的国家

单位：篇

国别	俄罗斯	美国	哈萨克斯坦	英国	印度	巴西	法国	西班牙	乌克兰	巴基斯坦	乌兹别克斯坦
报道数量	506	105	114	70	43	39	37	33	27	19	19

其次，从各语种的报道来看（见表5），在英语报道中，相关报道量较多的国家主要为美国、英国、印度、巴基斯坦和新加坡，除此以外，虽然对中国减贫经验进行报道的英语国家总数较多，但报道量较为分散，呈零星分布态势；法语报道，主要是由法国媒体推出的，其他多为非洲国家媒体，报道总量较少；俄语报道，主要有俄罗斯、哈萨克斯坦、乌克兰、乌兹别克斯坦和白俄罗斯等的报道，其中俄罗斯和哈萨克斯坦的报道数量较大，对中国减贫经验比较关注；在阿拉伯语报道中，巴勒斯坦和埃及的报道较多，英国的一些针对阿拉伯地区的媒体也进行了一定的报道；除此以外，其他国家报道的数量相差不大。在西班牙语报道中，主要有巴西、西班牙、墨西哥和阿根廷的报道；除此以外，委内瑞拉、秘鲁、哥伦比亚等拉美发展中国家也进行了一定的报道，但报道数量有限。

表5　不同语种中报道数量居前5的国家

单位：篇

英语		法语		俄语		阿拉伯语		西班牙语	
国家	报道数量	国家	报道数量	国家	报道数量	国家	报道数量	国家	报道数量
美国	91	法国	35	俄罗斯	470	巴勒斯坦	15	巴西	45
英国	45	布基纳法索	7	哈萨克斯坦	114	英国	15	西班牙	30
印度	39	塞内加尔	5	乌克兰	27	埃及	12	墨西哥	15
巴基斯坦	19	加拿大	4	乌兹别克斯坦	19	约旦	8	阿根廷	13
新加坡	18	留尼汪岛	4	白俄罗斯	12	沙特	7	委内瑞拉	8

综上，中国减贫经验的国际传播在发展中国家的影响力较大，其中以俄罗斯和哈萨克斯坦为代表。美国、英国、法国和西班牙等西方发达国家的关注度也比较大。

（三）中国减贫经验国际传播在不同地区的影响力

出于语种的原因，该部分只描述部分区域的情况。综合各地区媒体

的报道数量（见表6）和各地区报道中国减贫经验的国家占比情况（表7）可知，中国减贫经验在东欧地区的影响力很大，其中主要是前文提到的俄罗斯、乌兹别克斯坦等国；中亚等国对中国减贫经验都表现出较高的关注度；北美地区虽然报道数量较多，但以美国的媒体报道为主，因此中国减贫经验的传播在北美地区的影响力一般；拉丁美洲对中国减贫经验的关注度也较高，除巴西之外，阿根廷、委内瑞拉、哥伦比亚、墨西哥等国都表现出了一定的关注度；西亚各国报道量相差不大，关注度较高的有巴勒斯坦、约旦、沙特阿拉伯、阿塞拜疆等；东南亚地区有多个国家与我国在扶贫工作中有合作关系，如菲律宾、柬埔寨、泰国等，中国通过各种形式帮助东南亚国家解决贫困问题，因此该地区对中国减贫经验的关注度比较高；非洲地区一直是我国对外援助的重点地区，众多非洲国家与我国保持着良好关系，尤其在南南合作的框架下，中国在帮助非洲地区摆脱贫困中发挥了重要作用，因此中国减贫经验的传播在非洲具有较大的影响力。图表中显示只有北非和西非地区对中国减贫经验进行报道的国家较多，这与非洲很多国家经济十分落后、新闻媒体的建设十分薄弱有关。

表6　各地区的报道数量分布情况

单位：篇

地区	报道数量	地区	报道数量	地区	报道数量	地区	报道数量
北美	115	东南亚	52	西亚	79	东非	14
拉丁美洲	102	南亚	64	北非	21	西非	34
东欧	520	中亚	142	中非	5	南非	19

表7　各地区报道中国减贫经验的国家占比情况

单位：个，%

	北美	拉丁美洲	东欧	东南亚	南亚	中亚	西亚	北非	中非	东非	西非	南非
国家数量	2	17	5	7	3	5	13	6	3	3	10	7
地区占比	100	51.51	71.43	63.64	42.86	100	65	100	37.5	30	62.5	46.67

综上，中国减贫经验的传播在东欧、中亚地区具有较大影响力，在拉丁美洲、非洲和西亚地区也具有一定的影响力。这些地区的经济发展水平相对较低，贫困问题较为突出，因此对中国减贫经验也较为关注。

（四）中国减贫经验传播对国外大众的影响力

国外大众对中国减贫经验的关注度和评价可以直接反映中国减贫经验的国际传播所产生的影响力，我们通过用户参与话题互动的情况来体现中国减贫经验的传播对国外普通民众产生的影响。在 YouTube 中，用户参与互动的形式主要为"顶一下""踩一下"和评论，由于部分视频关闭了评论功能，因此在对互动人数统计时只统计"顶一下"和"踩一下"，评论情况则选择部分具有代表性的视频报道作为参照。

首先，对观看次数过万的视频根据主题进行分类后得知，这些视频的主题主要分为中国扶贫措施、习近平对减贫工作的关切、减贫成果、贫困现状、对外援助及中国与其他国家减贫工作对比（见表 8）。其中，有关中国扶贫措施的内容占比最大，其次是减贫成果和贫困现状。

表 8　观看次数过万的视频主题分类情况（n = 140）

	中国扶贫措施	习近平对减贫工作的关切	减贫成果	贫困现状	对外援助	与其他国家对比
视频数量	65	11	32	28	2	2
占比(%)	46.43	7.86	22.86	20.00	1.43	1.43

观看次数超过 100 万次的视频有 7 条，其中有 4 条是关于中国的贫困现状的，分别为由"冰孩"① 话题引出的中国极端贫困问题、留守儿童问题和中国乡村生活现状等，另外 3 条分别为由"悬崖村"② 引出的中国开展的扶

---

① 2018 年云南昭通一名头顶风霜上学的小男孩成为国内外媒体和大众关注的焦点，小男孩被媒体称为"冰孩"。

② 2018 年四川凉山彝族自治州昭觉县的一个坐落在海拔 1400～1600 米山坳中的村子，因其进出村子需要攀爬 800 米的悬崖而成为国内外媒体和大众关注的焦点，该村被媒体称为"悬崖村"。

贫工作、习近平视察中国西南部的扶贫成果和作为中国扶贫成果的一个示范地区。观看次数在 10 万~100 万次的 27 条视频中，11 条关注中国扶贫措施，7 条关注中国贫困现状，5 条关注中国减贫成果，3 条是关于习近平对减贫工作的关切，1 条是关于中印两国贫困问题对比的。从这个结果可以发现，国外受众对中国的扶贫措施关注度最高，其次是对中国贫困现状的关注。

其次，对"顶一下"人数过万的视频进行统计后发现，9 条"顶一下"人数过万的视频中有 7 条是关于中国贫困现状的，其中 6 条是中国面临的贫困问题的，且 4 条是关于儿童贫困问题的。为进一步分析此类报道对民众产生的影响，我们选取其中两条视频的用户评论进行分析。用户"顶一下"最多的视频是关于"冰孩"生活现状的，通过前 100 条用户评论可以发现，国外大众对中国的贫困问题的批评或扶贫工作的质疑等负面评论极少，只有4 条评论对中国的扶贫工作提出批评和建议，其他大部分用户表达了对"冰孩"及其家庭的怜悯，以及想要帮助他们摆脱贫困的愿望。另一条视频是关于甘肃省定西市安定区的留守儿童的生活现状，前 100 条评论中仅有 18条提到中国或中国贫困，且都是正面评价，如"中国政府提供 9 年免费的义务教育……""政府正在为农民和他们的孩子提供更多的帮助……"等，其他用户的评论主要表达对视频中孩子学习、生活热情的感慨，以及对中国重视教育问题的赞赏。

最后，对"顶一下"人数在 1000~10000 的视频进行统计后发现，"顶一下"人数在 1000~10000 的 31 条视频中有 16 条是关于中国的减贫措施，7 条关于中国贫困现状，3 条是关于习近平对减贫工作的关切，2 条是关于中国减贫成果的，这说明中国减贫措施在国外大众中获得了一定的认可，而对于中国减贫成果的认可度有待提高。我们从关于中国减贫措施和中国减贫成果的视频中各选出一条视频，对其用户评论进行分析。其中一条（以下称"视频 1"）是由我国媒体发布的关于中国基层扶贫干部如何开展扶贫工作的，另一条（以下称"视频 2"）是由国外媒体发布的关于美国经济与政策研究中心经济学专家 Mark Weisbrot 对中国减贫工作的积极评价。在视频 1 的前 100 条评论中，大部分用户对视频内容表达出了积极态度，其态度主要分为两类：一类是对中国基层扶贫干部表达敬意和肯定，另一类是对中国政府和中国共产党解决贫困问题的决心和方法表示肯定。在视频 2 的前 100 条评论中，用户对视频内容的评价也有明显的正面倾向，其观点主要分为两类：一类肯定了中国政府对待贫困问题的方式，认为中国在切实解决贫困问题；另一类则是对中国形象的观念转变，众多用户表示他们看到了一个真实的中国，认为中国是一个优秀的国家，与部分西方媒体描述的并不相符。

综上，中国减贫经验的国际传播对国外大众产生的影响基本都是积极正面的，对树立良好的中国形象产生了积极作用。其中，国外大众对中国贫困现状的关注度最高，其次是中国减贫经验。

（五）中国减贫经验国际传播对国外媒体的影响力

国外媒体关注的议题和内容倾向可以一定程度上反映出我国对外传播中国减贫经验所产生的效果。由于精准扶贫的工作方法是从 2014 年开始实行的，因此，我们选取了 2014 年以后国外媒体发布的用户观看次数过万的视频进行分类统计。首先，在去除个人、各类组织等账号后，共有 17 条视频观看次数过万。其中，7 条关于中国的贫困现状，如留守儿童问题、贫富差距问题、贫困人口数量问题；6 条关于中国的减贫措施，政治制度对减贫的作用、经济发展模式、具体减贫措施；3 条关于中国的减贫成果，如中国穆斯林的脱贫、减贫成绩处于国际领先地位；1 条为中日两国解决贫困问题的对比。这说明国外媒体对中国的贫困现状和中国的减贫措施都比较关注。其次，在内容倾向上，正面报道的视频有 9 条，如中国展开艰苦的脱贫斗争、社会主义减轻了中国的贫困、中国可以实现 2020 年消除贫困的目标；负面报道的视频有 3 条，如质疑中国划定的贫困线、中国未切实解决贫困问题；中立的报道有 5 条。这说明国外媒体对中国的减贫工作总体倾向是积极正面的，只有少数媒体进行刻意歪曲。

综上，我国对外传播中国减贫经验产生了良好的效果，一定程度上改变了部分国外媒体对中国固有的偏见。

（六）我国媒体对外传播中国减贫经验的影响力

我国媒体对外传播中国减贫经验的影响力对中国减贫经验的国际传播起着关键作用，国外大众对我国和国外媒体发布的中国减贫经验的报道的观看次数、互动情况可以反映出我国媒体的影响力大小。首先，在视频观看次数方面，我国媒体发布的视频观看次数过万的数量远超国外媒体（见表9），其中过百万的视频有4条（CGTN和《南华早报》各2条）。

表9　观看次数过万的视频国内外媒体分布情况

	1万~10万次	10万~100万次	100万次以上
我国媒体	76	18	4
占比（n=98）（%）	77.55	18.37	4.08
海外媒体	14	6	1
占比（n=21）（%）	66.66	28.57	4.76

这个结果可以说明，我国媒体在对外传播中国减贫经验中发挥的影响力超过国外媒体。但从占比来看，我国媒体发布的视频观看次数10万以上的只占到我国媒体发布的视频总数的22.45%，而国外媒体则占到33.33%，这说明国外媒体发布的视频内容吸引力更强。

其次，在用户互动方面，我国媒体发布的视频中，互动次数在500次以上的视频数量也远超国外媒体（见表10）。但从占比来看，我国媒体发布的视频用户参与互动的热情不及国外媒体，互动次数1000次以上的视频比例，国外媒体为68.75%，而我国媒体为60%，这再一次说明我国媒体发布的视频内容对受众的吸引力有待进一步提升。

表10　互动次数500次以上的视频国内外媒体分布情况

	500~1000次	1000~10000次	10000次以上
我国媒体	12	13	5
占比（n=30）（%）	40.00	43.33	16.67
海外媒体	5	8	3
占比（n=16）（%）	31.25	50.00	18.75

综上，我国媒体在对外传播中国减贫经验中具有较大的影响力，但是传播内容对大众的吸引力还可以进一步提升。

结　论

了解中国减贫经验的国际传播现状以及影响力对我国进一步改进对外传播中国减贫经验的方法和效果具有重要的参考价值。我们通过对近三年有关中国减贫经验的新闻报道以及 YouTube 中有关中国减贫经验的英语视频内容进行调查，主要得出如下结论。

首先，在中国减贫经验的国际传播中，我国官方主流媒体发挥着主要作用，并以英语报道为重点，法语和阿拉伯语报道较为薄弱。在国外媒体方面，在世界范围内，中国减贫经验被数量众多的国家广泛报道，但除俄罗斯、哈萨克斯坦以及英、美媒体强国的报道较多外，其他国家媒体报道的都较为分散，所获关注度较低。

其次，中国减贫经验国际传播的影响力在逐年上升。就国家而言，中国减贫经验的传播在俄罗斯、哈萨克斯坦、印度、巴西、乌克兰、巴基斯坦和乌兹别克斯坦具有较大的影响力；就地区而言，中国减贫经验的传播在东欧、中亚、拉丁美洲、西亚和非洲等地的影响力较大。

再次，国外媒体对中国减贫经验的报道总体呈客观积极的倾向，表明中国减贫经验的国际传播在国外媒体中产生了积极影响。

最后，我国媒体在对外传播中国减贫经验中具有较强的影响力，但还有进一步提升的空间。

综上，我国媒体针对中国减贫经验的对外传播切实获得了一定的效果，将会成为构建中国对外话语体系、"讲好中国故事"不可或缺的一部分。同时，国外及跨国媒体也对中国减贫经验给予了一定的关注。但中国减贫经验的海外传播总体上存在如区域影响力不均，相关报道往往蜻蜓点水、浅尝辄止，实际传播效用有限，影响力较高的主题与传播中国减贫经验的初衷相左等问题，有待进一步研究其产生原因及解决办法。

案例篇

Cases

B.14
中央企业发挥媒介作用
助力产业扶贫调研报告

——以中核集团首个产业扶贫项目为例

中核环保有限公司*

摘　要： 随着互联网的不断发展，融媒体概念应运而生。除了传统媒体外，新媒体也发挥着重要的扶贫传播作用。中央企业运用媒介以正面积极的方式参与扶贫，发挥其"移情能力"，激发人民脱贫的信心，促进脱贫攻坚事业的发展。产业扶贫需要通过媒介推广产品，提升品牌知名度，提升产品市场竞争力。本研究以中核集团为例，通过对产业扶贫现状的分析，

* 撰稿人：吴秀江，中核环保有限公司党委书记、董事长；左跃，中核环保有限公司党群工作部主任；刘芳，中核环保有限公司团委书记；郑宇佳，中核环保有限公司党群工作部副主任；葛琳，中核环保有限公司党群工作部主管。

中核集团充分利用媒介载体，把广播、电视、报纸等既有共同点又存在互补性的不同媒体在人力、内容、宣传等方面进行全面的整合，从而塑造出资源通融、内容兼融、宣传互融、利益共融的新型产业扶贫传播路径。

关键词： 产业扶贫　媒介作用　传播路径

一　引言

党的十八大以来，以习近平同志为核心的党中央，把脱贫攻坚摆到治国理政的重要位置，动员全党全社会力量，打响了反贫困斗争的攻坚战。2020年是决胜全面建成小康社会、决战脱贫攻坚之年，习近平总书记发出号召："我们要万众一心加油干，越是艰险越向前，把短板补得再扎实一些，把基础打得再牢靠一些，坚决打赢脱贫攻坚战，如期实现现行标准下农村贫困人口全部脱贫、贫困县全部摘帽。"脱贫攻坚战是一项有难度、有挑战的系统工程，是全人类迫切期望解决的难题。自脱贫攻坚战打响以来，中核集团始终高举习近平中国特色社会主义思想的伟大旗帜，把坚决落实党中央脱贫攻坚战略部署作为树牢"四个意识"、坚定"四个自信"、做到"两个维护"的"试金石"，积极履行中央企业的政治责任和社会责任，出实招、出硬招、真扶贫、扶真贫，走出一条富有中核集团特色的帮扶之路，为打赢脱贫攻坚战注入源源不竭的"核"动力。

二　中核集团助力脱贫攻坚的基本情况

中核集团一直将精准扶贫作为义不容辞的政治使命，作为落实"两个维护"的具体举措。2018年"两核"重组后，集团公司成立了扶贫帮困工作领导小组，集团公司党组书记、董事长余剑锋亲自担任组长。新班子成立

不到一个月，就召开了定点扶贫工作对接会，加快重组改革后的扶贫工作衔接，确保思想不松懈、工作不断线。

2018年"两核"重组以来，中核集团对四个定点扶贫县累计投资8000多万元。仅在2018年，中核集团就对四个定点扶贫县策划实施了30多个帮扶项目，拉动建档立卡贫困户脱贫8600多户。除四个定点扶贫县外，全集团援助20个省（自治区、直辖市）44个县54个村镇，派驻扶贫干部78人。

2019年是全党全国为打赢2020年脱贫攻坚战全力冲刺的关键时期。2019年1月，集团公司召开了重组后第一次扶贫帮困工作会，扶贫工作全面提速。"核"力打赢脱贫帮困决胜小康攻坚战。一年来，集团公司在产业、教育、消费等10个方面持续为脱贫攻坚注入"核动力"，四个定点扶贫县脱贫工作取得明显成效，50余个非定点扶贫县、80多个非定点帮扶村的扶贫开发工作稳步开展。集团公司在全国20多个省（自治区、直辖市）20多年如一日奋战在脱贫攻坚一线。2019年全年，集团公司援助金额达3.2亿元，涉及项目191个。

在四个定点扶贫县中，中核集团自1995年到2019年定点帮扶石柱县已有24年。20多年来，中核集团对石柱县累计投入帮扶资金4500多万元，在产业扶贫、解决民生基础设施短板、教育和医疗帮扶、慰问贫困群众、智志双扶、消费扶贫、党建扶贫等方面实施了精准帮扶，为石柱县脱贫攻坚注入了持久的"核动力"。2019年4月，重庆市人民政府宣布石柱县退出国家扶贫开发工作重点县。

中核集团自2002年承担起陕西省旬阳、白河两县的定点扶贫任务以来，统筹和整合各方面资源与力量，全面推进产业扶贫、教育扶贫、消费扶贫、救灾帮扶、招商引资等帮扶工作，为两县打赢脱贫攻坚战提供坚强支持。"两核"重组以后，中核集团紧紧把握新形势下做好定点扶贫任务的要求，进一步加大对白河的全方位帮扶力度。中核集团先后获评2018年安康市脱贫攻坚优秀帮扶企业称号和2019年安康市社会扶贫先进集体称号。2020年2月27日，经陕西省政府批复同意，旬阳、白河两县正式退出贫困县序列。

自 2012 年起，中核集团定点帮扶宁夏同心县。据悉，2016 年初，中核集团与同心县共同协商制定了《中核集团"十三五"定点扶贫同心县规划》和《关于进一步加大同心县帮扶力度的规划》；2017 年 8 月，中核集团与同心县签订了《中核集团深化帮扶同心县脱贫攻坚框架协议》，累计投入资金近 4000 万元。其中，直接投入扶贫资金 2955 万元，产业投资近 1000 万元，用于支持中核扶贫产业园建设、特色养殖、教育医疗、基础设施、党建等多个方面，助力同心县脱贫攻坚。2017～2019 年，中核集团无偿捐赠同心县 4115 万元，实施产业、教育、医疗、党建扶贫，形成大扶贫格局。

三 中核集团在产业扶贫中的媒介传播现状

随着"互联网＋"上升为国家战略，精准扶贫迎来了新的契机。2015 年 11 月，国务院发布的《关于打赢脱贫攻坚战的决定》强调要加大"互联网＋"扶贫力度。2016 年 4 月，习近平总书记在网络安全与信息化工作座谈会上进一步指出要发挥互联网在助推脱贫攻坚中的作用，推进精准扶贫、精准脱贫。

（一）产业扶贫媒介传播形式

在融媒体快速发展的背景下，传统媒体积极运用新技术创新主题报道、借力新兴平台拓展传播渠道、采用电商"带货"等新模式助力脱贫攻坚。为实现媒体融合与脱贫攻坚的共赢，要坚持深度呈现，聚焦脱贫主体，讲好脱贫故事；发挥融合优势，多元化呈现；吸纳商业力量，协调公益力量。以中核集团首个产业扶贫项目——中核（宁夏）同心防护科技有限公司为例：2018 年 6 月，中核环保坚持"突出精准、突出实效"，打出"产业扶贫＋民生扶贫"系列组合拳，牵头成立同心公司。中核（宁夏）同心由中核环保、中国核电与私人企业共同出资，是以混合所有制模式助力脱贫攻坚的探索。公司主要致力于核辐射防护、劳动安全防护用品、劳动安全防护设备与用品、防辐射服、劳保用品等环保产品的加工和销售。生产厂房坐落于宁夏同

心县同德慈善产业园区内,占地近 5000 平方米,设备 600 余台。

同心县地处偏远,存在用工难、条件差等问题。但从项目考察,拟定投资协议、商业计划书,办理公司注册到生产前调试培训,仅用时 88 天,高效完成了中核同心组建,刷新了中核纪录,体现了"中核速度",为集团公司精准扶贫注入了新活力,为坚决打赢脱贫攻坚这场硬仗贡献了"中核环保智慧"。中核同心属于劳动密集型加工类企业,以生产、加工为主,可以真正解决当地困难户子女就业难的问题。1 名当地员工就业可带动 1 个贫困家庭脱贫,员工主要来源于同心县境内建档立卡户及易地搬迁户。目前共有员工 334 人,其中残疾人 6 人、建档立卡贫困人员 106 名、低保人员 24 名,生态移民 80 余人。公司落户同心县还带动了当地纺织、印花、印染、针织、包装、物流等产业发展,促进了当地经济增长。中核同心带去产业、税收和就业机会,还以公司为平台传递中核集团在经营管理、品牌建设等方面的理念和实践,使中核精神落地同心,使中核文化扎根同心,实现了贫困户在经济收入上有保障、工作技能有提升,具备了摆脱贫困的能力。

自中核同心成立以来,其扶贫工作获得社会各界广泛认可,先后获评宁夏回族自治区全区抗击新冠肺炎疫情先进集体、2019 年度吴忠市三八红旗集体,获得同心县 2019 年度"五一劳动奖状"、同心县"民族团结进步奖"、同心县委县政府颁发的 2019 年度脱贫攻坚突出贡献奖等荣誉,并于 2019 年 12 月被中国第七届民生发展论坛(《人民日报》)评选为央企 + 特色产业 + 精准扶贫 2019 年度"民生示范工程"。吴忠市委已将同心项目作为吴忠市扶贫重点示范项目,供各级领导考察调研和有关单位观摩学习。

习近平总书记指出,"全面打好脱贫攻坚战,要按照党中央统一部署,把提高脱贫质量放在首位,聚焦深度贫困地区,扎实推进各项工作。打赢扶贫攻坚战,关键的一条就是深入把握党中央精神,在这方面新闻媒体理应发挥主力军作用"。中核集团利用公众号及时、全面、准确地宣传中央精神,推动中核同心用精准的视角审视脱贫攻坚,用精准的思维谋划脱贫攻坚,用精准的措施推进脱贫攻坚。同时,推出精准扶贫专题采访报道,聚焦脱贫攻坚的生动实践,报道典型案例,挖掘更多可复制、可借鉴、可应用的成功经验，激发贫困群众的积极性和主动性，为精准扶贫提供信息服务、智力支撑和舆论支持。

中核同心的宣传主要依托中核集团内部自有的报纸杂志、微信公众号等去提升市场品牌知名度，重点靠新媒体发力。中核集团公众号主要对中核同心产业扶贫成果进行展示和宣传报道。新媒体因其高度数字化和融合性，可以有更好的传播渠道、传播形式和数据呈现方式。贫困地区居民的识字水平和媒介素养比较低，中核同心通过新媒体的多样化、多渠道传播与呈现，让贫困地区居民易于接收和理解信息。通过视频短片这种大家喜闻乐见的传播形式，将扶贫过程中发生的真人真事展现出来。记者蹲点式采访，与贫困户亲密接触，住农家床、端农家碗，同吃同住、同干农活，获取大量具有泥土气息的生动素材。只有记者"接地气"，文字才"有生气"，报道才"冒热气"，通过温情的故事、以小见大的视角，引起社会各界的关注。由于中核同心通过产业扶贫给当地贫困家庭带来了质的改变，中核同心成为同心县的示范扶贫点。各级领导来同心视察都会去中核同心参观指导。在各级领导参观的过程中，中核同心会接受媒体采访报道，这是借助政府宣传渠道提升社会影响力的举措。

（二）产业扶贫媒介传播路径

在互联网＋背景下，产业扶贫产品可以借助新媒体来开展营销推广。和传统手段比较起来，新媒体营销具有突出优势。在投入成本方面，新媒体营销所需的人力、物力和财力远小于传统营销。在传播速度方面，依托互联网技术，可突破时空限制实现"零时差"快速传播。从传播效果来看，新媒体营销里，人人都是传播者，网民通过转发、分享等形式在短时间内达到可观的信息扩散量。在产品广告方面，可借助生动的画面赋予产品情感，与消费者形成互动，有利于潜在顾客更好地了解产品信息。中核集团利用新媒体的这些特点，在"国资小新"这样具有社会影响力的公众号上进行扶贫直播，线上线下推销扶贫产品，为精准扶贫营造出良好的信息沟通、资源对接、宣传推广的舆论氛围。电商直播满足用户线上购物需求，适应大众即时消费的心理，作为一种经济新业态越来越受到大众的青睐。中核集团与各大电商平台合作，借助新媒体优势，将电商直播与扶贫相结合，使贫困地区的特色产品与消费市场有效对接起来，拓宽产品销售渠道，增加产品销量。尤其在直播中推销产业扶贫产品，更直观地展示产品，提升了品牌外部知名度，为扶贫工作插上一双"互联网＋"翅膀。众所周知，贫困县、村多是偏远地区，交通不便、工业化程度低。也正因为如此，当地产品较丰富，农民大多自给自足。品质优良、纯天然的农产品，却无法触及有着巨大需求的市场。与电商合作就是要解决农产品市场化的痛点，帮助农民提高农产品的质量，使其更加符合市场需求。同时，减少中间成本，提高实际收入，让更多的消费者接触到优质产品，在这样的良性循环下，农户们最终可以用自己赚来的钱彻底脱贫，不再依靠帮扶。

在电商领域，中核集团是中国社会扶贫网——央企扶贫馆首批入驻企业。积极推动定点扶贫县进入中国社员网等电商平台，并搭建中核扶贫馆，入驻国资委消费电商平台；利用快手带货、微博直播等模式在线上推广扶贫产品。2020年，"国资小新"一场直播带货就取得了470万元的销售业绩。

贫困之冰，非一日之寒；破冰之功，非一春之暖。习近平总书记指出，"扶贫工作必须务实，脱贫过程必须扎实，扶真贫、真扶贫，脱贫结果必须真实，让脱贫成效真正获得群众认可、经得起实践和历史检验，决不搞花拳绣腿，决不摆花架子"。除了扩大外部影响力外，中核集团加大内部宣传力度，向全系统发出倡议书，号召各单位积极购买扶贫县产品。举办中核同心服装推介会，在推介会上签订了三年1.91亿元服装订单。在集团所属单位大力协同下，把同心服装纳入集采范围，助推中核同心扎根市场，有利于产业扶贫实现产、供、销良性循环，促进同心实现整体脱贫。推介会后，服装订单逐月增加，截至目前，中核同心已签订采购合同13800余万元，完成产值9170余万元，上缴各项税费540万元。未来，14万中核人将穿着"同心"牌工装，奋斗在核工业的各个领域。为了扩大品牌影响力，拓展中核集团外部市场，中核同心与国际国内知名服装品牌建立了长期稳定的代加工合作关系。中核同心年产服装达 120 万件/套，产值近 1 亿元。职工年收入可达 4 万元，高于当地平均水平。

同时，各级媒体（比如求是网、新华网等权威媒体）都将中核同心这个扶贫重点示范项目作为宁夏扶贫的优秀案例进行宣传并拍摄宣传片进行传播，从而达到品牌推广的效果。

四　中核集团产业扶贫媒介传播的特色与经验

（一）集团产业扶贫的传播效果

习近平总书记强调，"产业扶贫是最直接、最有效的办法，也是增强贫困地区造血功能、帮助群众就业的长远之计。要加强产业扶贫项目规划，引导和推动更多产业项目落户贫困地区"。中核同心组织开展服装加工等各类培训，规范员工培训"一条龙"工作。进厂后学：安全基础知识、公司管理制度；上岗前学：岗位任职要求、设备操作规程；工作时学：安全生产规定、素质技能知识；日常中学：国家政策法规、员工权利义务。以行动将培训工作落到实处，形成实效。通过师带徒、"老"带"新"等模式，从熟悉设备、制作工序到考核上岗，手把手地教会新员工裁剪、缝纫等技术，累计培训 1000 余人次。"扶贫先扶志，扶贫必扶智"。除了教会员工就业技能外，中核同心通过思想引领扶起员工主动脱贫的志气、脱贫的信心。

打赢脱贫攻坚战，必须切实加强党的建设，发挥党的政治优势、组织优势和密切联系群众优势，聚焦提升基层党组织组织力，切实把党建优势转化为扶贫优势，把组织活力转化为攻坚动力，汇聚起万众一心抓脱贫的强大动能。中核同心联合同心县工业园区党工委及时组建联合党支部。党支部成立后，坚持"三会一课"制度，认真开展支部组织生活，加强对党员的教育、管理和监督，将党的政策、理论、法规教育和思想政治工作融入平常、带入经常。同时，积极做好发展党员工作，使回族员工提高对

党的认识，增强党性意识，加强党性锻炼。坚持成熟一个、发展一个和入党自愿的原则，目前已有 15 名回族员工向党支部递交入党申请书，2020 年已发展 4 名党员。

在联合党支部的指导下，中核同心相继成立了工会、团支部，实现以党建促发展、以群团保生产。

自新冠肺炎疫情发生以来，中核同心没有因疫情防控流失一名工人，也没因疫情裁减一名工人。及时复工复产也保障了员工的收益，确保了脱贫攻坚的成果。在疫情防控期间给每一名员工 950 元作为防疫期间生活补助，一次性发放补助金额 30 余万元，在给员工送去温暖的同时，更让职工安心在家防疫，形成人人参与、人人防治的群防群控格局。防疫物资紧缺之时，中核同心还帮助同心县政府购买防疫物资，解决了政府燃眉之急。

中核同心不仅仅带去产业、税收和就业机会，还以公司为平台传递中核集团在经营管理、品牌建设等方面的理念和实践，使中核精神落地同心，使中核文化扎根同心，从而让贫困户在经济收入上有保障、工作技能上有提升，具备了摆脱贫困的能力。

在新媒体环境中，个人既可以是传播的主体，也可以是传播信息的接收者。新媒体受众规模巨大，层次结构丰富。传播者可以实现个性化内容的定制和推送，达到精准传播的目的。在第八届中国慈展会上，中核集团发布《中国核工业集团有限公司精准扶贫白皮书（1995～2020）》，此活动由国务院扶贫办等联合主办，中国社会责任百人论坛承办。从 1995 年起，中核集团陆续承担石柱县、同心县、白河县和旬阳县四家定点扶贫县的帮扶任务，25 年间始终务"实"求"精"，凝聚强大合力，有序推进脱贫攻坚工作。此白皮书主要记录了 25 年间中核集团精准扶贫做了些什么，这些扶贫县如何脱贫换新颜；借助政府力量，提升扶贫宣传的权威性；通过深入挖掘中核同心员工的故事，了解产业扶贫带给他们的帮助；借助媒体让员工本人讲述自己的故事，情真意切，在社会取得良好的反响。

中核集团先后荣获 2018 年安康市脱贫攻坚优秀帮扶企业称号和 2019 年

度安康市社会扶贫先进集体称号。定点扶贫的石柱县获得国务院扶贫开发领导小组颁发的 2019 年全国脱贫攻坚组织创新奖。中核集团定点扶贫工作连续两年被国务院扶贫领导小组考核评价为"好"。

（二）集团产业扶贫的传播特点

中核集团属于央企，央企有自己的宣传平台，有固定的粉丝，利用内部平台进行系列宣传报道，通过生动事例去吸引和打动读者，将有吸引力的扶贫案例推送到受众更广的平台，比如学习强国、国资小新等。同时也会通过系统内部消费扩大产业扶贫效果，再利用新媒体进行直播带货，推销扶贫产品，帮助扶贫地区形成内生动力。

五　后扶贫时代央企产业扶贫的传播对策建议

习近平总书记在中共中央政治局就全媒体时代和媒体融合发展集体学习时说："我们要因势而谋、应势而动、顺势而为，加快推动媒体融合发展，使主流媒体具有强大传播力、引导力、影响力、公信力，形成网上网下同心圆，使全体人民在理想信念、价值理念、道德观念上紧紧团结在一起，让正能量更强劲、主旋律更高昂。"2020 年，全面打赢脱贫攻坚战进入了决战决胜倒计时，扶贫宣传成为必不可少的一个重要环节。

（一）发挥公共关系作用，紧扣扶贫政策做好宣传

脱贫攻坚要充分调动一切社会资源，汇集专家智库力量，采取超常规举措，拿出过硬办法，举全党全社会之力，打赢脱贫攻坚战。同时，新闻媒体要把握好舆论，做好党的喉舌，发挥好舆论宣传的引导作用。宣传报道要采取群众喜闻乐见的形式，通过进村入户、集中宣讲、开展培训等多样的宣传方式，加大脱贫攻坚政策宣传力度。重点宣传好党和国家，各级党委、政府的精准扶贫方针政策，紧扣扶贫主题，牢牢把握全面建成小康社会主线，围绕脱贫攻坚中心工作，主动及时、全面准确发布权威信息，让扶贫好政策走

进千家万户。对脱贫攻坚的形势任务、目标标准、基本方略、政策举措和工作要求进行宣传解读；对产业扶贫、就业扶贫、生态扶贫等见效行动深入报道；大力宣传一批脱贫攻坚创新经验和典型做法，为决战决胜脱贫攻坚营造良好的舆论氛围。加深贫困户对脱贫攻坚知识的了解，让脱贫户安心，让未脱贫户放心。

（二）发挥榜样力量，突出脱贫攻坚重点任务，做好宣传

习近平总书记指出："榜样的力量是无穷的。善于抓典型，让典型引路和发挥示范作用，历来是我们党重要的工作方法。"要不断创新全媒体的宣传形式，使新闻报道在脱贫攻坚战中火力全开，将信息落实到位。开展全方位高密度的信息宣传和引导，使脱贫攻坚行动落实到位。充分发挥典型引领作用，让扶贫工作中的先进个人和事迹鼓舞广大干部群众。充分挖掘当地脱贫攻坚工作新进展，宣传党和国家相关政策。立体化展现党员干部在脱贫攻坚工作当中的奉献精神，提高脱贫攻坚工作的高效性。集中报道一批自立自强、通过辛勤劳动脱贫致富的普通群众、致富带头人，鼓舞贫困群众树立脱贫信心和增强稳定脱贫成果的决心。此外，可以将感人的扶贫干部故事、扶贫中村民们发生的变化，通过电视剧、电影的形式展现出来，这样展现形式更生动、宣传范围更广泛。

（三）发挥媒介功能，围绕新媒体平台做好宣传

新媒体具有社交功能，要发挥"全媒体＋"作用，架起贫困户与社会的桥梁，广泛地动员和吸引社会力量参与精准扶贫工作。要帮助贫困地区人民提高对新媒体传播规律的认知度，学会弄懂有关新媒体的实际操作，熟悉新媒体运营的模式，懂得与新媒体、网络大V互动，甚至打造出有影响力的正能量"网红"，不断拓展通过新媒体扶贫的无限空间，不断聚焦外界资源。新媒体构筑的良好舆论环境，能吸引更多的商机和人气，以信息流带动人流、物流、资金流、政策流，为推动创新发展、转变经济发展方式、调整经济结构发挥积极作用。基于新媒体的"无疆"优势，应鼓励贫困地区居

民利用新媒体进行产品推销。

中核集团负责的四个定点扶贫县已全部"摘帽"。中核集团25年倾心倾力的定点帮扶工作取得了历史性成效。在脱贫攻坚决战决胜关键阶段，中核集团将继续积极投身攻克深度贫困堡垒，撸起袖子加油干。频道不换，靶心不散，贯彻落实"摘帽不摘责任、摘帽不摘政策、摘帽不摘帮扶"的要求。做好脱贫攻坚新闻宣传工作，需要报刊、广播、电视、网络等多平台共同发力，凝聚起决战决胜脱贫攻坚磅礴力量，奏响脱贫攻坚的"最强音"，为全面建成小康社会，实现第一个百年奋斗目标贡献智慧和力量。

B.15

全国脱贫攻坚奖、全国脱贫攻坚模范评选示范效应的传播研究

张津津*

摘　要： 全国脱贫攻坚奖、模范评选是我国脱贫攻坚领域的最高荣誉，本文对获奖者事迹及其传播进行深入研究，探索他们身上体现出的艰苦奋斗、勇于担当，履职尽责、倾力帮扶，扶贫济困、奉献爱心，创新扶贫、改革实践的优秀特质，揭示其在形成强大的脱贫攻坚合力、弘扬社会主义核心价值观以及向全世界贡献中国减贫智慧等方面起到的巨大作用。

关键词： 扶贫　全国脱贫攻坚奖　模范　示范性

近年来，党中央高度重视典型的树立和表彰宣传工作，并将其作为一项推进社会主义精神文明建设的重要工作来抓。《中共中央关于加强和改进思想政治工作的若干意见》指出，改革开放和现代化建设中涌现出来的先进集体和先进人物，体现了时代精神，是实践社会主义精神文明的楷模。

在多年的脱贫攻坚实践中，贫困地区干部群众扎根一线、苦干实干，各级各部门勇于担当、开拓创新，社会各界用心、用情、用力帮扶，涌现出一批先进模范与典型人物。习近平总书记高度重视典型模范的带动作用，多次就脱贫攻坚先进表彰工作作出重要论述。2014 年 10 月，习近平总书记作出

---

* 张津津，中国扶贫杂志社编辑部副主任，硕士研究生，研究方向：视听媒体传播研究。

表彰社会扶贫先进集体和个人的重要批示。

习近平总书记的重要论述，从凝聚各方合力的角度出发，强调了典型树立对脱贫攻坚的强大推动力，表明了在脱贫攻坚领域树立表彰典型的必要性，为该奖项评选工作的开展和推进提供了根本遵循。

一 全国脱贫攻坚奖、模范评选概况分析

（一）发展概况

为加强榜样、模范的示范引领作用，实现全面建成小康社会的目标，经中央批准，该奖项评选从 2016 年起正式启动，共分为"奋进奖""贡献奖""奉献奖""创新奖"四个奖项。从 2018 年开始，增设"组织创新奖"。截至目前，共评选出 377 名获奖个人及 128 个获奖单位和集体。7 人荣获脱贫攻坚模范荣誉称号。

（二）评选活动的特征

作为脱贫攻坚领域的最高奖项，全国脱贫攻坚奖、模范评选具有如下几个特征。

1. 规范性

作为脱贫攻坚领域的最高奖项，该奖项评选严格规定了评选流程，在成立全国评选办公室的基础上，各流程保证公开透明，全程接受社会监督，具有很强的规范性。整个评选过程共分为 8 个环节：发布评选公告；地方以及牵头部门推荐报名；评选办公室对报名者进行资格审核；全国评选委员会进行初评，初评结果向全社会公示 5 天；实地考察；复评审核，并提出建议名单，向全社会公示 5 天；报批审定，确定获奖者和获奖组织；表彰奖励，召开表彰大会，以多种形式对获奖者事迹进行广泛宣传。全国脱贫攻坚奖评选严格按照评选规范进行，八个环节环环相扣，保证了评选过程扎实与评选结果真实。

2. 平等性

笔者对 2020 年获得全国脱贫攻坚奖、模范称号的 99 名个人获奖者，在民族、性别、年龄、分布地域、职业等方面进行统计得出以下结论：汉族 77 人，占总人数的 78%；少数民族 22 人，占总人数的 22%；男性为 75 人，占总人数的 76%，女性为 24 人，占总人数的 24%；年龄跨度为 28～82 岁；中西部地区 79 人，占总人数的 80%，东部地区 20 人，占总人数的 20%；国家企事业单位干部 22 人，占总人数的 22%，科研人员 11 人，占总人数的 11%，驻村干部 10 人，占总人数的 10%，村干部 10 人，占总人数的 10%，普通村民以及致富带头人 18 人，占总人数的 18%，企业家 38 人，占总人数的 38%。由此可见，该奖项评选是一项不分种族、性别、年龄、地域、职业的全国性奖项，真正做到了平等。

3. 先进性

该奖项的评选，要求获奖人物具有很强的先进性，主要体现在两个方面。从对评选对象所具备的基本素质来看，要求评选对象应聚焦脱贫攻坚领域，在带动贫困群众增收脱贫方面事迹突出并取得显著成效。从评选结果来看，历年获奖者中，有不少人曾经获得多项表彰，如创新奖获得者向辉曾荣获全国劳动模范称号；奋进奖获得者邓迎香曾获全国三八红旗手称号；全国脱贫攻坚模范获得者黄文秀被追授为"时代楷模"。除此之外，获奖者中还有一些全国人大代表或政协委员，积极为我国扶贫事业建言献策。如 2019 年奋进奖获得者刘入源为十三届全国人大代表。

二　全国脱贫攻坚奖、模范的人物形象分析

此部分笔者运用内容分析法，对 2019 年 10 月至 2020 年 10 月间，新华网、《中国扶贫》官方微信公众号、搜狐、微博、抖音 App 五家媒体关于全国脱贫攻坚奖、模范称号获得者的相关报道内容进行统计，并分析得出了他们身上所具备的人格特质：艰苦奋斗、勇于担当，履职尽责、倾力帮扶，扶贫济困、奉献爱心，创新扶贫、改革实践。

（一）自力更生，勇于担当

在脱贫攻坚过程中涌现出一批普通人，他们或者不向厄运和困境低头，坚守自强不息、自力更生的优良品质；或者坚守积极作为、勇于担当的优良品质，做贫困村、贫困群众脱贫致富的"领头羊"。在各媒体对获奖人物先进事迹报道中主要涉及以下四类话题（见表1）。

表1　五家媒体涉及自力更生、勇于担当话题稿件的统计

单位：篇

数量　媒体　议题	新华网	《中国扶贫》微信公众号	搜狐新闻	微博	抖音	总计
身残志坚	70	80	60	50	20	280
自主脱贫	60	70	30	55	22	237
先富带后富	55	48	40	40	35	218
勇于担当	60	75	45	50	50	280

注：除做说明外，表中数据均由作者观测所得。

1. 身残志坚的残疾人贫困户

如《黄勇：脱贫要苦干也要巧干》一文中所展现的奋进奖获得者黄勇的形象：自小患有重型血友病、下肢残疾。为了不成为家庭的负担，他下定决心从零开始，自学多项电脑操作知识，并在政府的帮扶下开设了一家网店。黄勇靠着自己勤劳肯干和坚强的意志将网店开得有声有色。2008年，他的网店营业额达到20万元，2015年营业额迅速增长至300余万元。为了帮助更多的残疾人贫困户脱贫致富，他将自己多年积攒的经验毫不保留地介绍给周边20余户建档立卡贫困户，帮助他们自力更生，摆脱困境。《从被帮对象到扶贫能人》一文中所展现的奋进奖获得者刘斌的形象：用"无形的双手"托起了脱贫致富梦。23岁时，一场车祸让他失去了双臂，但他不等不靠，在政府的帮扶下，通过养羊顺利脱贫。为了回馈社会，他在村中成立养殖合作社，养殖规模可达2000只左右，带动100户贫困户脱贫。

2. 自力更生的自主脱贫户

各媒体所报道的历年获奖者中，有不少虽家庭生活处于困境，但不等不靠，依靠自己勤劳的双手脱贫致富的形象。如《"诗疯子"王万才脱贫记》一文中展现的奋进奖获得者王万才的形象：曾因家庭贫困失去生活斗志，在各级帮扶干部的帮助下，通过发展特色产业脱贫致富。为了感恩党的好政策，脱贫后的王万才申请加入共产党，还用日记的形式，用朴实的语言记录近年他感受到的脱贫攻坚，成为脱贫攻坚智志双扶的典型；如《2020年脱贫攻坚奖人物事迹公示》中展示的奋进奖获得者次仁琼宗的形象：丈夫早逝，独自一人抚养三个孩子，生活的重担没有压垮她，反而激起了她脱贫致富的动力。20年来她通过手工编织、在宾馆做保洁，将三个孩子送进了大学。脱贫后，她成为村里的致富领头人，成立合作社，带领村中的贫困妇女脱贫致富。

3. 先富带后富的"领头羊"

各媒体所报道的历年获奖者中还有一批心系贫困群众的典型，他们或者努力钻研，在自己致富的同时带领乡亲们一起富，或者在外功成名就后返回家乡，反哺乡里。如《崔雪琴：扶贫路上的"织布状元"》一文展现的崔雪琴的形象：整合当地土布制作资源，成立河北省首个妇女专业合作社，无偿将土布制作技术传授给贫困家庭的妇女，并聘请她们到合作社务工。为扩大带动范围，她成立文化扶贫产业园，与341名贫困群众签订定向帮扶协议，保证他们人均年收入在1.8万元以上，真正实现一人就业，全家脱贫；《扶贫路上追梦人》一文中黄小勇的形象：放弃大城市百万年薪回乡创业，建立现代农业产业园，帮扶110余户贫困户增收150余万元。成立创业致富带头人培训基地，建立"产业联盟"，将培育基地打造成了当地的"致富高地"，共带动120余户贫困户增收脱贫。

4. 勇于担当的村"两委"干部

各媒体所报道的历年获奖者中，还有一批勇于担当、始终将带领乡亲们脱贫致富的责任扛在肩上的村"两委"干部形象。《一个扶贫干部的"小目标"，牛!》一文展现的旱天岭村党支部书记丁建华的形象：为了带动贫困群众脱贫致富，在村内发展肉牛养殖业；主动为贫困养殖户做贷款担保，为此欠下几十万元债务；还主动钻研养殖技术，为村内的肉牛养殖业保驾护航。在他的带领下，村内 166 户贫困户顺利实现增收脱贫。《毛相林：绝壁上"凿"出脱贫致富路》一文展现下庄村村委会主任毛相林的形象：为了给世代生活在深山中的群众谋一条生路，不等不靠、艰苦奋斗，带领乡亲们用 7 年的时间用最原始的工具在大石山上凿出了一条 8 公里长的"天路"。路修通了，他又带领乡亲们用 15 年的时间，探索出"三色经济"，搞起了乡村旅游，走出一条致富路。

（二）履职尽责，无私无畏

据统计，脱贫攻坚以来，我国共从县级以上机关和企事业单位选出了300 余万名有能力、有担当的优秀干部到贫困村驻村。各媒体报道的历年获奖者事迹展现了他们扎根扶贫一线、履职尽责、倾力帮扶，甚至牺牲自己的生命的形象，主要涉及以下四类话题（见表 2）。

表 2   五家媒体涉及履职尽责、无私无畏话题稿件的统计

单位：篇

数量\媒体\议题	新华网	《中国扶贫》微信公众号	搜狐新闻	微博	抖音	总计
扶贫英雄	50	70	40	43	50	253
扎根基层	70	75	35	20	26	226
尽职尽责	57	68	42	30	35	232
无私无畏	60	71	40	29	30	230

注：除做说明外，表中数据均由作者观测所得。

1. "用生命谱写赞歌"的扶贫英雄

脱贫攻坚以来，全国已有 1000 余位扶贫干部牺牲在脱贫攻坚一线，他们始终不忘初心、牢记使命，用自己的生命书写不获全胜、决不收兵的英雄本色。如《追记黄文秀：30 岁年轻生命定格扶贫路上》一文展现的

全国脱贫攻坚模范、"时代楷模"黄文秀的形象：研究生毕业后，回到家乡工作。2018 年她主动请战，担任百坭村第一书记，从此去掉"书生气"，改善村内基础设施，带领乡亲们发展致富产业，真正成为群众的主心骨。黄文秀的努力奔走带来了村中 88 户 147 名贫困群众脱贫的好成绩。百坭村群众的日子好过了，黄文秀却在回村抗洪的路上遭遇突发的山洪，不幸牺牲，生命永远定格在 30 岁。《待到山花烂漫——追记"最美扶贫书记"黄诗燕》一文展现了"百姓书记"黄诗燕的形象：在担任炎陵县委书记的近九年间，他始终把脱贫攻坚作为头等大事来抓，时刻奔走在炎陵县的山山水水间，将贫困群众的冷暖时刻放在心间，修致富路、建安居房、发展富民产业。2018 年，炎陵县顺利脱贫摘帽，20 多万名贫困群众在他的带领下脱贫致富。2019 年 11 月 29 日，他因长时间超负荷工作，突发心脏病，献出了宝贵的生命。

2. 扎根基层的扶贫干部

各媒体报道的历年获奖者事迹中，有一些在脱贫攻坚一线的第一书记、帮扶干部，始终发挥"主力军"的作用，他们扎根基层，真扶贫，扶真贫，想方设法为贫困群众谋出路，为贫困村打造一支"不走的扶贫队"。如《带着父母来扶贫》一文中干部俞贺楠的形象：2018 年积极响应号召，主动要求到最偏僻、条件最差的薛牛坊村担任第一书记，到村后依靠原工作单位的优势，在党建、产业等方面进行探索创新，在他的坚持努力下，该村实现整村脱贫。2020 年初，他的母亲被确诊晚期肺癌脑转移；父亲脑梗多年，作为家中的独子，他面对家中困境，没有丝毫退缩。他将年老体弱的父母接到身边，继续履行对党和国家的承诺。《医者仁心照云天》一文中展现了奋战在雪域高原的医疗专家刘云军的形象：作为北京第三批援青医疗队长，他带领北京市医疗专家团在海拔 4000 米以上的高原上奋战。他挑起玉树州人民医院院长重担，大胆推行各项改革，将亏损多年的医院扭亏为盈，填补了该地区百余项医疗技术的空白。他坚持"传帮带"，三年时间为该医院培养医疗专家 100 余人，留下了一支"带不走的专家队伍"。

（三）扶贫济困，乐于奉献

各媒体报道的历年获奖者事迹中，有这样一批热心扶贫济困、乐于奉献的企业家，他们以高度的社会责任感，为贫困群众铺出一条条致富路，主要涉及四类话题（见表3）。

表3　五家媒体涉及扶贫济困、乐于奉献话题稿件的统计

单位：篇

数量 媒体 议题	新华网	《中国扶贫》微信公众号	搜狐新闻	微博	抖音	总计
扶贫济困	40	50	37	42	18	187
乐于奉献	39	62	42	48	40	231
反哺乡里	45	48	39	20	24	176
大仁至爱	50	63	45	40	28	226

注：除做说明外，表中数据均由作者观测所得。

踊跃担起社会责任的爱心企业家。如《紧跟党中央，决战扶贫路》一文展现了"为贫困学习筑梦蓝天"的春秋航空董事长王煜的形象：2018年以来带领春秋航空在红河州开展教育扶贫、就业脱贫行动，定制"扶贫空乘班"，与红河州联合推出"蓝天筑梦计划"，通过对贫困学子进行"学历教育＋技能培训"，帮助他们飞上蓝天，实现一人就业全家脱贫。《鸽子花开　幸福到来》一文展现了贵州松桃企业家石丽平的形象：积极参与脱贫攻坚工作，为保证当地搬迁群众能够稳得住、能致富，采用"公司＋基地＋农户"的形式，在县内集中安置小区创建扶贫车间，聘请搬迁户到车间务工，创新"一人一工坊"居家就业模式。如今，她已经在搬迁点开设100余家工作坊，为4000多名留守妇女提供居家就业机会，300多户贫困户通过在扶贫车间务工脱贫。

（四）勤于钻研、勇于探索

各媒体报道的历年获奖者事迹中，有一批创新扶贫理念、改革扶贫方式

方法的"探路者",他们从理论到实践的创新,推动着我国精准扶贫的进程。根据对获奖者身份和事迹的分析,主要涉及四类话题(见表4)。

表4 五家媒体涉及勤于钻研、勇于探索话题稿件的统计

单位:篇

数量话题\媒体	新华网	《中国扶贫》微信公众号	搜狐新闻	微博	抖音	总计
勤于钻研	40	55	47	38	30	210
勇于探索	39	40	50	40	45	214
创新	40	59	50	29	35	213
严谨	42	55	38	35	30	200

注:除做说明外,表中数据均由作者观测所得。

1. 创新扶贫方式、方法的"探索者"

《"网红县长"陈灿平的信息化扶贫助农之路》一文展现了"网红县长",湖南省安化县挂职副县长陈灿平的形象:将安化传统茶产业与互联网有机结合,大力发展直播带货,并积极创新,在直播的基础上,建起了电商社群。在他的推动下,建成安化黑茶孵化中心,让产业扶贫插上互联网的翅膀。2019年,安化黑茶产值220亿元,真正成为带动全县脱贫致富的主导产业。"把贫困户链接到大市场"的"新农民"向辉,通过创新学校 + 合作社 + 企业的"三位一体"模式,既将贫困农户培养成了懂技术、会经营、善管理的致富带头人,又实现了农户产业的联合发展,提高了来凤县农产品的市场竞争力。《深入推进健康扶贫》一文展现的"锐意创新,攻坚克难,努力做好贫困群众健康守门人"——国家卫生健康委扶贫办,在深入调研的基础上,根据农村目前因病致贫、因病返贫的现状,深入分析问题成因,带头开展全国健康扶贫工程,印发一系列政策性文件,进行一系列机制建设,多方发力,统筹协调,推动健康扶贫工作取得突破性进展。《帮老乡实现致富梦》一文介绍的吉林省成立的驻村第一书记协会,把抓党建与抓发展有机融合,实现了全省1489名第一书记和近万名村书记联合作战,通过组织化与市场化相互促进,引领更多的乡村产业走向市

场，带动更多村民脱贫增收，成为引领贫困群众和贫困村脱贫致富的"新引擎"。

2. "将论文写在祖国大地上"的专家学者

科学技术是第一生产力，各媒体对历年获奖者先进事迹的宣传内容中不乏一些勤于钻研、勇于探索，用严谨的科研态度将扶贫理论与实践更好地结合，将科研成果转化成带动贫困群众脱贫致富的产业的专家学者的形象。如《创新奖背后的扶贫故事》一文展现的"勇立科技扶贫潮头"——山西农业大学教授常昌明的形象：为了推动食用菌技术的发展，勇于创新，培育新品种，研发高效生产技术，帮助各贫困县建立高标准食用菌生产基地。为提升农户菌菇种植技能，他曾先后举办400多期食用菌种植技术培训班，培训4万多名本土技术人才，使小菌菇真正成为富民大产业。

三 全国脱贫攻坚奖、模范示范性传播效果

（一）全国脱贫攻坚奖、模范先进事迹的传播方式

脱贫攻坚战，不但要打好，更要讲好。自脱贫攻坚奖、模范评选活动开展以来，国务院扶贫办采用多种传播方式，对获奖者的先进事迹以及取得的突出成果进行重点宣传。主要采用三种"常规动作"，以及两种主要传播途径。

1. 三种"常规动作"

（1）录制全国脱贫攻坚奖特别节目。自2017年以来，每年扶贫日，国务院扶贫办都会与中央电视台联合录制脱贫攻坚特别节目，截至目前已经录制四期，主题分别为"最深的牵挂""庄严的承诺""攻坚的力量""决战的时刻"。该节目紧紧围绕党中央、国务院对脱贫攻坚的决策部署，围绕五类奖项获奖者的脱贫、扶贫故事主线，通过现场采访、故事讲述、情景剧等形式生动展现"脱贫攻坚奖"这一特殊荣誉获得者的先进事迹，彰显脱贫

攻坚的伟大精神。

（2）举行先进事迹巡回报告会。自 2017 年起，每年扶贫日过后，国务院扶贫办组织获奖者代表，组成先进事迹报告团，分 4 组奔赴 21 个省（区、市）进行巡回报告，报告团各成员用朴实生动的语言向各地干部群众讲述自己的扶贫、脱贫故事以及实践经验。

（3）出版相关书籍。自 2016 年起，国务院扶贫办牵头组成脱贫攻坚先锋系列图书编辑委员会，编辑出版《脱贫攻坚先锋》系列丛书，重点介绍当年各获奖者以及单位的先进事迹，以此向全世界展现中国的扶贫故事以及扶贫成效。

2. 两种主要传播途径

（1）相关传统媒体对获奖人物事迹进行专题报道。除《人民日报》等中央媒体对全国脱贫攻坚奖进行跟踪报道之外，相关传统媒体也会对获奖人物进行专题报道。以《中国扶贫》杂志为例，作为我国唯一一本专业扶贫期刊，它先后策划《聚是一团火散是满天星》《新时代的战歌》《拂过西部大地的攻坚东风》《崇高事业需要榜样引领》《致敬英雄》等专题，对获奖者的先进事迹进行深入、细致报道。

（2）微信公众号、抖音等新媒体对获奖人物先进事迹进行实时报道。微信公众号是目前受众接受范围最广的新型媒体，也成为全国脱贫攻坚奖、模范称号获得者先进事迹宣传的主要渠道之一。这类新媒体以其传播速度快、传播范围广的特点对全国脱贫攻坚奖、模范先进事迹的传播起到非常重要的作用。

笔者对 2019 年 10 月至 2020 年 10 月，新华网、《中国扶贫》官方微信公众号、搜狐网、微博、抖音 App 五类媒体关于全国脱贫攻坚奖、模范称号获得者的相关报道的发稿量以及阅读量（包括转发量以及点赞量）、评论量进行了相关的数据统计，得出以下结论：各媒体对脱贫攻坚奖、模范称号获得者先进事迹的大力宣传已经在全国产生较大影响力，人们对相关稿件的评论量以及转发量较大，说明这些先进人物的事迹已经在受众之间广泛传播，并形成了广泛讨论（见表5）。

表5 五家媒体关于脱贫攻坚奖、模范称号获得者推文量以及阅读反馈统计

单位：个

媒体	稿件量	阅读量		反馈量
		转发量	点赞量	评论量
新华网	251	41292	79405	8741
《中国扶贫》官方微信	335	97397	129139	10761
搜狐网	310	15253	63333	6399
微博	270	9488	99588	8000
抖音	189	48470	94042	7742

注：除做说明外，表中数据均由作者观测所得。

（二）全国脱贫攻坚奖、模范示范性传播效果

笔者对2019年10月到2020年10月新华网、《中国扶贫》官方微信公众号、搜狐网、微博、抖音五家媒体关于全国脱贫攻坚奖、模范称号获得者的相关报道的评论内容，以及笔者调研过程中访谈受众的内容进行统计分析，得出对获奖者先进事迹宣传稿件的评论内容主要涉及强大合力、行为示范、感染力、核心价值观、中国减贫智慧五个方面（见表6）。

表6 五家媒体关于脱贫攻坚奖、模范评论内容统计

单位：个

数量 媒体 议题	新华网	《中国扶贫》微信公众号	搜狐新闻	微博	抖音
强大合力	749	992	634	435	540
行为示范	490	745	682	700	464
感染力	893	906	657	514	585
核心价值观	880	970	759	822	
中国减贫智慧	819	843	844	462	

注：除做说明外，表中数据均由作者观测所得。

榜样最具有感染力与推动力，广泛传播脱贫攻坚奖、模范称号获得者的先进事迹，最大的作用在于其示范效应。截至目前，脱贫攻坚奖、模范评选

共选出 377 名个人获奖者和 128 个获奖单位，各获奖者虽身份不同、事迹各异，但随着评选工作的不断深入，及其先进事迹的广泛传播，他们都对人民的行为、态度、价值观等方面起到正向激励作用，为提升国家凝聚力以及中国的国际影响力贡献了力量。

1. 提振全社会干事创业的信心，形成助推脱贫攻坚的强大合力

近年来，"志智双扶""激发干部群众内生动力"成为脱贫攻坚的一项重要任务。在对评论内容进行相关统计的基础上，笔者整合对各贫困地区干部群众的访谈发现：贫困群众缺乏内生动力，主要体现在两方面：一是"苦惯了"，得过且过，"扶不扶"无所谓；二是"穷怕了"，争吃"唐僧肉"，争当贫困户。而对各级扶贫干部来说，缺乏内生动力主要体现在不愿干、不会干、不敢干三个方面。

而全国脱贫攻坚奖、模范称号获得者身上所体现出的自力更生、艰苦奋斗的精神会对贫困群众形成强大的感染力。如，身残志坚的残疾人贫困户，面对种种厄运，不信命，不认命，誓要在政府的帮助下，为自己悲惨的人生闯出一条大道；在党的好政策下过上好日子的贫困群众，主动申请脱贫，靠自己的双手致富奔小康。这些均可激励"等、靠、要"思想强烈的贫困群众动起来、干起来。

获奖者中的各级扶贫干部身上所体现出的履职尽责、无私无畏的精神则会引起扶贫干部们强烈的精神共鸣。如"就算脱层皮，也要干出个样子来"的村支书陈建清；"向恶劣的自然环境要出路，在绝壁上'啃'出了一条 8 公里长的出山路"的"当代愚公"毛相林。他们身上所体现出的新时代基层共产党员坚韧不屈、不惧牺牲，将群众冷暖时刻记在心间的"不忘初心，牢记使命"的精神，成为各级扶贫干部身边最生动的教材，激发他们干事创业的决心。同时，获奖者探索出的一系列扶贫模式，为干部推进脱贫攻坚提供了经验遵循。获奖者身上涌现出的勤于钻研、勇于探索的精神，更能激发他们主动作为、因地制宜探索出适宜本地区发展的脱贫攻坚好点子。

这项全国性荣誉，在提供可借鉴的精神以及实干经验的同时，还能激发

干部群众争创先进的积极性。广泛宣传获奖者事迹，可让这些先进的精神更加深入人心。在这些先进事迹的鼓舞下，全社会上下有干劲、有方法，形成了助推脱贫攻坚的强大合力。

2. 引领升华，弘扬社会主义核心价值观

榜样和模范是时代的产物，直接或间接折射出国家和民族的价值取向，是对我国社会主义核心价值观最直接、最生动的诠释。脱贫攻坚战作为我国三大攻坚战之一，在我国历史上具有举足轻重的作用。脱贫攻坚战以来，我国始终重视扶贫精神的总结，而这些获奖者的先进事迹正是扶贫精神的重要载体。这些获奖者身上所体现出的艰苦奋斗、勇于担当，履职尽责、倾力帮扶，扶贫济困、奉献爱心，创新扶贫、改革实践的精神，能够唤起人们内心的情感以及实现自我的需要，激发他们干事创业的决心和信心，进而影响他们的价值判断和行为方式。

"榜样的力量是无穷的。"先进精神同时对形成良好的社会道德风尚特别是对下一代的价值观形成具有强大的推动作用。笔者访谈过的多位贫困地区的年轻人，都给出了积极答复，如："这些干部离开家到农村驻村，这种奉献精神值得我们学习。""看新闻时，我了解到不少干部为了帮扶贫困群众脱贫甚至献出了自己的生命，他们这样帮助我们，我们作为大山中走出的孩子，学有所成后一定要回到家乡，建设自己的家乡。""之前总觉得农业相关的专业土，没有前途，现在我决定要报考农业相关专业，在我国发展新兴农业，帮助贫困群众增收，为乡村振兴贡献自己的一份力量。"由此可见，这些获奖人身上所体现的优良品质已经内化为下一代的理想与价值观，对我国接下来的乡村振兴形成巨大的潜在推动力。

3. 为世界减贫贡献"中国智慧"

自精准扶贫实施以来，我国的脱贫攻坚取得了令世界瞩目的巨大成就。成绩的取得得益于党中央的坚强领导，如"五级书记抓扶贫""产业扶贫""易地扶贫搬迁""东西部扶贫协作""定点扶贫""社会扶贫""绣花功夫""消费扶贫"等，而这些获奖者的事迹正体现了在习近平扶贫开发战略的指引下，各地各部门不断深入推进脱贫攻坚的实践创新。获奖者先进事迹的广

泛传播，能够为其他各国提供已经经受过实践检验的扶贫经验，以推动世界减贫事业的进一步发展。

四　推进全国脱贫攻坚奖、模范先进事迹传播的建议

脱贫攻坚以来，各媒体采用多种角度、多种形式对脱贫攻坚奖、模范称号获得者的先进事迹进行广泛宣传，全国上下形成了浓厚的宣传、学习氛围。但目前，国内现有媒体对全国脱贫攻坚奖、模范先进事迹的宣传，在专题的组合策划、多渠道融合传播等方面还存在一些短板和弱项，有待加强。

一是要重点策划一批关于获奖者事迹的专题。

将获奖者根据其事迹、精神的相似性，进行专题性报道，并着重利用新型媒体进行循环播放，以进一步扩大获奖者事迹的影响力。

二是要组织相关媒体对获奖者事迹进行深度报道。

对这些先进人物的报道在广泛宣传其先进事迹的同时，更要对其事迹进行深入挖掘，了解其在为脱贫攻坚事业做出贡献的同时的内心感悟等，挖掘其事迹背后隐藏的先进精神，以为后代留下深受鼓舞、可资借鉴的宝贵财富。

三是要畅通国际传播渠道。

加强全国脱贫攻坚奖、模范称号获得者先进事迹的外宣工作。加大部分媒体的海外版、对外网站等对获奖者先进事迹的宣传力度，利用多种喜闻乐见的形式，讲好、讲活中国的脱贫攻坚故事，传递好中国脱贫攻坚经验。

参考文献

中共中央党史和文献研究院：《习近平扶贫论述摘编》，中央文献出版社，2018。
中共中央党史和文献研究室：《十三大以来重要文献选编》，人民出版社，2011。
中共中央党史和文献研究室：《十四大以来重要文献选编》，人民出版社，2011。
中共中央党史和文献研究室：《十五大以来重要文献选编》，人民出版社，2011。

宗晶：《大众传播载体的思想政治教育功能实现——基于对道德模范典型宣传的理性思考》，《兰州交通大学学报》2011 年第 5 期。

张津津：《大爱无言荧屏有情》，《中国扶贫》2018 年第 21 期。

郑永廷：《思想政治教育方法论》，高等教育出版社，2010。

吴潜涛：《道德楷模的时代价值》，《精神文明导刊》2007 年第 10 期。

B.16
消费扶贫中名人网络视频直播带货现象研究

黄芷葳*

摘　要： 贫困问题是中国现代化进程中的关键性难题，也是当今世界面临的共同挑战。2020 年，中国的脱贫攻坚工作圆满收官，其探索并实施的减贫方案、方法与措施为全球贫困治理做出了重要贡献，其中"消费扶贫"这一方法和概念的提出，使扶贫减贫工作具有了方法论的意义，并为脱贫后的助农、兴农工作持续发展指出了方向。在"消费扶贫"进程中，以互联网为载体的名人网络视频和直播带货起到了积极作用。本文对社会各界包括名人通过网络视频直播带货参与"消费扶贫"这一现象进行了系统梳理，分析了名人效应在消费扶贫中的作用与制约，指出传媒在后扶贫时代经济提振中将发挥更大的作用，助力学习型社会和创新型社会建成。

关键词： 消费扶贫　名人效应　网络视频　直播电商

　　贫困问题是世界性难题，也是中国现代化进程中面临的重大阻碍。进入现代社会以来，消除贫困一直是联合国和各国政府的重要任务。然而扶贫减贫工作难度巨大，对于发展中国家来说，全面消除贫困，几乎是一个难以完

---

* 黄芷葳，博士，中国传媒大学培训学院文化艺术部副主任，研究领域为传统文化的现代传播与国际传播、民俗文化的传播与传承、城市品牌与文旅产业创新、新媒体时代的文案创作、公文写作与新闻采访等。

成的任务。党的十八大以来，以习近平同志为核心的党中央把脱贫攻坚作为全面建成小康社会的底线任务和标志性指标，做出了一系列重大决策部署，采取了许多具有原创性、独特性的重大举措，组织实施了人类历史上规模最大、力度最强的脱贫攻坚战。[①] 2020 年 11 月 23 日，贵州省宣布剩余 9 个贫困县退出贫困县序列。至此，我国 832 个贫困县全部脱贫摘帽。[②] 中国的脱贫攻坚程度最深、覆盖最广、效果最好，并探索出了许多值得他国借鉴的有益举措，其中，"消费扶贫"的提出，于扶贫工作的角度和方法而言是一次质的飞跃。

一 "消费扶贫"提出的时代背景与媒体环境

严格来说，"消费扶贫"的概念和行为并没有绝对的起点，扶贫工作伊始，通过帮助农户将农产品卖出去来改善贫困人群的生活，其实质就是消费扶贫。但在国家正式提出"消费扶贫"举措以前，扶贫工作主要以实物捐助、金钱捐赠和生产帮扶为主，贫困主体对于捐助行为与意愿依赖较重，脱贫缺乏可持续的能力与条件。而在国家正式提出"消费扶贫"，倡导全社会以消费代捐助、以消费代"救助"之后，整个扶贫助农形势发生了翻天覆地的变化，取得了经济、社会和文化等多重效益。

（一）国家提出"消费扶贫"政策的始末

关于"消费扶贫"的官方表述，最早可以追溯到 2015 年 5 月 23 日，时任国务院扶贫办国际合作和社会扶贫司巡视员的曲天军在国务院扶贫办"陇南电商扶贫试点"新闻发布会上，介绍了电商扶贫对拓宽贫困农户的增收渠道、增加收入进而推动贫困地区的产业升级换代的重要意义。[③] 曲天军在发布会上提及国务院扶贫办主任刘永富在福建省宁德的消费

[①] 国务院扶贫办，http：//www.cpad.gov.cn/art/2021/1/20/art_624_186332.html。
[②] 国务院扶贫办，http：//www.cpad.gov.cn/art/2021/1/20/art_624_186332.html。
[③] 国务院扶贫办：http：//www.cpad.gov.cn/art/2015/5/23/art_624_13950.html。

扶贫实验。① 这种以购买贫困地区农副土特产品的扶贫，就是消费扶贫。②

2018 年，消费扶贫的作用不断显现，逐渐得到各级政府与社会各界重视，推动力度也不断加大。2018 年 12 月 30 日，国务院办公厅发布《关于深入开展消费扶贫助力打赢脱贫攻坚战的指导意见》，将"消费扶贫"上升为顶层设计的政策、理论与实践体系。③

（二）消费扶贫在全媒体语境下的解读

在消费扶贫的持续推进中，互联网和媒体起到了举足轻重的作用，这是在 5G 时代和全媒体融合发展的语境下，全民广泛参与创造的新奇迹。

1. 互联网经济与传媒语境使消费扶贫成为可能

互联网技术与应用的迅猛发展，推动电商形成新的产业生态，贫困地区通过"互联网＋"实现消费脱贫。电商被纳入扶贫工作体系中，错过工业化班车的贫困地区，可以搭上信息化的班车增加收入，同时避免因错过电子商务和互联网经济带来的生活方式与经济结构的重大变革导致的进一步边缘化。而要解决贫困地区农民的收入问题，农产品的销售是关键，电商没有地理空间的隔绝和限制，可以帮助更多的人将"山林宝贝"摆上"货架"，走出深闺有人识，从而有效地解决农产品销售问题。④

2. 全媒体环境对于消费扶贫的推动力量

媒体与平台参与消费扶贫，从某种意义上来说，是一种"本能"而不是额外的功能。电商成为消费扶贫的重要推手，短视频与直播则成为电商的"翅膀"。短视频、直播平台与各类媒体一起，推动消费扶贫形成社会共识，成为社会热潮。

传统媒体对消费扶贫的推动作用在很大程度上被低估，事实上正是

① 2015 年"两会"的时候，刘永富与福建的容中村签署了一个特殊的协议，他个人每年自掏腰包两万块钱购买福建省宁德的一个贫困村的一亩茶园的一部分茶叶，由他去推销。

② 国务院扶贫办，http：//www.cpad.gov.cn/art/2015/5/23/art_624_13950.html。

③ https：//www.sohu.com/a/411403309_100098417。

④ 汪洋在 2015 年初视察临安淘宝村的时候指出，"农民电商要把更多的山林宝贝放上网"。

报纸、广播、电视等各类传统媒体对于消费扶贫的倡导、呼吁、推波助澜，赋予了消费扶贫系列活动以公信力，在公众中提升了消费扶贫活动的影响力，而短视频、直播平台则使得消费扶贫行为直接产生经济效益，各类媒体的融合推动，将消费扶贫打造成为全民关注的热点。无论是央视春晚与新媒体的合作，还是疫情期间的直播带货，都令人耳目一新。传统媒体中的地方报纸也纷纷加入消费扶贫行动中，为抗疫助农出一把力。

图1　2020年4月10日《德州晚报》"报业同心，助力湖北"

（三）全球疫情环境下提出"消费扶贫"的重要意义

2020年是中国全面脱贫攻坚的收官之年，也是新冠肺炎疫情在全球肆虐的一年，所有的国家都在不同程度上受到了影响。中国不仅在防疫抗疫行动中取得了阶段性胜利，其脱贫攻坚工作也并未因突如其来的疫情停下脚步，而是坚决持续推进，因此更是吸引了全世界的目光。国务院扶贫办将"消费扶贫"作为应对疫情的有效方式，"通过消费扶贫，在解决应对疫情和应对灾情的问题以后，完成今年的脱贫攻坚任务，巩固好脱贫攻

坚成果"。① 在疫情和人类命运共同体语境下，"消费扶贫"具有深远意义。

1. 消费扶贫的理论原点：有尊严的扶贫

人类进入文明时代以来，创造了许多文化，无论其差异有多大，仍然有许多共通之处，如在追求正义、扶危济困、帮助弱者、人文关怀等方面，有着广泛的共识。在帮扶贫困人口脱贫脱困方面，或许在具体实施中不同的国家、不同的族群有不同的方式方法，但在总体理念上是共通的，这就是对于帮助对象的充分尊重。有尊严的扶贫，就是在充分尊重受助对象的人格与能力的前提下，通过等价或接近等价的交换，各取所需，在满足自身消费需求的同时帮助受助对象减轻或解决生活生产困难，提升生活品质。

以色列著名的政治哲学家阿维沙伊·玛格利特（Avishai Margalit）在《体面社会》（*The Decent Society*）一书中，从社会非正义的角度全面阐释了体面社会的理论。玛格利特认为体面社会的核心原则是社会制度不羞辱社会中的任何一个人。② 贫困对社会的伤害是显而易见的，消除贬抑人的尊严和社会地位的贫困生活条件显得尤为必要。③ 消除贫困是保护贫困群体尊严不受伤害的一个视角，而如何消除贫困则是帮助受助群体维护尊严、建立自信的另一个视角。消除贫困的动机与消除贫困的方法一体两面，共同作用于人的尊严与社会文化肌理。消费扶贫从本质上改变了"施予者"与"接受者"的关系，以全社会之力，共同激活和开发贫困地区人们的创造力与生产力，这是"体面社会"与文明社会的重要基础，同时还要以制度的力量引导构建人人自尊、人人自信、"幸福是奋斗出来的"社会生态。

2. 消费扶贫的范式：可持续的扶贫

"授人以鱼，不如授人以渔"，帮助贫困人群获得自我成长的能力，变"输血"式扶贫为"造血"式帮助，才是扶贫的根本，尤其对于因自然环境而贫困的人群来说，要提高自身的"造富"能力。同时，消费扶贫注重将

---

① 国务院扶贫办：http://www.cpad.gov.cn/art/2020/8/28/art_2241_503.html。

② 罗星欣：《玛格利特"体面社会"理论研究》，西南大学硕士学位论文，2019。

③ 罗星欣：《玛格利特"体面社会"理论研究》，西南大学硕士学位论文，2019。

贫困地区发展纳入整个社会的发展，打破受助者与帮扶者的界限，使全民均衡发展成为全社会共识。

一方面，"消费扶贫"本身可以提升受助人群的"造富"能力。在消费扶贫中，中国的脱贫攻坚工作基于困难人群的可持续发展出发，对接贫困人群与帮扶者，联结生产者与消费者，帮助建立产品销售渠道，提升困难人群的市场经济意识和生产营销能力，真正激活其自身的"造血"功能。当困难人群生产的产品能够为广大消费者认同并形成一定规模的购买量时，贫困人群的生存状况自然得到持续的改善。同时，参与"消费扶贫"，受助人群需要接受一定的技术培训，比如基本的电商知识、行业认知和操作规范，学会利用电商来推销自己的产品，适应这个过程本身相当于学习了一门新技术、掌握了一门新本领，不仅有助于解决脱贫问题，还提升了个体与时代的黏合度，提升了个体对环境的感知力与安全感。

另一方面，消费扶贫是"义利合一"的扶贫，是有智慧的扶贫。在传统文化中，"义""利"经常处于对立状态，义利之辩常常伴随着"君子""小人"之争、"道德""金钱"之争。在发展市场经济大潮中，"义""利"对立，往往会阻碍生产力的发展。孔子在两千多年前就指出，将"义""利"对立，会戕害国与家。《吕氏春秋》记载，孔子的学生子贡赎回了鲁国的一个奴隶，因自己富有，便没有按照鲁国的法律规定去领取奖励，孔子严厉地批评了这一做法。子贡该领的奖不领，是对奖励制度的破坏，这样其他的人便不好意思领取奖励，而救助奴隶是需要成本的，今后便不会再有人去赎奴隶。子贡显然将"义"与"利"对立起来，为了彰显自己的品德高洁，反而破坏了善的制度。消费扶贫以市场经济为驱动，以互联网为载体，从消费者的角度来说，鼓励以消费代替捐赠，消费者不必承受任何损失，还可以买到质量有保证的商品，同时对于商品的生产者来说又获得了帮助；从生产者的角度来说，鼓励做好商品生产，提升个人的劳动技能，以劳动获得报酬，名正言顺，理直气壮。在这个过程中，不存在义利之争，也不存在道德捆绑，完全按照市场规律来办事，将一种阶段性的、非线性的、局部的行为和现象，与时代潮流、经济趋势

"顺势"融合，极有智慧。

3. 消费扶贫的效应：产品与产业升级

消费扶贫的核心在于激发受助人群的生产力，只有当受助人群生产的劳动产品成为消费品，才有可能实现经济价值，从而获得收入，改善自己的生活状态。因此，在消费扶贫过程中，存在着受助人群—助农产品—帮扶者三者之间的互动关系，即受助人群生产出扶贫产品，产品被有帮扶意愿的人群购买，支付的金钱成为受助人群的收入。随着消费扶贫的深入进行，这个关系产生了一次质变。当特定的助农产品具有了一定的市场价值、获得了消费者的认可，那么带有捐助性质的帮扶就成为日常的消费行为，特定的助农产品成为普通的消费品，消费扶贫的真正意义得以实现。

消费扶贫包括两个阶段。第一个阶段为受助人群—助农产品—施助者关系（如图2中里层关系），第二阶段为生产者—消费品—消费者关系如图2中外层。当助农产品成为普通的消费品，意味着该产品本身具有了消费价值和品牌价值，获得了在常规的市场中与其他同类产品竞争的资格，有了市场通行证。为了保持该产品的竞争力和市场号召力，该产品需要保持稳定的质量和一定规模的体量，并不断进行品种改良和品质优化。作为消费扶贫对象的受助人群，也在这个过程中，从受助人群转变成为普通的生产者。

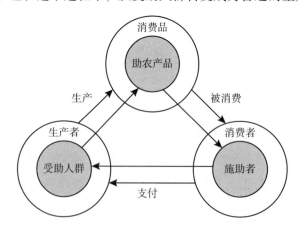

图2 消费扶贫主体间关系的演变

4.消费扶贫的宗旨：人的全面发展

消费扶贫对于个体成长和社会思想有深远意义。一方面，消费扶贫的全面、深入开展，为贫困个体的生存生活提供了基本的物质条件，从而奠定了个体全面发展的物质基础。"仓廪实而知礼节，衣食足而知荣辱"，消费扶贫帮助个体解决了基本的生存与生活问题。恩格斯指出："追求幸福很小一部分是靠观念上的权利来满足，绝大部分靠的是物质的手段来实现。"[①] 另一方面，消费扶贫促进了个体精神层面的成长和价值的实现。当受助人群发现了自身的创造力并积极践行生产创造活动时，个体的生存得以保障，个体的劳动得到认可，个体的尊严得到尊重，最终个体的价值得以实现。个体的改变将促进社会的深刻变革，而社会的全面发展也将对个人的全面发展提供良好的环境。马克思说过："一个人的发展取决于和他直接或间接相关的其他一切人的发展。"[②] 由此可以看出，个人的发展是社会发展的基础，而社会的发展离不开每一个人的发展。当数量庞大的受助人群获得了尊严与价值时，个体的人际关系将发生重大改变，整个社会面貌也将发生深刻的变化。

二　社会各界积极通过视频、直播参与消费扶贫

中国能够取得脱贫攻坚的伟大胜利，是政治、经济、科技、文化等综合因素共同作用的结果。科技因素中的互联网技术与应用、社会因素中的传媒力量，在消费扶贫中功不可没。

（一）互联网技术与全媒体融合发展催生了直播电商

1. 5G技术加速网络直播成熟

随着全媒体融合发展和5G时代的到来，以直播电商为代表的互联

---

① 罗国杰：《马克思主义伦理学》，人民出版社，1982。
② 罗国杰：《马克思主义伦理学》，人民出版社，1982。

网经济模式和电商主播为代表的全媒体新职业形态，在国民经济生产和商业流通领域的比重不断加大，以电商"主播"为核心驱动力的全媒体产业链不断清晰，直播电商、短视频、全域电商运营和数字化运营等行业与业态，对中国的经济、社会、文化等诸领域均产生了重要影响，为乡村振兴、贫困人口的就业创业等方方面面带来了新动力和巨大的发展机遇。

2. 经济社会发展促进电商直播发展

从经济层面来说，社会生产力大发展、制造业极度繁荣、社会商品极大丰富是电商直播兴起的物质基础。中国是全世界唯一拥有联合国产业分类当中全部工业门类的国家，这给电商直播的繁荣提供了足够的商品品类与品牌。从社会层面来说，直播电商、短视频满足了消费和社交两个方面的需求。人们对美好生活的向往既有物质的消费也有情感的满足，网络直播和短视频在提供丰富优质商品的同时，也改变了传统电商的单向购买、静默下单模式，实现了社交与消费的融合。

（二）疫情期间短视频直播带货推动形成经济新生态

互联网时代，人们获取信息、娱乐休闲、购物消费越来越向网络转移。直播销售更真实地还原了消费者的线下购物体验，通过更立体、真实的使用体验展示促进消费者购买。2020年，新冠肺炎疫情造成的困境扮演了"催化剂"的角色，各地政府官员、演艺界名人、商界名人纷纷化身"带货主播"为当地特色产品代言，成为疫情期间的重要销售力量。截至2020年6月，我国电商直播用户规模为3.09亿，国内电商直播超过1000万场，活跃主播数超过40万，观看人次超过500亿。[①]

在直播电商逐步形成完整的产业生态过程中，货品供应商、直播服务商、主播、渠道平台、用户以及运营、营销、数据等相关产业都在同步成

---

① 中国互联网络信息中心：第46次《中国互联网络发展状况统计报告》，http://cnnic.cn/
gywm/xwzx/rdxw/202009/t20200929_71255.htm。

长，不断整合与进化，并形成合力。电商直播打破传统扶贫方式，通过完善贫困地区互联网基础设施和支持平台建设，开拓电商助农新路径。地方干部、网红主播等纷纷助力扶贫，通过电商直播助力企业脱困和农民脱贫，并直接推动了新经济生态形成。

（三）社会各界踊跃参与消费扶贫直播

"消费扶贫"的特点是举全社会之力，共同参与到生产—消费—发展的洪流中来，除了受助者和消费者以个体身份参与外，高校、政府、企业等纷纷加入带货直播，助力各地脱贫。

1.高校消费扶贫：直播包专场，校校有定点

高校在"消费扶贫"中的表现可圈可点。全国各高校普遍参与了"消费扶贫"，以学校为单位，参与了教育部"e帮扶"活动。每一所高校立足于自身特色和资源，结合帮扶对象的需求，拟订针对性帮扶计划，取得了行之有效的成果。

以中国传媒大学为例。按照教育部党组的部署和要求，中国传媒大学成为2019年新增扶贫高校，定点帮扶内蒙古科右前旗。在定点帮扶行动中，共策划、举办直播带货活动近20场，超过了140万人在线关注，时任该校党委书记的陈文申亲自参与直播带货，助力消费扶贫，赢得了非常好的社会反响。该校的帮扶活动赢得了广泛赞誉，中央广播电视总台《新闻联播》《经济信息联播》等知名栏目及数十家主流媒体予以报道，极大地提升了帮扶地区的知名度和影响力。[1]

北京林业大学是科右前旗的另一定点高校，早在2013年起就开始了对口帮扶工作。该校以"党建＋消费扶贫"为抓手，助力脱贫不返贫。自中国传媒大学被教育部列为新增帮扶高校之后，两所高校广泛交流，深度合作，各自发挥所长，使科右前旗的脱贫工作再创佳绩。

---

[1] 中国传媒大学官网，http：//www.cuc.edu.cn/news/2020/1127/c5927a176746/page.htm。

图3　"e帮扶"

图4　中国传媒大学定点帮扶内蒙古科右前旗直播专场

2. 城市消费扶贫：村播大赛形式最为普遍

2020 年，诸多城市不约而同地选择了举办"直播"大赛，作为选拔本地直播人才、吸引外来优秀人才、提升城市知名度的重要方式。天津、江西新余、河南、湖南怀化、广东惠州、浙江江山、湖南永州道县等地纷纷举办村播、直播大赛和网红选拔等活动，挖掘本地网红基因，探索城市品牌传播新魅力。

表1　2020 年各地举办村播、直播和网红大赛情况（部分）

时间	城市	大赛名称
4 月	天津	"遇见最美津城"首届网红直播大赛
5 月	江西新余	网络扶贫暨村播大会培训活动
7 月	河南	首届网络直播大赛
10 月	湖南怀化	鹤城村播带货直播大赛
	广东惠州	粤港澳大湾区"慧湾杯"直播与短视频创新创业大赛
11 月	浙江江山	首届"村播"网红直播大赛
12 月	湖南道县	首届"村播带货"技能大赛

上述案例只是举办"直播"或"村播"大赛城市中的冰山一角。经调研，基本上所有的城市都举办过不同规模的此类活动。在互联网时代，尤其是直播时代，没有合适的人站到直播和短视频平台上，城市就难以在信息时代点亮自身。村播网红并非明星，但村播主播的存在，对于个人和村集体、城镇甚至所在城市来说，都有积极作用。

3. 企事业消费扶贫：自有平台与定向采购相结合

企业和高校以外的事业单位，在消费扶贫中的表现也可圈可点。其消费扶贫形式各有不同，有的是依托自有平台开展有组织的消费扶贫，如较早探索的中国银行、建设银行及其后的各个银行系电商平台。这些机构将对接的贫困县的产品采集到自己的电商平台上，由自己的员工进行购买，闭环特征明显。[①] 实体商场的消费扶贫举措非常直观。如万达集团为了提高扶贫产品

---

① https：//www.sohu.com/a/411403309_ 100098417.

销量，精心挑选广场入口、室内步行街、扶梯、电梯等人流必经之地摆放扶贫专柜。[①] 在消费扶贫的宣传方面，有的城市也是别开生面。如2020年9月广州地铁的"消费扶贫号"专列，进行全域视频宣传，推动广东消费扶贫再上新台阶。国家广电总局统筹部署广播电视和网络视听资源力量，指导带动全行业助力消费扶贫行动，以数字经济赋能传统产业，其智慧广电消费扶贫工作获得广泛好评。

三 名人视频直播在消费扶贫中的表现

对于视频直播带货与网红现象的分析，中国传媒大学培训学院涉足较早，并于2020年成立"网红经济创新实验室"，对短视频直播带货的模型进行分析，并提出了"人货场播盈"五维分析模式，从"人"的素养——媒介与艺术素养、"货"——选品与推介、"场"——直播间技术与场景打造、"播"——现场把控与互动、"盈"——品牌效应与经济价值五个方面，探索了短视频直播带货需要的五种能力和素质。笔者基于五个维度，对政府官员带货、演艺界名人带货和商界名人带货进行分析。

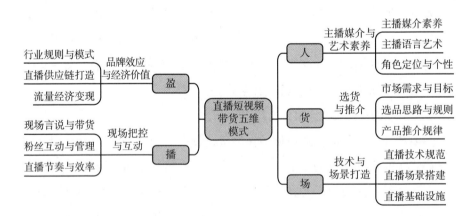

图5 中国传媒大学培训学院关于直播带货的"人货场播盈"五维模式

---

① 国务院扶贫办，http：//www.cpad.gov.cn/art/2020/8/9/art_624_182660.html。

（一）政府官员参与网络视频与直播带货

1. 政府官员视频直播带货概念

有的地方把政府官员的直播带货叫作"政务直播＋助农"，本文语境被限定为消费扶贫领域，而政务直播范畴大于直播带货。政府官员视频直播带货，即指当地的党政领导干部入驻或受邀到直播间，亲自向观众（用户、消费者）推介本地的特色产品，帮助本地贫困人群脱贫致富的行为和现象。例如，湖南省安化县"网红县长"陈灿平直播销售黑茶，帮助茶农和茶企寻找市场出路。

2. 政府官员带货能力产生逻辑

政府官员变身"主播"直播带货，其带货能力产生的内在逻辑有以下四个方面。一是官员身份带来的"话题性"。政府官员身负地方发展重任，其身份本身就具有一定的权威性，亲自参与网络视频直播带货，老百姓喜闻乐见，容易引发关注。二是反差性。在公众的印象中，政府官员的形象是正襟危坐、谨言慎行，甚至不苟言笑，与"插科打诨"、谈笑风生的网络主播形象相去甚远，而当官员走进直播间，亲自向公众推销产品时，往往热情洋溢、个性十足，这种反差性，即便在陌生人眼里，也有着"可爱"和"萌"的属性，容易激发购买欲。三是公信力。政府官员带货，其行为本身是以党政机关的信誉为信用背书，其所"带"的产品不会是假冒伪劣产品，再加上政府官员往往对当地的历史人文较为熟悉，其推介角度与层次均比较丰富，容易触动消费者。四是引领性。政府官员参与视频直播带货，表明了政府领导对于时代特点的充分理解和顺应时代要求的态度，也代表了一个城市或地区拥抱传媒时代的立场，容易引起网友和消费者的好感。

3. 政府官员视频直播带货机制与主体间关系

按照前述"五维"模式，对政府官员视频直播带货的各个元素可做如下分析。

"人"：在政府官员的视频直播带货中，人的因素有政界名人、邀请主持人或专业主播，地方扶贫工作人员一般是协助，前两者出镜直播。"货"即指扶贫专项产品，政府官员有可能会参与货品遴选，因为政府官员并非常驻直播间，一般会选择有本土特色的优质产品进行推介。"场"指直播间与直播平台，直播平台的选择没有一定之规，根据注册或合作情况而定；直播内容与短视频内容，需要平台与政府官员共同策划。在所有的环节中，"播"是真正考验现场讲解演说能力的一环，也是一场直播在观众眼中的呈现。口才好、对产品熟悉的政府官员基本不用助理，"口若悬河""如数家珍"，这一类的直播效果是最好的。"盈"是一个流动的过程，包括了消费者观看直播、下单支付，平台通过内嵌或链接将金额变现，并支付给农户。

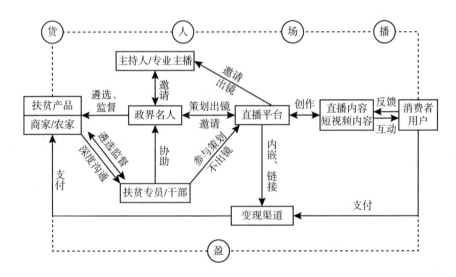

图6　消费扶贫中政界名人带货的发生机制与主体间关系

注：邓喆：《政府官员直播"带货"：政务直播＋助农的创新发展、风险挑战与长效机制》，《中国行政管理》2020年第10期。

4. 政府官员视频直播带货的风险

政府官员带货基本都是在公益直播活动中出场，其个人不存在收取报酬的问题，同时对于带货品质也有严格管控，产品质量问题风险较低。然而因其身份与职位，天然存在着与普通主播的不同。普通主播的风险主要在于消费者，而政府官员带货的风险则在于自身、机构与宏观市场。一是党政机构自身的监管问题，即寻租空间隐患。政府从本地发展和农户需求出发，选择相关产品帮助宣推，在短期内取得了一定的效果；但从长期来看，党政机关在直播带货场域中与企业和农户捆绑过于紧密，存在着新型经济活动链条上的寻租风险。[①] 二是信用风险。党政领导直接进直播间或拍摄网络视频，为本地产品带货，助农兴农，是以自身的职位与党政机构的公信力为产品背书。党政机关必须要承担起产品、推广、交易等全流程的监管职能，任何一个环节出现问题，在损害消费者利益的同时，也会给地方党政机构的信用造成严重损害。三是市场公平问题。党政领导亲自带货，直播时间与带货对象数量有限、政界名人手中"坑"的数量也有限[②]——带哪些产品，带哪些地方的产品，先带哪件后带哪件，等等，有多种考量的维度。在效益与公平之间，需要精细斟酌，实现平衡。

（二）传媒演艺界名人网络视频与直播带货

1. 明星纷纷参与消费扶贫视频直播带货

在消费扶贫的大潮中，传媒演艺界名人，即俗称"明星"，纷纷走进直播间，为脱贫攻坚贡献力量。2019 年 5 月，演员潘长江来到革命老区沂蒙山费县，以直播卖货的形式帮助贫困农户，几分钟"带货"上万件，远超厂家线上店铺此前一年的销售额。2019 年春季，直播平台快手与国务院扶贫办等 20 多家官方机构及各地政府联合举办了"快手扶贫电商"专场活动，有 97 位传播演艺界名人主播参与卖货，售卖的农产品获得了 2.34 亿次曝光，平均每 3 秒卖出一件，直接让 16 万贫困人口增收[③]。来自北京市对口支援帮扶贫困县市的 54 种优质产品齐亮相，3 个多小时的"直播扶贫"

① 邓喆：《政府官员直播"带货"：政务直播＋助农的创新发展、风险挑战与长效机制》，《中国行政管理》2020 年第 10 期。

② 直播电商用语：一个主播在单位时间内，需要带出多少件商品，留给每件商品的时间是一定的，总时长除以单件商品推广时间，就是该时段推出的商品数，这个数就是"坑"数。与线下销售的铺货费相似。所不同的是，线下货架费是以空间为单位计算的，而在线直播销售，是以时间为单位计算的。

③ 搜狐网《袁隆平独家入驻快手平台，快手三农战略不简单》，https：//www.sohu.com/a/431349293_483291。

吸引了超过 160 万网友观看。演员郭晓东，歌手刘大成、王北车现场为本次消费扶贫活动加油助力。

各大卫视主播纷纷化身主播，为受疫情影响的地区和城市带货。湖北是受新冠肺炎疫情影响最大的省份，而武汉是受影响最大的城市，湖北包括武汉的经济受疫情冲击最大。2020 年 4 月 6 日晚上，央视新闻"谢谢你为湖北拼单"公益行动首场带货直播开播，央视主播朱广权连线网红主播李佳琦直播带货，向网友推荐湖北的香菇、莲藕、茶叶等待销农副产品。在两个小时的直播中有 1000 多万网友在线收看，共售出总价值约 4014 万元的湖北商品，许多产品一上架就被网友抢光。[①] 此类直播活动不仅在经济层面给予了湖北支援，而且拉近了疫情下湖北人民与其他区域人民的感情，为疫情下的湖北人"正名"，为疫情之后湖北经济复苏创造了良好环境。

2. 传媒演艺界名人视频直播带货机制与主体间关系

演艺界名人参与消费扶贫直播带货，其主体间关系、带货机制与政界名人大同小异，所不同的是，传媒演艺界名人有可能是由扶贫机构邀请的，也可能是由直播平台邀请的，一般情况下需要做报酬预算。许多明星放弃了报酬或者将获得的酬劳当场捐献，但那是演艺界名人自己的选择。作为直播活动组织者需要在直播策划时将酬劳额度与支付方式一并考虑。

3. 明星参与消费扶贫带货的风险与问题

在公益性质的消费扶贫带货中，传媒演艺界名人的出场，出现质量或信誉问题的概率较低。对于主办方或组织者来说，演艺界名人出场带货的风险主要在于所邀请名人是否有声誉上的瑕疵。然而无论是消费扶贫还是今后的助农兴农活动，在邀请演艺界名人加入视频直播带货时，仍然需要综合考虑诸如夸大和虚假宣传、有不能说明商品特性的链接出现在直播间等风险因素。2020 年 3 月 31 日，中国消费者协会发布《直播电商购物消费者满意度在线调查报告》显示，有 37.3% 的消费者在直播购物中遇到过消费问题，

---

① http：//media. people. com. cn/GB/n1/2020/0408/c40606 - 31664919. html.

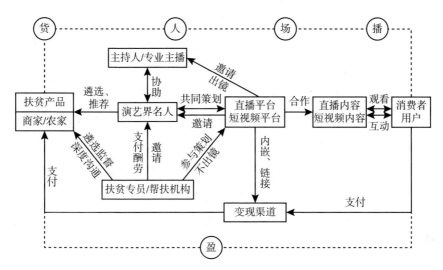

图 7　传媒演艺界名人带货的发生机制与主体间关系

主要就是上述问题。①

　　2020 年以来，已经有超过 300 位明星"试水"直播带货，明星主播化、网红明星化成为一时热议的现象，但明星带货的热潮并未持续很长时间。从短期看，演艺界名人参与带货取得了一定的收益；但从长期来看，存在着较大的风险。对于商家来说，明星的流量不等于直播的销量，盲目邀请明星带货，很可能达不到预期目标甚至蒙受经济损失。对于明星本人来说，一是带货的对象与节目、影视剧的观众并不完全重叠，难以对受众进行清晰的定位，导致自身的人设崩塌，或者人气被过度消耗；二是带货的货物多、接触时间短，明星对产品、企业并不了解，很有可能推介了劣质或假冒产品，不仅自己声誉受损，还有可能承担法律后果。

（三）商界名人网络视频与直播带货

　　在疫情期间，很多企业家走进直播间亲自带货，既有企业创始人，也有企业高管，所带的货以本企业的产品为主。如格力董事长董明珠、携程董事

---

① 中国消费者协会，http：//www.cca.org.cn/jmxf/detail/29533.html。

长梁建章、复星国际董事长郭广昌、银泰商业 CEO 陈晓东等，纷纷参与直播带货，为自己的企业和品牌代言。在消费扶贫行动中，出镜最多、效果最好的，是另一类商界名人。

1. 参与消费扶贫视频直播带货商界名人的界定

商界名人既包括各个行业和各种规模的企业家，也包括专业从事主播职业的网红，如在消费扶贫中大放异彩的薇娅、李佳琦等。"互联网营销师"是他们的新职业身份，[①] 而这个职业是我国自《中华人民共和国职业分类大典（2015 年版）》颁布以来发布的第三批新职业。

2. 商界名人视频直播带货机制与主体间关系

商界名人参与消费扶贫网络直播带货，与演艺界名人相似，一般来说，是企业根据定点帮扶对象需求或自身特点，与直播或短视频平台共同策划，邀请商界名人出镜直播带货。如果是企业创始人或负责人出镜，则不需要考虑直播酬劳；如若是互联网营销师出镜，则需要考虑另外支付报酬。

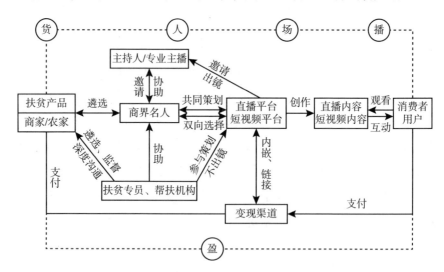

图8　商界名人带货的发生机制与主体间关系

[①] 《人力资源社会保障部办公厅　市场监管总局办公厅　统计局办公室关于发布区块链工程技术人员等职业信息的通知》，http://www.mohrss.gov.cn/gkml/zcfg/gfxwj/202007/t20200706_378490.html。

3. 商界名人在消费扶贫视频直播带货中的表现

疫情期间，薇娅、李佳琦多次参与公益直播带货，帮助湖北和其他受疫情影响的区域带货。2020年3月26日晚间，李佳琦在其直播间进行了湖北爱心专场公益直播。同年9月1日，由中国扶贫杂志社联合国务院扶贫办社会扶贫司、国务院国资委科创局、贵州省委宣传部、贵州省扶贫开发办公室、"央企消费扶贫"电商平台等单位共同举办"相约贵人　携手黔行——《中国扶贫》走进贵州，宣传促消费扶贫助力黔货出山"活动。淘宝第一主播薇娅在自己的淘宝直播间为贵州扶贫产品带货开设专场，以全国青联委员和全球好物推荐官的双重身份为贵州"黔货"出山加速助力。①

图9　《中国扶贫》携手薇娅，20名主播同时进黔直播助力黔货出山

图片来源：http：//www.cpad.gov.cn/art/2020/9/16/art_ 624_ 183359. html。

---

① 国务院扶贫办，http：//www.cpad.gov.cn/art/2020/9/16/art_ 624_ 183359. html。

四 名人效应在消费扶贫中的作用与制约

名人效应是指通过传播有名人士的个人名气、人气、形象等元素，或邀请名人参加特定的活动，以提升公众对某项活动、某些产品或某个品牌的关注度，产生好感并转化为购买、投票等其他行为，从而获得更高的经济效益和社会影响力。其效果与名人的人气、形象、美誉度等有较大的关联。名人效应对于扩大消费扶贫的影响力起到了积极的信用。

（一）名人效应对于消费扶贫的正向激励作用

1. 名人参与视频直播带货有助于打破区域的不平衡

经济社会发展的空间差异也称为区域差距或区域发展不平衡，这种不平衡自古以来就是一种客观存在。改革开放以来，区域发展尤其是经济领域的发展不平衡性越来越明显，更多地表现在东、中、西部之间的发展差距上。从数据来看，2019 年东部的地区生产总值达到 51.12 万亿元，而占全国面积 70% 的西部地区生产总值只有 20.52 万亿元，连东部的一半都没有达到。① 互联网经济最大的特点便是时空一体，打破了物理隔绝与空间障碍，为不同区域的经济发展提供便利，尤其是在万物互联时代，它为西部和贫困区域的产品营销打开了通道。在消费扶贫热潮中，直播电商、名人视频直播带货，为打破区域之间的不平衡起了巨大的促进作用。在直播间里，没有地域的鸿沟，也没有天险的阻隔，小小的直播间成为贫困地区经济腾飞与产业升级的大跳板。名人参与短视频与直播带货，提升了视频直播带货的影响力与号召力，加速了贫困地区产品在全国的推广。

2. 名人带货打破城乡差别与发展不平衡

经济发展不平衡，除了区域发展的不平衡外，还有城乡发展的不平衡。在常规的助农手段与帮扶方式中，因交通、人力等方面的成本，很难

---

① 方玉洁：《中国区域经济发展不平衡性研究》，《生产力研究》2020 年第 7 期。

形成行之有效的长效机制。名人参与的视频直播带货在改变城乡差异方面大有作为。

吉林省长岭县三十号乡五撮村第一书记任宇翔在 2020 年半年内进行了 40 多场直播，不仅让他所驻村的小冰麦面粉一下子成了爆款，他本人也圈粉无数，被网友们亲切地称为"面粉书记"。[①] 2019 年 12 月 3 日，湖北省 2019 年淘宝直播村播计划正式启动，首批 32 个试点县县长化身"网红"直播带货，引流 52 万粉丝助力家乡农产品销售。[②] 在 2018 年天猫"双 11"狂欢夜，41 名一线明星走进农货直播间，和来自贫困县的县长们一起吆喝，有的爆品没等跨越"双 11"零点就已"卖空"。[③]

3. 引导社会建立科学健康的消费观与消费文化

"消费扶贫"，顾名思义，是通过"消费"来"扶贫"，消费扶贫产品名录由国家相关部门认定，名人在视频直播带货中，带的都是扶贫产品。在名人参与视频直播带货之前，扶贫助农产品一般只具备使用价值，而其品牌价值和传播价值方面没有得到足够的关注。在名人的直播间里，同样的产品被政界名人、演艺界名人推介出来，扶贫产品的品牌价值和传播价值得到彰显，带货的名人赋予了扶贫产品不一样的生命力，赋予了产品更多的符号价值。现今的人们更多从产品本身的使用价值需求转向对产品符号价值的需求，从对物的消费逐渐演变成对符号的消费，符号性消费逐渐深入直播消费行为中。[④] 名人参与视频直播带货将扶贫产品转化为具有品牌属性的普通商品，赋予了该产品品牌价值和符号内涵，从而使该商品具有了更长远的传播价值，而扶贫行为本身则具有了更持久的影响力。朱广权带过的"藕"、李佳琦带过的"面"，都会成为消费者心中具有文化内涵和个性特色的产品。正如费瑟斯通曾指出的那样："消费品中附加的文化内涵使消

---

① 新华网，http：//www.xinhuanet.com//mrdx/2020 - 10/13/c_ 139436252. htm。

② 新华网，http：//www.xinhuanet.com//mrdx/2020 - 10/13/c_ 139436252. htm。

③ 徐芳：《县长直播"热"背后的"冷"思考》，《新闻前哨》2020 年第 3 期。

④ 朱云兮：《"县长直播带货"的奇观呈现和消费文化解码》，《新闻研究导刊》2020 年第 11 期。

费者在消费符号的同时也得到了对符号的消费的满足，即精神层面对文化意味产生的共鸣。"①

（二）名人带货对于消费扶贫的制约或弊端

利用名人参与视频直播带货，促进了消费扶贫的迅速升温和快速发展，取得了良好的效果，但名人带货本身对于消费扶贫和今后的持续助农兴农，存在着制约和弊端。

1. 名人带货的不可持续性

名人参与带货，只能是一时之举，而非常规举措。名人不可能天天坐到直播间帮助带货，即便是商界名人中的"互联网营销师"也不可能只专注于助农产品。名人带货打开了直播的大门，为贫困地区产品走出去提供了机会，而要真正走出去并实现产业升级，则需要受助人群以及地方政府共同努力。另外，名人带货的热潮之后，本地扶贫事业发展需要的产品升级、营销人才培养、交通条件等，都需要持续完善配套。

2. 名人效应中的非理性因素

名人视频直播带货，利用的就是名人的影响力与号召力，而观众与粉丝对于名人主播个人的印象与好感度，就会在购买行为中起到关键作用甚至直接左右用户的行为。"粉丝经济"本身就含有非理性因素。美国心理学家爱德华·桑代克提出"光环效应"，指出一个人喜欢某人或某物时，连带也会喜欢与之相关的人与物，亦即"爱屋及乌"。粉丝经济便是一种典型的"光环效应"。②主播的身份、语言、场景化表达以及体验式介绍等，都会不断强化这种效应，吸引消费者购买并使之成为新的粉丝。在消费扶贫视频直播带货场景中，光环效应带来的非理性成分，一方面会提高直播效果、增加销售量；另一方面会导致消费者对于产品本身的关注度降低，尤其是对质量不达标产品表现出宽容，而这恰恰是对扶贫产品的最大否定，继而成为其产业

---

① 王婵、于胜男、韩贺：《网络空间的狂欢：网络购物行为中的符号消费》，《传播力研究》2018 年第 8 期。

② 靳甜甜：《从传播形态的三个重要维度探析直播带货》，《传媒论坛》2021 年第 2 期。

化升级、品牌传播的障碍。

3. 名人带货中功利诉求与地区长远发展的矛盾

在消费扶贫中，名人的视频直播带货是一个点状事件，无论是组织者还是名人本身，追求的是当场的直播效果即销售额，而扶贫助农工程并非某单场活动就能一蹴而就、一劳永逸的。在名人参加的单次视频直播带货中，为了追求销售额最高，在货品的遴选、带货顺序、推广话术等方面，必然从最能吸引消费者的角度出发，选择的商品一般为快销品、性价比高的产品。对于受助人群和贫困地区来说，最需要改进的、最有特色的、具有长远效应的产品，可能不一定是当下最有市场吸引力的产品，未必有机会进入直播间。为保证名人直播效果而采取的短平快措施与本地长远发展战略之间，就会产生矛盾。

五　后扶贫时代网络与传媒对于经济发展平衡的作用

2020 年底，脱贫攻坚工作圆满收官，此后消费扶贫工作将转入消费兴农、消费助农的新阶段。只有将脱贫人口吸纳到鲜活有序的市场经济大潮中，才能持续将个人的劳动和智慧变现为经济收益，从而持续改善其生活，并使之有能力实现其他梦想。扶贫工作全面转向助农和乡村振兴，名人网络视频直播带货和定点帮扶机构工作均发生重心转移。

（一）网络视频直播带货从扶贫转向乡村振兴

1. 各地对于名人网络视频直播带货的倚重降低

"消费扶贫"告一段落，但消费行为会伴随着人类文明而持续存在，基于消费的网络视频和直播行为也将持续存在，其重心将从扶贫减贫向推动行业发展和产业振兴转移。以"互联网营销师"为职业的人数将持续增加，农村电商将进一步发展。名人在助农带货方面的频次将会逐步降低，而本地小网红、职业化网红的数量会不断增长，培养本地网红和直播销售员，将成为许多城市和地区的选择。2020 年四川凉山彝族自治州昭觉县阿土列尔村依托著名的"悬崖"景观,以乡村旅游为抓手,积极创建4A级景区,培养了数十名本地"钢梯小网红",接续直播、推广该村风景与独特的人文风俗。湖南江永县通过消费扶贫建立起自己的网络宣传队伍,发动120余名江永本土自媒体达人,建立自己的"网红"矩阵,通过各种方式对本县产品和资源进行营销。① 此类探索就是一种可持续发展的乡村经济振兴模式。

2. 定点帮扶机构从消费扶贫向智力帮扶转移

在"消费扶贫"工程中,定点帮扶单位的设立起到了重要作用,随着最后一批贫困县整体脱贫,帮扶机构完成了"扶贫"的历史使命,但结对子、手拉手走向产业振兴和创富之路的格局不会改变。全面脱贫并不意味着全面发展,脱贫地区的经济、文化、人才、信息等各方面发展水平不高,依然需要社会各界予以关注和支持。除了继续进行消费助农之外,提供智力支持、人才培养、创意指导、产业创新等方面的帮助,将对脱贫地区的发展有更长远的意义。以中国传媒大学为例,该校在对定点帮扶对象内蒙古科右前旗实施消费扶贫阶段,就同步开启了文创赋能和人才赋能,打造长效机制,实施"授之以渔"帮扶战略,激发扶贫地区内生动力。② 如系统挖掘和保护草原传统文化,协助前旗"巴音居日合乌拉祭"申报国家第五批非物质文化遗产,助力马头琴、"蒙绣"等草原文化创意产品开发等。③ 上述举措均为长效振兴机制,从扶贫开始,穿过脱贫收官时间节点持续发挥作用,必将始于扶贫,兴于产业,盛于文化,止于繁荣。

3. 充分利用网络做好助农兴农与产业优化

网络在扶贫助农方面一直有着举足轻重的作用,网民对互联网扶贫贡献率的认可度在不断上升,根据中国互联网络信息中心第46次《中国互联网络发展状况统计报告》,截至2020年6月,我国网民规模达9.40亿,农村

---

① 国务院扶贫办:《湖南打造消费扶贫"五张网" 脱贫攻坚按下"快进键"》,http://www.cpad.gov.cn/art/2020/10/14/art_3835_184227.html。

② 中国传媒大学官网,http://www.cuc.edu.cn/news/2020/1127/c5927a176746/page.htm。

③ 中国传媒大学官网,http://www.cuc.edu.cn/news/2020/1127/c5927a176746/page.htm。

地区互联网普及率为52.3%。[①] 随着网络覆盖工程的深入拓展，农村和城市"同网同速"的时代正在到来，为脱贫后的助农兴农、城乡一体化发展提供坚实助力。在制约乡村发展的诸多因素中，交通与信息因素所占比重最高，而互联网无疑是解决此类贫困问题的最好抓手。在消费扶贫阶段名人带货提升了公众对于互联网工具的认知和使用热情，在未来的发展中，互联网将成为长期陪跑助农兴农的有力工具。

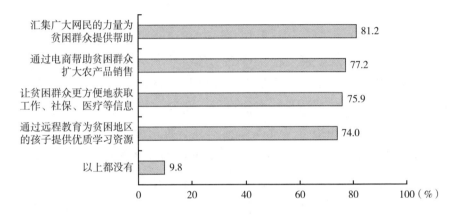

图 10　互联网在帮助贫困地区脱贫方面发挥的作用

资料来源：中国互联网络信息中心第 46 次《中国互联网络发展状况统计报告》，http://cnnic.cn/gywm/xwzx/rdxw/202009/t20200929_71255.htm。

（二）网络视频与直播重构消费文化与消费生态

1. 名人短视频直播与消费文化形成

网络视频与电商直播正在不断创造独有的社会心理场与文化传播场，其心理场与文化场均属于多角度、多维度、多元素交织的综合场。主播与观众——信息与心理需求、观众与商品——消费需求、主播与商品——经济利益诉求、观众与观众——分享、情绪与信息交流，这是最为明显的四条交流

---

① 中国互联网络信息中心：第 46 次《中国互联网络发展状况统计报告》，http://cnnic.cn/gywm/xwzx/rdxw/202009/t20200929_71255.htm。

线，这是其他的销售方式或消费场所不可能具备的多通道交流方式。优秀的主播除了向观众和粉丝有效地推荐商品之外，也会同步与观众进行有效的知识、信息、情感交流，直播间内外形成复杂的文化传播场和心理场。今后主播的文化引领作用大于直接带货作用，也必然会对主播的综合素养提出更高要求。

2. 社交属性与消费融合，文化价值创造归属感

5G 等硬核技术崛起，文化价值引领技术更新成为新课题。众多大型网络文化直播平台纷纷建立，电视台及领航互联网网站开设网络直播板块，开放性、集群性、参与性、追求公益与公平思想价值在网络直播文化中显现巨大的市场潜力。直播的文化创造力得以充分释放，小众化甚至个性化文化需求得到满足，个体获得文化归属感。电商直播追求认同感更为直接重要。2020 年，北京广播电视台推出春晚衍生品——"BTV 手工花丝景泰蓝春碗"，在淘宝、京东、抖音等多家网络平台销售直播，邀请北京工艺美术博物馆、北京工艺大师进入直播间互动交流工艺美术知识，推动春晚衍生品销售新模式。部分地区推进文化电商综合产业园、电商直播文化创意周、电商直播文化节、电商直播培训等，基于地方发展特色，探索创新，传播文化特色，同时进一步提高宣传吸引力和感染力，丰富文化内涵。

3. 新的国际国内环境需要激活经济"内循环"

消费扶贫行动是加快形成以国内大循环为主体、国内国际双循环相互促进新发展格局的新举措,① 在整体脱贫完成之后，网络零售消费助农、消费兴产将继续发挥重要作用。从 2013 年起，我国已连续七年成为全球最大的网络零售市场。面对新冠肺炎疫情的严峻挑战，网络零售市场为支撑消费增长、打通国内经济内循环提供了有力支撑，有效激活了经济"内循环"。②

---

① 国务院扶贫办，http：//www. cpad. gov. cn/art/2020/8/11/art_ 624_ 182711. html。

② 中国互联网络信息中心：第 46 次《中国互联网络发展状况统计报告》http：//cnnic. cn/gywm/xwzx/rdxw/202009/t20200929_ 71255. htm。

（三）传媒在后扶贫时代经济提振中的作用

高速移动互联网正在成为推动构建人类命运共同体的新平台和新机制。[①] 中国在国际上是新全球化进程的重要倡导者和新引擎，国内以5G技术与全媒体融合发展为驱动正在营造全行业＋智能融媒新生态，国际国内环境对公民的信息传播能力与文化传播能力均提出了新要求，传媒在整体脱贫后的产业振兴、文化复兴方面必将更有作为。

1. 脱贫群体与人口需要提升传媒素养

何谓传媒素养？它指了解和掌握传媒相关的基本理论与基础技能，具体而言指顺应传媒时代要求，运用基本的传媒工具和传播规律，进行必要的个人形象、企业文化和产品宣传推广的理论与方法。它是一种适应性极为广泛的应用型理论与技能，不需要经过长时间的专业学习就可以掌握。传媒基本理论与基础技能是提升个人就业创业能力的好工具。短视频、传统电商与直播电商、直播艺术与技术等，既是新概念，也是新工具，更是新思路。学习和掌握相应的理论和技能技术，有助于实现脱贫后的农业产业化、乡村振兴与经济转型。

2. 传媒"脱敏"，人人会直播，助力社会繁荣

脱敏源自医学术语，是指通过提炼过敏原制成的药物注射或接触来治疗过敏反应的方法。在信息时代，因为个人的数据隐私极易受到窃取和滥用，就有了"数据脱敏"这一概念，简单来说就是通过特定的算法对数据进行变形处理，以保护个人隐私和关键信息，是数据安全技术之一。传媒脱敏，更接近于医学脱敏的含义，即通过主动、多次接触传媒技术、工具与环境，帮助个体或企业打消对于传媒环境及参与传播的恐惧、逃避、回避的心态，转而积极参与互联网营销相关的活动和文化传播活动，利用网络视频、电商直播或其他方式，实现个人、企业、城市的品牌提升，获得丰厚的经济

---

① 廖祥忠：《媒介与社会同构 时代国际传播人才培养必须着力解决的三大问题》，《现代传播》2021年第1期。

社会效益。举全国之力进行的"消费扶贫",将网络视频与直播带货的概念和方法推广到全国所有区域,令互联网与传媒覆盖到国家的每一寸土地,已经为全民传媒脱敏打下了良好的基础。今后社会各界和各地需趁热打铁,拥抱传媒时代,顺应时代要求,激活网络创造力与生产力,促进经济社会繁荣。

3. 传媒助力学习型社会与创新型社会建成

以一句话来形容当下的时代特征,当属"媒介与社会一体同构",媒介不仅仅是工具或手段,媒介已经成为世界存在和发展的底层结构和基础构架。学习传媒基本理论与基础技能有助于养成"终身学习"习惯。5G技术与全媒体发展加速了世界的知识更新与迭代,"终身学习"理念正在得到公众的普遍认可,"学习型社会"已经成为小康社会最重要的特征之一。与互联网相关的艺术与技术以快速迭代和结构更新为特点,要跟上时代潮流甚至引领潮流,则必须掌握相关的理论与技能。在当下的5G技术与全媒体发展时代,经济社会发展需要打开新思路,掌握新工具,培养新人才,实现新发展。学习传媒基本理论与基础技能,可以更好地顺应时代需求,助力学习型社会与创新型社会建成。

附　录

Appendix

B.17

2019~2020年国内外公共关系
学术研究综述

余明阳　陈楚妍*

摘　要：　新冠肺炎疫情、修例风波、中美贸易摩擦、扶贫攻坚、直播
　　　　　风靡……2019~2020年注定不是平凡的，世界总是出其不意
　　　　　地拿新事物刷新着人们的见解，一次又一次地用新考验挑战
　　　　　着人们的极限。公共关系学是与实践联系紧密的学科，公共
　　　　　关系学术界在全球的巨变中应势而动，目的是争取孵化更多
　　　　　创新性的研究成果，为国家、政府、企业等公关主体提供关
　　　　　键的思想启示和方法指引，帮助各个组织适应环境变化，获
　　　　　得更多生存机会。基于对公共关系学术界的长期追踪，本次

---

* 余明阳，上海交通大学安泰经济与管理学院教授，博士生导师，中国企业发展研究院院长；
陈楚妍，上海交通大学安泰经济与管理学院硕士研究生。

研究重点对 2019 年 9 月至 2020 年 9 月国内外公共关系学术研究成果进行全面且深入的梳理。根据这一年的研究动向和研究热点，本研究选择公关理论研究、国家形象公关、国家机关公关、企业形象公关、新媒体与公关、公关危机处理和公关教学创新这 7 个重要议题进行分析，总结研究成果，判断研究趋势，并结合环境变化预测公共关系领域的未来研究方向。

关键词： 公共关系学术研究　公共关系理论　公共关系研究趋势

引　言

从 2019 年下半年到 2020 年 9 月，人们无不感叹自己在无意间成为太多历史的见证者，心情始终难以平静。

2019 年 10 月声势浩荡的建国 70 周年大阅兵振奋着我们每一根神经，但中美贸易摩擦的持续胶着让人惴惴不安；2020 年是脱贫攻坚决战的决胜阶段，新冠肺炎疫情却突如其来；这一年大肆兴起的直播、短视频等新媒体为中国企业带来了巨大机会，却也使不少组织成为被社会淘汰的末位选手，并且经济全球化遭遇逆流和贸易大幅萎缩等大环境问题也时刻打击着消费者的激情和经营者的信心。

为了在这个变幻莫测、充满挑战的时代更好地生存，致力于加强多向沟通、改善多边关系的公共关系理论和实践被提高至史无前例的重要地位。

中国最先遭遇新冠肺炎病毒的袭击，在国内经济全面复苏之后如何向其他国家提供力所能及的援助，在全球疫情防控中起到领导者的作用？这便需要"国家形象公关"的指导，帮助中国向世界彰显大国的责任和担当，提高国际地位，在中美贸易摩擦相持不下的情况下争取更多国际合作。

香港修例风波让无论是香港警察还是内地公安都无辜蒙上了众多不该有

的骂名，再加上美国明尼苏达州因警察滥用武力而产生的"我不能呼吸（I can't breathe）"事件，如何扭转人们对警察队伍的印象成为一个重要议题，"国家机关公关"正是围绕此话题展开讨论的。

除了国家形象公关和国家机关公关以外，企业如何在大环境不乐观的情况下获得更多支持、不同单位如何适应新媒体的井喷式发展并将此应用于自身公共关系的处理中、各种组织如何有效进行危机管理、如何创新公共关系教育以培养出专业人才等，均是人们不得不思考的难题，也成为最令公共关系研究者着迷的研究主题。

公共关系领域的研究有着重大的实践意义。国内外前赴后继的公共关系研究者，从现实生活问题出发，运用定性定量等多种方法，不断进行公共关系理论创新和对策建立，用一次次的研究成果综合性或针对性地为国家、政府、企业等公关主体提供了关键的思想启示和方法指引。

因此，笔者站在上述时代背景下，对2019年9月至2020年9月国内外公共关系学术研究成果进行了学理化梳理，提炼了公共关系领域最新的几个理论发现，并系统地按照"国家形象公关""国家机关公关""企业形象公关""新媒体与公关""公关危机处理""公关教学创新"这几个重要议题总结了相应的研究内容、研究结论和研究启示，最后根据对研究趋势的把握和对环境变化的预测推断中国公共关系领域的未来研究方向。

一 2019～2020年公共关系学术研究整体情况概述

为了更全面地了解2019～2020年国内外公共关系学术研究的整体情况，笔者选择了被学术界广泛认同的中国知网和文献资源相当丰富的Elsevier Science Direct数据库进行文献检索，以主题词检索的方式重点检索了从2019年9月至2020年9月发表的所有与公共关系相关的学术论文。

首先关注中国国内公共关系学术研究的整体情况。笔者在中国知网上以

"公共关系"或"公关"为主题按年份进行检索，2019 年整年发表的相关文献共有 1215 篇，其中被中文核心期刊或 CSSCI 收录的共有 49 篇。2020 年 1 月至 9 月发表的相关文献共有 481 篇，被中文核心期刊或 CSSCI 收录的共有 11 篇。另外，以"公共关系"或"公关"为篇名按年份进行检索的结果有些许区别，2019 年整年共发表 551 篇，其中被中文核心期刊或 CSSCI 收录的共有 17 篇，2020 年 1 月至 9 月发表的相关文献共有 314 篇，被中文核心期刊或 CSSCI 收录的共有 7 篇（2011 年至 2020 年 9 月的对比情况详见表 1）。

表 1　2011～2020 年 9 月中国知网上"公共关系"相关期刊论文检索数量统计

单位：篇

检索词	检索条件	收录期刊	2020（1～9 月）	2019	2018	2017	2016	2015	2014	2013	2012	2011
公关或公共关系	主题	全部	481	1215	1183	1373	1076	1170	1328	1459	1339	1439
		核心期刊 & CSSCI	11	49	41	78	108	112	163	180	183	203
	篇名	全部	314	551	649	642	534	535	581	643	628	668
		核心期刊 & CSSCI	7	17	22	32	33	37	48	60	76	91

备注：核心期刊 & CSSCI 在"中国知网"中包括：SCI 来源期刊、EI 来源期刊、北大核心、CSCD、CSSCI。

数据来源：中国知网。

接着关注国外公共关系研究的整体情况。笔者在 Elsevier Science Direct 数据库中，按照"摘要、题目和关键词"对收录的相关期刊文章进行检索，发现 2019 年整年收录的与"Public Relations"相关的英文论文共 426 篇，2020 年 1 月至 9 月收录的共有 499 篇。另外，笔者在 Web of Science 数据库中对收录的相关期刊文章按篇名进行检索，2019 年整年收录在 SSCI 期刊中的篇名带有"Public Relations"的英文论文共 84 篇，2020 年 1 月至 9 月收录在 SSCI 期刊中的相关论文共有 52 篇（2011 年至 2020 年 9 月的对比情况详见表 2）。

表2　2011~2020年9月国外相关期刊"Public Relations"论文检索数量统计

单位：篇

检索词	检索条件	数据库	2020(1~9月)	2019	2018	2017	2016	2015	2014	2013	2012	2011
Public Relations	摘要、题目、关键词	Elsevier Science Direct	499	426	393	378	386	339	339	311	231	188
	题目	Web of Science，SSCI	52	84	74	54	76	70	79	77	68	72

注：Web of Science 的 SSCI 选择学科为 Social Science Interdisciplinary。

数据来源：Elsevier Science Direct 数据库，Web of Science 数据库。

纵横对比国内外公共关系研究的整体情况，不难发现数个明显特点：

（1）纵观过去9年的论文发表情况，国内论文发表数量有多次明显波动，且主要变化（见图1上部虚线）呈现下降趋势，这可能由国内相关研究热度下降或发文难度增加所导致。而国外论文发表数量总体上呈现稳步上升的趋势（见图1下部实线和虚线），尤其是2020年1月至9月的论文发表数量已超过2019年全年的发表数量，一定程度上反映出国外公共关系研究学者的研究和发表热情在持续上涨。

图1　2011~2019年国内外公共关系学术论文发表情况对比

（2）横向对比论文发表的绝对数量，国内论文发表总数远远超过国外相关论文发表总数。过去几年中，国内公共关系相关的论文数量最高可以达到国外同时段相关发表总数的 7 倍。原因推测为国内公共关系领域的学者数量相对较多，获得研究成果或完成论文发表的难度相对较小等。

（3）横向对比所发表论文的质量，选择国内外于 2019 年全年和 2020 年 1 月至 9 月发表的高质量核心期刊论文比例作为比较参数。国内的核心期刊范围是上述提及的 SCI 来源期刊、EI 来源期刊、北大核心、CSCD、CSSCI，国外的高质量期刊代表是 SSCI 期刊。对比发现，2019 年至 2020 年 1～9 月国外发表的高质量论文比例是 15%，显著高于国内的 3%（如图 2 所示），说明国外公共关系学术界更追求论文的质量而非数量，这是国内公共关系学术界需要注意和反思的一点。

（4）继续横向对比国内外研究内容可以发现，国外公共关系学者相对国内学者较多关注公共关系理论的建立或创新，而国内发表的论文相对更多针对某个公关主体的实际应用问题提出相应对策。但总的来说，除高层次、更抽象的理论创新以外，"国家形象公关""国家机关公关""企业形象公

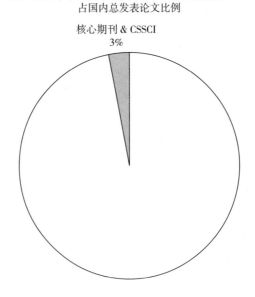

2019~2020年（1~9月）公关学术研究核心期刊及CSSCI
占国内总发表论文比例

核心期刊 & CSSCI
3%

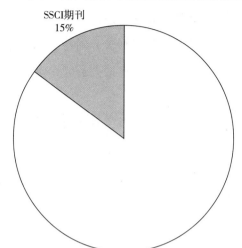

2019~2020年（1~9月）公关学术研究SSCI占国外总发表论文比例

SSCI期刊
15%

图2　2019～2020 年（1～9 月）国内外公关学术研究核心期刊 & CSSCI 论文占总发表论文数量比例对比

关”"新媒体与公关""公关危机处理""公关教学创新"是近年来国内外学者普遍关注的研究话题，因此，笔者在下文会着重介绍这几个研究细分领域在 2019～2020 年的最新研究成果。

二　公关理论研究：深入研究公关原则，指导公关传播实施

2019 年至 2020 年（1～9 月），公共关系领域学者从不同角度重新切入公共关系这一概念，创新性地在原有研究的基础上提出了数个与公共关系相关的普适性原则，这些原则不局限于某个公关主体，同时具有理论价值和实践意义。

首先，克罗地亚的 KolićStanić（2020）[1] 认为公共关系的道德问题仍然

---

[1] KolićStanić M. , "How the Theory of Information and Journalism Ethics Contributes to the Ethics of Public Relations: Six Principles from the Dialogue between Codes of Ethics and Luka Brajnović's legacy", *Church*, *Communication and Culture*, 2020, 5（1）: 36 - 62.

存在较大的研究空白，他继续深入研究该主题，通过对 13 个全球性公共关系协会的道德规范和其他相关资料进行定性研究，他高度提炼出六个道德原则作为处理公共关系的普遍性先行原则，分别是：保证信息的真实性、保证过程的透明性、保证组织的正义感、保证人员的专业性、保证人员的忠诚感和保证社会责任感。

　　除了普遍性的道德原则以外，更有学者专门针对公关传播，提出了第三人效应原则、跨学科应用原则和渠道选择原则等。Charles T. Salmon 等三位学者（2019）① 发现在设计公关传播策略时，对目标受众的不正确理解会导致公共关系从业人员反应过度或反应迟钝，因此公共关系传播设计必须考虑"第三人效应"，分别从第一人、第二人和第三人预估公关传播效果。Tim Antric 等（2019）② 反对将公关策略的实施与其他策略割裂开来，主张将公共关系与其他学科相结合，通过跨学科思考和应用，重新构思组织的公关传播策略、声誉重建方法和公关效果评估。传播渠道选择在公关传播乃至整个公共关系行为中扮演着越来越重要的角色，因此在如何选择公关传播的渠道方面，Erich J. Sommerfeldt 等学者（2019）③ 提出公关从业人员可以采用"曲目导向法"作为框架来理解当代公关工作中涉及的各种传播渠道之间的关系，并使用互补的渠道来履行不同的公共关系职能。而关于公关传播的话术策略，Damion Waymer 等（2020）④ 指出"正面悖论"概念，说明过于正面的言论有时会丧失客观性、公正性和建设性，变得空洞而难以使人信任，理解受众的内在逻辑并平衡组织的优缺点将会使得传播话语更有穿透力和说服力。

① Salmon C. T. , Poorisat T. , Kim S. , "Third-person Effect in the Context of Public Relations and Corporate Communication", *Public Relations Review*, 2019, 45（4）: 101823.

② Antric T. , McKie D. , Toledano M. , "Soul Searching: Public Relations, Reputation and Social Marketing in an Age of Interdisciplinarity", *Public Relations Review*, 2019, 45（5）: 101827.

③ Sommerfeldt E. J. , Yang A. , "Taylor M. Public Relations Channel 'Repertoires': Exploring Patterns of Channel Use in Practice", *Public Relations Review*, 2019, 45（4）: 101796.

④ Waymer D. , Heath R. L. , "Overt Yet Covert: The Paradox of the Positive Flaw in Public Relations Practice", *Public Relations Review*, 2020, 101929.

值得注意的是，最新的公关理论研究开始关注公关从业者或研究者的难处。Erich J. Sommerfeldt 和 Michael L. Kent（2020）[1] 深切理解到大多数人认为公共关系并不是一个光彩的工作，这使得公关从业者或研究者的日常生活和心理情绪受到影响，例如会被亲朋好友认定自己是个专业歪曲事实的人，因此他呼吁社会中的个人和机构重视公关从业者的心理，并提出针对性建议，例如，更多公开公关研究成果以让世人了解公共关系等。这个研究仍处于初步阶段，却反映出国外的公关研究开始从单纯探索公关效率及效果的提高，逐渐转向人性化思考。

至于中国国内的公共关系理论研究，这一年最突出的是陈先红[2]和 Chen X. 等学者[3]提出的"公共关系太极模型"和积极公共关系理论命题。从中国公共关系的污名化问题出发，多名学者深入揭示公共关系本质，运用阴阳哲学描绘了"公共关系太极模型"，进而阐述积极公关和消极公关之间动态转化的辩证关系，说明了积极的公共关系是双向选择的行动过程等道理。

三 国家形象公关：中国特色公关
谋略，疫情之下大国公关

关于国家形象的公关谋略，马志强和陈金金（2019）[4] 系统地提炼了习近平新时代中国特色社会主义公关谋略与公关传播论述，为国家形象公关策略的实施梳理了国家性准则。新时代中国特色社会主义公关谋略

① Sommerfeldt E. J. , Kent M. L. , "Public Relations as 'Dirty Work'：Disconfirmation, Cognitive Dissonance, and Emotional Labor among Public Relations Professors", *Public Relations Review*, 2020, 46（4）：101933.

② 陈先红：《中国组织——公众对话情境下的积极公共关系理论建构》，《新闻界》2020 年第 6 期。

③ Chen X. , Hung-Baesecke C. F. , Chen Y. R. , "Constructing Positive Public Relations in China：Integrating Public Relations Dimensions, Dialogic Theory of Public Relations and the Chinese Philosophical Thinking of Yin and Yang", *Public Relations Review*, 2020, 46（1）：101770.

④ 马志强、陈金金：《论习近平新时代中国特色社会主义公关谋略与公关传播思想的时代特点》，《公关世界》2019 年第 19 期。

中涉及国家形象公关的理论包括但不限于：形象塑型理论、软实力打造理论、说服与沟通理论、策划谋略理论、危机处理理论和危机监控及传播理论。

大事件天生具备巨大的影响力和关注度，因而大事件的发生总能成为国家形象塑造的契机，若能把握得当，国家公关事半功倍。2019～2020年最大的事件当属新冠肺炎疫情，这一次重大突发公共卫生事件不仅影响全国，更是使得全球多国一度停摆。在全球疫情暴发的时代背景下，陈小桃等学者（2020）[①] 建议同时从内、外两个角度进行国家形象公关，对内用正面的舆论进行疫情防控引导，塑造理性且可靠的国家形象；对外保持沟通和合作，寻求在医学、心理学、经济学等各界的合作机会，扮演好有能力、有想法、有担当的大国角色。同样马志强等学者（2020）[②] 创新性地指出，在疫情下需要围绕"四个自信"来打造国家形象，即：突出党员模范带头作用的"理论自信"、体现中国人民空前团结的"道路自信"、显示社会主义制度优越性的"制度自信"和展现中国媒体公信力的"文化自信"。

国外学者对疫情下的国家公关也有不少看法。有学者强调了公共关系在疫情时期对于医疗机构非常重要，可以在帮助医疗机构建立公信力的同时，向公众大规模传播防疫和急救指导，减轻医疗机构的救治负担。[③] 有学者（2020）提倡医院的主治医生向媒体、医院委员会、学校、教堂等组织和其他场所提供有关 COVID－19 的专家指导和健康咨询，建立医生与公众的关系。[④]

另外，有部分学者从其他角度探讨与国家形象公关有关的话题。陈先红

[①] 陈小桃、毕研韬、王芳：《为国担当，公共关系能做什么？》，《公关世界》2020年第3期。

[②] 马志强、陈金金：《从战"疫情"看"四个自信"基础上的国家公共关系》，《公关世界》2020年第5期。

[③] Elrod J. K., Fortenberry J. L., "Public Relations in Health and Medicine: Using Publicity and Other Unpaid Promotional Methods to Engage Audiences", *BMC Health Services Research*, 2020, 20 (S1).

[④] Vance M. C., Morganstein J. C., "The Doctor-Public Relationship: How Physicians Can Communicate to Foster Resilience and Promote Mental Health During COVID－19", *Journal of General Internal Medicine*, 2020.

等（2019）① 设定中国在"一带一路"建设中的角色为"全球治理倡导者"，倡导应巧用中国式哲学以构建国家形象。赵静（2020）② 反对中国国家公关一味借鉴西方公关的行为，指出中国的国家形象公关必须体现中国国情以及民族特色。邝江红（2020）③ 指出旅游外宣翻译是对外宣传国家形象的重要途径，目前国内的旅游外宣翻译存在对游客公众认知不足与公关修辞意识缺失的问题，将"传播沟通"作为出发点来改进目前的旅游外宣翻译，将大大利于国家形象的对外宣传。

四　国家机关公关：政府公关仍为重点，逐步关注警察检察

政府作为国家的行政机关承担着执行国家法律、从事国家政务等重要职能。政府公共关系帮助政府处理与协调社会各主体之间的关系，树立良好的形象以提高政府工作效率，政府公共关系一直备受关注，成为现代公共治理的重要组成部分。

付超（2020）④ 首先指出现在政府公关存在的问题有职能定位不正确、政府公共关系认知偏差、从业人员专业素养及能力不强等，并提出了优化政府公共关系的路径选择，例如"政府公共关系主体多元化"、"政府公共关系沟通现代化"和"政府公共关系人才队伍专业化"。韩培培和温明振（2020）⑤ 明确政府公共关系基本原则是政府协调各方关系的指导思想，政府公关需要遵循真实性原则、互惠互利原则、公开性原则、长远观点原则、

---

①　陈先红、秦冬雪：《公关生态论视角下的"一带一路"朋友圈战略》，《国际传播》2019年第1期。

②　赵静：《中美视角下的中国公共关系正当性研究》，《上海管理科学》2020年第4期。

③　邝江红：《公共关系学视域下旅游外宣翻译的传播沟通问题探讨》，《新闻研究导刊》2020年第10期。

④　付超：《治理现代化背景下政府公共关系问题的表现、原因及优化路径》，《领导科学》2020年第14期。

⑤　韩培培、温明振：《新时代我国政府公共关系的基本原则》，《管理观察》2020年第3期。

双向沟通原则和遵守国际惯例原则。张志海（2020）① 认为在人民的需求与期盼更加多元化的新时代，政府应加强公共关系风险防范与治理现代化，突出构建"双向互动传播"运行模式的重要性。夏硕（2019）② 指明政府公共关系必须在行政法的基本原则框架下进行，主张将行政法的基本思想融合进政府公关策略的设计中。杨旎（2019）③ 为政府构建信任设计了主客体动态交互的模型，说明政府信任的产生并不只有传达和接收的过程，更有双方不断互动的过程，并且强调政府需要从"危机公关"走向"常态公关"。

2019 年爆发的修例风波使得香港警察乃至中国公安的声誉遭到严重不良影响，2020 年美国明尼苏达州非洲裔男子因警察暴力执法死亡的事件更是引发了全球多国人民对警察队伍的声讨，因此公共关系领域的学者开始着手研究警察队伍如何构建有效的公共关系，才能树立更受公众喜爱的形象以赢取更多支持。林博川（2020）④ 分析了美国和中国香港警队的公关策略，启示中国内地警察队伍应合理合法行使执法权力，并走进人民日常生活，拉近警民距离。王明明等学者⑤通过定量研究发现引起公众对警察队伍不满的最大原因是警察的办事态度和媒体的负面报道，因此扭转警队形象的首要任务是全面提高警务人员自身素质、创新警员工作模式和正确引导各个媒体。

同时，检察机关因为常在事件中与警察机关有所联系，其公共关系也逐步引起学者关注。王磊和马静⑥一针见血地指出现在理论界与实务界对于检察机关的公共关系重视程度并不高，容易导致公众对司法的不理解和不信

---

① 张志海：《新时代政府公共关系：视域、问题与对策》，《党政论坛》2020 年第 9 期。

② 夏硕：《我国政府公共关系概览——基于行政法基本原则视角》，《区域治理》2019 年第 49 期。

③ 杨旎：《融媒体时代的政府公共关系：分析政府信任的第三条路径》，《中国行政管理》2019 年第 12 期。

④ 林博川：《警察机关公共关系形象塑造研究——以美国、中国香港为例》，《公关世界》2020 年第 15 期。

⑤ 王明明、安雨麒、常庆丰等：《新媒体时代警察公共关系状况解析及对策研究调查报告》，《财富时代》2020 年第 8 期。

⑥ 王磊、马静：《全媒体语境下检察公共关系建设研究》，《菏泽学院学报》2020 年第 4 期。

任，他们认为检察机关的公关应以主责主业为核心，以提升检察公信力为目的，以与客体对象的双向沟通为过程。

五 企业形象公关：多角度看企业公关，结合营销出谋划策

企业形象公关从来都是备受公共关系学者关注的话题，为了挖掘出更有价值的研究成果，不同学者往往会选择不一样的研究范围或角度切入企业形象公关。

一方面，有学者立足理论，从大体上探讨企业如何进行传播以塑造形象等，致力于获得更具备普遍性的结论。施佳钰等学者[①]认同企业形象公关有助于协调企业外部环境，有利于规避风险，并高度提炼了对于企业有效的公关战略：增加企业曝光度的"从无到有"，提升企业美誉度的"变废为宝"，以及保持企业生命力的"更上一层"。刘保莲[②]尖锐地指出目前中国中小企业的公关存在公共关系管理意识淡薄、公关部门的设立不明确和公关活动类型单一等问题，并提出"全民公关"概念，倡导公关活动的全方位、多角度展开。吕维霞和刘文静[③]聚焦于"一带一路"背景，分析企业在"走出去"过程中的公共关系现状，认为政治质疑、文化冲突和管理差异是阻碍企业有效公关的最主要因素，企业公关必须坚持互利共赢战略。而 Qiang Ma 等[④]创新性地提出企业在生命周期的不同阶段进行公关的目的不同：在企业创立初期，公关是为了降低信息不确定性以获得市场生存空间；在早期发展阶段，公关是为了被公众接受以获得高速增长的机会；在成熟阶段，

---

① 施佳钰、李嘉振、王征宇：《塑造企业形象的公共关系战略研究》，《现代商贸工业》2020年第29期。

② 刘保莲：《公共关系在中小企业管理中的应用现状及对策研究》，《商场现代化》2020年第2期。

③ 吕维霞、刘文静：《"一带一路"背景下企业"走出去"公关战略与公关策略研究》，《公关世界》2020年第4期。

④ Ma Q., Li X., Chaudhry P. E., et al. "Public Relations and Legitimacy: A Study of New Ventures on the Corporate Life Cycle", *Systems Research and Behavioral Science*, 2020, 37（4）：699－710.

企业公关更多是为了巩固企业文化、塑造有社会责任感的企业形象。

另一方面，有学者专门关注特定企业性质或特定行业的企业公关情况，通过对某类企业或某个行业的深入剖析以得到具有针对性的理论指引和实践指导。对于国有企业，蔡洁（2019）[1] 认为目前最关键的是积极响应节能减排、精准扶贫、疫情防控等国家号召，通过坚守社会承诺、承担社会责任来扭转形象，获得良好口碑。对于多元背景的跨国公司，Citra Ayu Puspita[2] 则把文化提升到重要地位，提出理解文化、适应文化、尊重各地股东和雇员的文化习惯是公关策略的核心。在特定行业上，殷琪蒙[3]基于 2020 年新冠肺炎疫情暴发的背景，以麦当劳、老乡鸡和吉野家作为切入点，重点研究餐饮行业的公共关系情况，详尽地分析了麦当劳含蓄式的内部公关，老乡鸡情感化的体验公关，以及吉野家紧跟时事的事件公关，启示中国餐饮业应保持与顾客的情感联结和多开拓新方式进行公关。Albert Anani-Bossman 等[4]关注的则是金融行业，通过定性研究说明该类企业在人员培训中切忌重专业技能而忽视人际沟通能力。

值得一提的是，近年来将企业形象公关与企业营销结合起来的研究逐渐增加，通过分析公关与营销中品牌管理、社会营销等的相互影响关系，为企业提供更全面有效的公关对策。在品牌管理方面，Young Joon Lim 和 Jennifer Lemanski[5] 共同发现 logo 作为品牌的重要标识会影响公共关系的效果，特别是

① 蔡洁：《公共关系视域下国有企业社会责任的新型表现方式及特征分析》，《中国外资》2019 年第 22 期。
② Puspita C. A. ，"The Public Relations Function of Multicultural Communication in Transnational Corporations"，*Journal of Innovation and Social Science Research*，2020，7（4）：23 – 29.
③ 殷琪蒙：《积极公关视角下突发公共事件的互动、合意与共情——基于麦当劳、老乡鸡、吉野家三家快餐连锁企业公众号的分析》，《中小企业管理与科技（上旬刊）》2020 年第 7 期。
④ Anani-Bossman A. ，Mudzanani T. E. ，"Towards a Framework for Public Relations Practice in the Financial Services Sector of Ghana"，*Corporate Communications An International Journal*，2020，25（3）：533 – 550.
⑤ Lim Y. J. ，Lemanski J. ，"The Psychological Effectiveness of Logos for Public Relations Performance：A Hispanic Student-level Marketing Approach"，*Journal of Cultural Marketing Strategy*，2019，4（1）：42 – 54.

会影响企业声誉的建立。同时，*Le Dang Lang* 等学者①仔细研究了"赞助"作为公共关系的一个重要手段是如何影响品牌资产构建的，证明了对于软饮料行业，"赞助"这一公关行为只能正向影响品牌资产中的品牌忠诚，而无法对品牌联想产生影响。在社会营销方面，刘茵②以支付宝蚂蚁森林的新型微公益为案例，阐述了微公益可以鼓励公众参与，进而促进企业优质公关形象的树立。蔡洁③认为兼顾传播性和参与性的社会营销能提高公关效果。

六　新媒体与公关：一并带来机会，
挑战不同主体不同影响

在进入新媒体时代之后，令人眼花缭乱的媒体传播方式给公关界带来了前所未有的机遇与挑战。关于机会，王昀④欣慰地发现新媒体已不仅是传播工具，更成为公关人士用以深入了解公众动向的有效渠道，对各类媒体上用户生成内容的实时监测能大大提高公关策略的精准度。而至于挑战，Dahai Hu⑤犀利地指出新媒体时代给公关带来的最主要挑战是媒体资源的优化和管理难，对专业媒体运营知识的要求高，以及传播信息的过度碎片化。

学者密切关注新媒体的爆发对不同公关主体的具体影响。首先关于政府，苗俊玲和崔紫君⑥认为新媒体的发展使得政府信息更加透明，为民众监督政府提供了便利，进而利于政府拉近和公众的距离，打破了传统的"官

---

①　Lang L. D. , Buu L. T. , Hien N. V. , "The Role of Sponsorship and Public Relations in Brand Equity Creation：An Exploratory of Vietnamese Consumers Perception of Soft Drinks", *Journal of Food Products Marketing*, 2020, 26（6）：385-400.

②　刘茵：《浅谈公共关系视域下企业微公益营销》，《发展》2020 年第 3 期。

③　蔡洁：《公共关系视域下国有企业社会责任的新型表现方式及特征分析》，《中国外资》2019 年第 22 期。

④　王昀：《游离在传统与转型之间：公共关系的社交媒体实践及其新闻业想象》，《新闻与传播评论》2019 年第 6 期。

⑤　Hu D. , "On the Communication of Public Relations in the New Media Environment", *International Journal of Education and Management*, 2020, 5（2）：202-204.

⑥　苗俊玲、崔紫君：《新媒体时代政府公共关系能力提升研究》，《湖南行政学院学报》2020 年第 4 期。

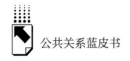

本位"思想。童佩珊和卢海阳①提出新媒体时代对于政府而言存在较大挑战,因此建立合法有序的互联网平台和完善网络治理体系至关重要。肖潇②则发现曾经代表二次元圈层文化的哔哩哔哩网站已经成为政务新媒体的又一传播平台,为政治信息摆脱了死板烦闷的刻板印象。

至于警察队伍和检察机关,学者提出了众多应用性强的新媒体公关对策。林博川③认为警察可以通过在微博、抖音等上传原创情景短剧来拉近警民距离。Seth Wyatt Fallik 连同几位学者④提出 Facebook、Instagram、Snapchat、Twitter、WhatsApp 和 YouTube 等各类媒体已经成为公众了解犯罪和获得时事消息的重要途径,也是公众对警察队伍进行监督的主要渠道,成为"重要的公共空间"。Mark A. Wood⑤ 则建议警队采用幽默和可爱的内容来提升社交媒体的参与度。王磊和马静⑥认可《人民的名义》这类电视剧,并认为检察机关要在重视传统媒体的同时,通过建立官方微博、微信公众号等方式向新媒体倾注力量。

新媒体下的企业形象公关也有新的变化。在理论方面,Viola Gjylbegaj⑦通过定性和定量研究证明了社交媒体已经成为推动阿联酋内企业公关应对外部环境的主要催化剂。有学者⑧强调跨国公司因其活动丰富且复杂,尤其需

① 童佩珊、卢海阳:《互联网使用是否给政府公共关系带来挑战?——基于政府绩效评价和非制度化参与视角》,《公共管理与政策评论》2020 年第 4 期。
② 肖潇:《政府公共关系视角下 B 站政务号的传播策略分析》,《文化产业》2020 年第 14 期。
③ 林博川:《警察机关公共关系形象塑造研究——以美国、中国香港为例》,《公关世界》2020 年第 15 期。
④ Fallik S. W., Deuchar R., Crichlow V. J., et al., "Policing through Social Media: A Qualitative Exploration", *International Journal of Police Science & Management*, 2020 (2).
⑤ Wood M. A., "Policing's 'Meme Strategy': Understanding the Rise of Police Social Media Engagement Work", *Current Issues in Criminal Justice*, 2020, 32 (1): 40 – 58.
⑥ 王磊、马静:《全媒体语境下检察公共关系建设研究》,《菏泽学院学报》2020 年第 4 期。
⑦ Gjylbegaj V., "Role and Influence of Social Media on the PR Industry: Uses and Opportunities in UAE", *Media Watch*, 2020, 11 (2): 356 – 362.
⑧ Mweshi G., Sakyi K., Musona D., "A Reflective Essay on What Public Relations Is: Its Role in Strategic Communication Management in Organizations and MNCs", *Science Journal of Business and Management*, 2020, 8 (3): 106 – 111.

要利用社交媒体进行公关传播。而 Mukhtar El-Kasim[1] 针对新媒体时代的企业公关，提出并验证了一种在线互动模型，剖析了公关人员通过社交媒体进行双向平衡交流的过程。在关注实际应用方面，陈娟玲[2]建议企业在新媒体时代实施"SOS"公关战略，这来自 Social、Organic 和 Shared，即共创、共生和共享，在该战略指导下，企业公关实现与利益相关者的内容共创，进而建立共生关系，打造与公众价值共享的品牌。Erich J. Sommerfeldt 等学者[3]关注具体的社交媒体应用，建议企业在 Facebook 和 Twitter 等社交媒体中鼓励分享、建立社区、营造话题，以促进更紧密的交流。

此外，新媒体和公关这一领域的研究还有很多。Aimei Yang 和 Adam J. Saffer[4] 清晰地点明新媒体时代的交互性，进而认为公共关系的价值论、本体论和认识论应结合网络视角，避免孤立而注重互动。Gisela Gonçalves[5] 在疫情背景下指出医院等医疗机构的社交媒体公关不应只停留在创建社交媒体账号上，组建专业运营团队以提高内容发布频率和评论互动频率是最关键的。

七　公关危机处理：针对主体深入研究，社交公关渐成热点

面临公关危机时，组织的不作为或乱作为会导致局面一发不可收拾，而科学的对策和有效的执行往往能在最大限度上将损失降到最小，甚至转危为机。因此，公关危机处理也一直是公关学者研究的重要阵地。理论方面，

[1]　El-Kasim M.，"Nigerian Public Relations Practitioners' Use of Social Media：Validation of an Online Interactivity Model Applying Structural Equation Modeling"，*Media Watch*，2020，11（2）：337 – 347.

[2]　陈娟玲：《社会化媒体环境下企业公共关系之创新》，《新闻战线》2020 年第 5 期。

[3]　Sommerfeldt E. J.，Yang A.，Taylor M.，"Public Relations Channel 'Repertoires'：Exploring Patterns of Channel Use in Practice"，*Public Relations Review*，2019，45（4）：101796.

[4]　Yang A.，Saffer A. J.，"Embracing a Network Perspective in the Network Society：The Dawn of a New Paradigm in Strategic Public Relations"，*Public Relations Review*，2019，45（4）：101843.

[5]　Gonçalves G.，"Are Hospitals Our Friends? An Exploratory Study on the Role of Facebook in Hospital Organizations' Dialogic Communication"，*Health Marketing Quarterly*，2020，37（3）：265 – 279.

John A. Parnell 等①在 2020 年又一次将西蒙的行为经济学与公关危机结合，为学者和实践者提供了有关危机决策过程的更深入的见解，并详细地解释了公关危机处理中的"低于理性"的决策情况。

学者一直以来深入研究的公关主体主要是国家、政府和企业。王正②从公关危机的角度对疫情背景下的国家公关进行了思考，认为在出现这类重大卫生突发事件时，国家对内的正面引导、客观报道和积极疏导比对外进行公关传播更为重要。Mitko Dimitrov 和 Alexander Yankov③ 基于国家安全危机，强调国家安全部门应通过日常主动与公众沟通、在媒体上发布消息的方法预防"恐怖袭击"或"分裂暴动"等危机事件的出现。陈友林④建议政府构建与多元社会力量的合作机制，充分调动社会力量及资源共同治理危机，并认同了捐款以及捐物在危机处理时的有效性。Liang Ma⑤ 启示企业日常应致力于建立品牌信任，在遭遇产品或服务危机时应主动揽上所有责任，将道歉与对产品或服务故障的补偿相结合，避免消费者采取报复性行为。Yang Cheng 等学者⑥则以企业的虐童丑闻危机为切入点，归纳了四种典型的、可混合使用的企业公关危机处理策略：协调策略、转型策略、框架策略和生成策略。

此外，危机公关主体的日趋多元化是最近几年的研究趋势，出现的新主

① Parnell J. A., Crandall W. R., "The Contribution of Behavioral Economics to Crisis Management Decision-making", *Journal of Management & Organization*, 2020, 26 (4): 585–600.
② 王正：《关于疫情背景公共关系危机应对的几点思考》，《公关世界》2020 年第 6 期。
③ Dimitrov M., Yankov A., "Public Relations – A Key Aspect in Countering Terrorism", International Conference Knowledge-based Organization, 2020, 26 (1): 49–52.
④ 陈友林：《公共危机视角下的地方政府公共关系》，《区域治理》2019 年第 46 期。
⑤ Ma L., "When Love becomes Hate: How Different Consumer-brand Relationships Interact with Crises to Influence Consumers' Reactions", *Corporate Communications: An International Journal*, 2020, ahead-of-print.
⑥ Cheng Y., Shen H., Jiang Q., "Corporate Dialogue in Crises of China: Examining Dialogic Strategies and Communicative Outcomes in a Child Abuse Scandal", *Public Relations Review*, 2020, 46 (1): 101816.

体主要有警察队伍、学校、体育组织等。曾贞①建议警察队伍保持与媒体的信息畅通，加强多警种多部门的合作，建立危机处理治理体系。牛国林②强调高校应建立健全危机公关机制，尤其应强化新媒体时代新思维。刘国华等③认为体育公关危机应遵循速度第一原则，同样需要重视媒体的作用，做好日常的舆情监测和预警工作。Kevin Hull 等④则建议在公共危机处理时，体育组织的传播内容应兼顾客观性、正面性和专业性。

社交媒体因其应用范围广、传播速度快等特点，在危机公关上的应用逐渐成为近年来学者讨论的热点。Alessandro Lovari 等建议各个公关主体为社交媒体上的危机公关注入更多资源，通过在 Twitter 等发布更公正、更道德、更平等的信息来平息危机期间的谣言或错误信息。⑤ 也有学者立足于 Facebook 的特征，为遭遇危机的组织设计了一个涵盖信息结构、信息主体和话术设计的三层级传播模型，为危机时的沟通策略制定提供准确指导。⑥ 两位韩国学者 Li 和 Kim 通过实证方法证明了企业在利用社交网络服务（SNS）进行危机公关传播时采取"接受式信息策略"，一般会比采取"防御式信息策略"的效果更好。⑦

---

① 曾贞：《全媒体时代下警察公共关系危机处理及应对策略研究》，《法制博览》2020 年第 25 期。

② 牛国林：《危机公关：高职院校不容忽视的现实课题》，《辽宁高职学报》2020 年第 6 期。

③ 刘国华、周婷、蔡建雯：《中美体育赛事危机公关策略比较研究》，《上海管理科学》2020 年第 4 期。

④ Hull K. , Wilson B. , "Journalism or Public Relations? Coverage of Sports Teams in High School Journalism Programs", *Journal of Sports Media*, 2020, 15（1）: 29 - 50.

⑤ Lovari A. , Bowen S. A. , "Social Media in Disaster Communication: A Case Study of Strategies, Barriers, and Ethical Implications", *Journal of Public Affairs*, 2020, 20（1）: 1 - 9.

⑥ Liu W. , Xu W. W. , Tsai J. J. , "Developing a Multi-level Organization-public Dialogic Communication Framework to Assess Social Media-mediated Disaster Communication and Engagement Outcomes", *Public Relations Review*, 2020, 46（4）: 101949.

⑦ Li X. , Kim J. K. , "Study on Crisis Conflict Culture Communication: Focusing on Information Specificity in SNS", *The Journal of the Convergence on Culture Technology*, 2020, 6（2）: 251 - 256.

八 公关教学创新：主张融入思想精华，教学方法趋向多元

无论对于哪个公关主体而言，专业的公关团队与公关策略的成功总是密不可分的，因此学者在公共关系教学创新方面倾注了大量的研究精力，致力于指导公关教学的持续改进和创新，以提高公关教育质量，培育出更多专业性强的公关人才。国外学者 Shana Meganck 等提炼了专业性公关人才最常要求具备的技能，包括软技能中的沟通能力、组织能力、领导能力和团队合作能力，以及硬技能中的办公软件操作技能、数字媒体运营技能、写作技能和设计技能，为公关教学提供了明确的培养方向。[①]

融入思想精华以丰富公共关系内涵是公关教学创新的一个关键趋势。王海燕[②]主张将马克思主义的立场观点和方法融入公关教学中，提高课程的思想高度，切合时代要求。马乂琳和许雅玺[③]认同将社会主义核心价值观等思政元素与公共关系教学结合，让公关教育适应和体现新时代课程建设的内在要求。黎敏（2020）[④]重视创新创业这一前沿的思想精华，提出把创新创业教育理念融入《公共关系学》课程中，提升学生的实践能力。

教学方法多元化是公关教学创新的又一重要特征。张方敏[⑤]认为"任务驱动 + 情景模拟"教学法对于提高公关教学质量很有效。宋晨枫[⑥]提倡抛

① Meganck S., Smith J., Guidry J. P. D., "The Skills Required for Entry-level Public Relations: An Analysis of Skills Required in 1000 PR Job Ads", *Public Relations Review*, 2020, 46 (5): 101973.

② 王海燕：《课程思政融入应用型课程教学研究——以"旅游公共关系"为例》，《喀什大学学报》2020 年第 4 期。

③ 马乂琳、许雅玺：《公共关系学课程思政教学探索》，《公关世界》2020 年第 16 期。

④ 黎敏：《创新创业教育融入〈公共关系学〉课程教学改革的实践探索》，《高教学刊》2020 年第 28 期。

⑤ 张方敏：《"任务驱动 + 情景模拟"教学法在"公共关系学"课程教学中的应用》，《科技创业月刊》2020 年第 4 期。

⑥ 宋晨枫：《内涵式发展背景下"抛锚教学"在电大课程教学中的应用探索——以〈政府公共关系〉课程为例》，《创新创业理论研究与实践》2020 年第 8 期。

锚式教学法应被引进公关课堂。刘桂玉和罗拥华[①]提出了"任务驱动法"、"项目教学法"和"角色扮演法"等多个对创新公关教学有关键作用的教学方法。胡仁春[②]的"迁移教学法"顺应了公共关系跨学科的特征，主张公关教学应纳入传播学、市场营销学等专业课程知识。张慧等学者[③④]建议公关教学采用PBGS教学模式，即"团队任务法"来推进，其中"任务"可以是书籍阅读、科研训练、学术沙龙、企业实习、社会调查、活动策划或专业比赛等，以培养学生的团队意识并提高学生解决问题的能力。

另外，关于公共关系课程的授课方式，王焱[⑤]认为公关教学应充分利用多媒体教学工具，打造沉浸式的教学体验。李雪峰等学者[⑥]提议公共关系教育可以在线下专门的公关实验室中进行，实验室内包括虚拟演播室、策划实训室和公关礼仪室等，打造多维度的教学环境。Paula L. Weissman等三位学者[⑦]认为公共关系课程不应局限于线下教学的传统模式，可以通过线上教学完成。谭昆智[⑧]认同公关教学的线上模式，特别是疫情期间线上公关教学逐渐成熟，已凸显出明显优势。胡仁春[⑨]则推崇线上和线下相结合的"混合式教学模式"，其中强调线上教育重视知识传授，而线下教学突出情景互动。

---

① 刘桂玉、罗拥华：《多元教学法在公共关系学课程教学中的应用》，《西部素质教育》2020年第14期。

② 胡仁春：《公共关系学课程深度学习模式的实践与研究》，《新闻世界》2019年第12期。

③ 张慧：《基于行动导向和综合素质培养为目标的〈公共关系学〉课程改革研究》，《当代教育实践与教学研究》2020年第5期。

④ 肖玉琴：《新时代公共关系学专业人才培养探索与实践——以能力需求导向的PBGS模式为例》，《公关世界》2020年第2期。

⑤ 王焱：《如何利用多媒体提高高校公共关系课教学效果》，《中国多媒体与网络教学学报（上旬刊）》2020年第4期。

⑥ 李雪峰、何娜、卓俊：《公共关系专业实践教学内容与方法改革探索——基于内蒙古财经大学公共关系实验室》，《公关世界》2020年第15期。

⑦ Weissman P L., Puglisi G., Bernardini D., et al., "Disruption in PR Education: Online Master's Degree Programs in Public Relations and Strategic Communication", *Journalism & Mass Communication Educator*, 2019, 74: 371-387.

⑧ 谭昆智：《雄关漫道真如铁 而今迈步从头越——记中山大学公共关系学专业的延伸发展》，《公关世界》2020年第5期。

⑨ 胡仁春：《公共关系学课程深度学习模式的实践与研究》，《新闻世界》2019年第12期。

九 未来研究展望

2019～2020年的公共关系研究成果彰显出公关学者们对理论的扎实掌握和对实践的深入理解，有着重大的理论价值和实践意义。

这一年来对公共关系理论的研究主要聚焦在公关原则的归纳上，以及致力于通过理论创新指导公关传播实施。随着习近平新时代中国特色社会主义思想的提出，中国特色公关策略成为国家形象公关的重点，再加上2020年新冠肺炎疫情和中美贸易摩擦等的影响，大国公关被提高至前所未有的重要地位。政府公关仍然是国家机关公关领域的重中之重，但2020年学术界对警察队伍公关和检察机关公关的关注度有了明显提升。企业形象公关方面，有的学者进行综合性研究，有的则针对某一类型的企业或行业进行特定的探讨，与企业营销的结合是近年的一大研究热点。在瞬息万变的新媒体时代下，公关学界着手研究新媒体给各公关主体带来的机遇与挑战。公关危机也是长期以来的重要议题，学者为不同公关主体提出了深刻的建议，而社交媒体对于公关危机处理的关键作用也正日益凸显。学者们更是非常关注公关人才的培养，对公关教学的创新贡献出了不少宝贵计策。

总的来说，与国外文献相比，国内文献的数量更多，主题也更丰富，基本上公共关系的各种角度都会是学者们感兴趣的研究领域。但梳理了大量学术论文后却发现，国内文章存在数个问题：一是研究深度不足，大部分研究只停留在对现象的浅层分析上，过度追求雨露均沾，反倒略显平庸；二是研究创意不够，有很多文章仅仅是对前人研究的细小修正，较少能大刀阔斧地进行理论创新或针对现象提出极具创造性的观点；三是文章结构单一，针对公共关系应用现状，利用近乎相等的篇幅分析存在的问题、产生的原因和应对的策略是绝大多数国内论文的行文方式，整齐的结构虽更有逻辑，但也难免会使得文章存在特色缺失、重点不突出等不足。因此，笔者认为国内论文的质量仍有待提高。

未来几年，全球环境变化将越来越剧烈，新冠疫情何时平息、中美双方何时言和、全球经济何时摆脱严冬、新媒体未来如何发展等，这一个个没有确切答案的问题无疑都在给公共关系学界出难题。笔者大胆预测，公关学者未来的研究方向包括但不限于以下几个：一是大国形象的推广，着力提高中国在全球范围的认可度；二是城市品牌的塑造，目的是让国人心甘情愿留在国内消费和享受；三是国产大牌的孵化，致力于通过有效的公共关系打造有强大且有持久品牌影响力的国产品牌；四是新式媒体的运用，在现有研究的基础上继续深挖短视频、直播甚至更新的新媒体传播方式在公共关系上的应用；五是课程改革的深化，吸取西方先进教学经验的同时适应中国国情，不断对公关课程进行创新，指导国内创办一流的公共关系专业。笔者将保持对公关学界研究成果的关注，期待着有更多高质量的公共关系学术文章涌现，能对现实中的公关实践起到切切实实的指导作用。

Abstract

When the battle for poverty alleviation in China is fully won, the China Public Relations Association and the Institute of Media and Public Affairs of Communication University of China jointly launched the *Annual Report on the Development of China's Public Relations Development* (*2020*): *Poverty Alleviation Public Relations*, summarizing China's successful experience in poverty alleviation, sorting out the theoretical research and practical activities related to public relations in the decisive battle against poverty. The book is composed of eight parts, which are General Report, Theme Report, Theories, Special Projects, Regional Reports, Communication, Cases and Appendix.

The general report "Reports on Developments of China's Public Relations 2019 – 2020" summarizes the achievements of public relations development throughout the year, and looks forward to the future. The theme report *Report on Public Relations Development in China's Poverty Alleviation* 2018 – 2020 focuses on the development trajectory of public relations in the field of poverty alleviation since the decisive battle, and studies and explores the international communication paths and methods of poverty alleviation.

The sub-reports were written by well-known experts and scholars in the field of public relations and poverty alleviation work across the country and leaders of relevant government departments. The research was carried out from five dimensions: Theories, Special Projects, Regional Reports, Communication and Cases, involving poverty alleviation public relations and studying in depth the theoretical system of General Secretary Xi Jinping's important discussion on poverty alleviation, and discussing in depth the public relations theory of China's decisive battle against poverty, education poverty alleviation, health poverty alleviation, public welfare poverty alleviation, cultural poverty alleviation, and important issues such as the international dissemination and influence of Chinese experience, women's cause and public opinion risk and guidance in the field of poverty alleviation. At the same time, it also conducts empirical research on the typical local poverty alleviation practices, as well as the industrial poverty alleviation carried out by central enterprises, the demonstration effect of poverty alleviation awards, and the phenomenon of celebrities' online live broadcast of goods.

This book starts from the perspective of public relations for poverty alleviation, and by examining China's public relations work in the context of China's poverty alleviation, summarizes the characteristics and laws of public relations development in the new era, and better serves public relations in national governance, image shaping, economic development, and provides ideas and references for business operations and other aspects.

Keywords: Poverty Alleviation; Public Relations; China's Poverty Alleviation Experience

Contents

I   General Report

Abstract: The year 2020 witnessed the profound changes in the domestic and international situation. Against this background, the connotation and denotation of China's public relations expanded continuously, and played an unprecedentedly important role in shaping China's image, strengthening international exchanges, improving governance capabilities, handling public crises, promoting the market economy, and improving social harmony. Both theory and practice have achieved fruitful results. It is foreseeable that future public relations will enter the fast lane of accelerated development. The strategic position of international public relations with Chinese characteristics will be further highlighted in response to the international situation affected by the COVID −19 and the adjustment of major power leadership. And based on the requirements of governance system and governance capacity modernization in the omnimedia era, the transformation and improvement of the institutional mechanism of government public relations will be accelerated. With the new development pattern of taking the domestic big cycle as the main body while promoting each other between domestic and international double cycles, corporate public relations should pay more attention to the planning ability and continuous progress in good faith and strategic public relations. This paper reviews the development of China's public relations in 2020 from four aspects: national image, government, enterprise and public relations industry construction, and predicts the prospect of China's public relations development.

Keywords: Public Relations; National Image; Government Public Relations; Crisis Public Relations

Ⅱ   Theme Report

B. 2   The Research Report of Public Relations in China's Poverty

Alleviation 2018 −2020 (journalism and communication part)

Li Hongyan, Wang Yanan and Yang Wenxin / 026

Abstract: In 2017, the 19th National Congress of the Communist Party of China carried out the overall deployment of poverty alleviation. President Xi Jinping attended the meeting and delivered an important speech to comprehensively promote the strategy of rural revitalization from the historical dimension and the overall perspective. Whether traditional mainstream media, newspapers and television, or emerging media, Weibo, WeChat, and other mobile clients, media should bring their advantages into full play in telling the story of poverty alleviation and spread the experience of it, highlighting the role and function of the media. From 2018 to 2020, with the continuous progress of poverty alleviation projects, the academic research on 'poverty alleviation reports' has also emerged. According to the research trends and hotspots in the three year, this paper analyses seven topics of poverty alleviation report framework theory research, poverty alleviation report topic selection, poverty alleviation report narrative, poverty alleviation report and media, poverty alleviation report agenda setting, poverty alleviation report workers, and poverty alleviation report public opinion and mobilization, trying to discover the diversified relationship between media and the grand cause, and discuss its relationship

with social development trend and public relations.

Keywords: Poverty Alleviation; Public Relations; Poverty Alleviation Narrative; Media

Ⅲ Theories

B. 3 Study on Important Remarks about Poverty Alleviation by Xi Jinping General Secretary of the CPC Central Committee

Yan Lianfu / 042

Abstract: Poverty governance is an important issue of national governance. Since the 18th National Congress of the Communist Party of China, in order to thoroughly solve the poverty problem that has plagued the Chinese nation for thousands of years, President Xi Jinping has actively planned and deployed the cause of poverty alleviation in the new era from the strategic perspective of governing the country. President Xi has summarized and answered the major issue of how to promote poverty alleviation with Chinese characteristics in the new era from the eight aspects of political guarantee, fundamental position, scientific methods, financial support, work pattern, endogenous motivation, poverty alleviation quality and global poverty reduction both in theory and practice, and created a unique theoretical system of poverty alleviation with Chinese characteristics. The system not only guides China's poverty alleviation work to achieve great success, but also has significance for global poverty governance.

Keywords: Xi Jinping; Poverty Alleviation; Poverty Governance

B. 4 Review on the Theory of Public Relations in China's Poverty Alleviation

Guo Hongshui, Wang Dongan and Shi Yaju / 064

Abstract: 2020 is the key year for building up a well-off society in an all-round way. China's achievement on poverty alleviation has attracted worldwide attention. The research on public relations of poverty alleviation has important theoretical and practical significance. Summing up relevant literature, the study found that the academic circles have carried out relevant research from the perspectives of 'subject perspective of poverty alleviation public relations', 'object perspective', 'practical experience' and 'characteristics and laws of poverty alleviation public relations.' The existing research is rich in content, and the cases involved are vivid and specific, promoting China's targeted poverty alleviation. It has disseminated the responsibility and achievements of Chinese governments, organizations and managers at all levels in poverty alleviation to the world, demonstrated the good image of the Chinese government, constructed the public image and discourse system corresponding to China's development achievements, and deepened the understanding and support of domestic and foreign people for China's poverty alleviation, creating a favorable public opinion environment for China's further deepening reform and opening up. Some problems do exist, however. First, further research on the four confidences of socialism with Chinese characteristics based on the cause of poverty alleviation is less in quantity. Second, it is necessary to strengthen the research on public relations theory in the context of COVID -19. In future research, it is necessary to prevent the facts from being masked by the value in study of public relations theory in poverty alleviation, and adhere to the principle of 'eliminating the false and retaining the true, telling the truth and reporting real deeds' to tell the Chinese story well. And new research should also be related to political identity.

Keywords: Poverty Alleviation; Public Relations; Image of China; Political Identity

IV Special Projects

Abstract: 2020 is a decisive year in the fight against poverty, and our

country will build moderately prosperous society. Poverty relief effort through education has achieved decisive achievements as a fundamental measure to block the intergenerational transmission of poverty. Among them, public relations for poverty relief effort through education is an important starting point, creating a good atmosphere of public opinion for the work of poverty alleviation. This paper conducts research from four aspects: the media and paths in China's poverty relief effort through education, the characteristics and experience of media communication in China's poverty relief effort through education, typical cases of media communication in China's poverty relief effort through education, and the countermeasures to improve the effect of poverty relief effort through education in the post-poverty era. It also covers all the important role played by the media in the process of promoting poverty relief effort through education in China and the successful experience gained to put forward countermeasures and suggestions for further exerting the important role of the media in the "post-poverty alleviation era".

Keywords: Poverty Relief Effort through Education; Public Relations; Communication Media; Communication Path

B. 6　Research on Government Public Communication Strategies and Path Optimization from the Perspective of Poverty Relief Effort through Health

Liu Zhefeng, Cheng Yi, Lu Xinyin, Zhang Tongxin and Yang Jinying / 098

Abstract: Government public communication is an important way for the government to establish public relations in the information society. As the makers and executors of poverty relief effort through health, the government can create a good public opinion atmosphere for poverty relief effort through health through public communication. This paper explores the government public communication from the perspective of poverty relief effort through health, and conducts demand analysis and strategic analysis of government public communication in poverty relief effort through health. It points out that the government should pay attention to the promotion of information dissemination from propaganda to communication, and promote the increase of government credibility through non-power administration; Use the carrier construction of new government media to strengthen the government communication matrix and other three ways to improve the public communication capacity of poverty relief effort through health.

Keywords: Poverty Relief Effort through Health; Government; Public Communication; Public Relations

B. 7   Report on Public Relations Development in China's Poverty
        Relief Effort through Public Welfare 2020:
        —*Research on the Construction of Public Relations for*
        Social Organizations to Participate in Poverty Alleviation

Abstract: Poverty alleviation is a systematic people's livelihood project, and building good public relations is the basis for gathering poverty alleviation forces and coordinating and advancing poverty alleviation projects. This paper studies the construction of public relations involving social organizations in poverty alleviation, including the three levels of "coordination", "integration" and "service" relationships with the public sectors, enterprise organizations, and the public. It also analyzes the problems that social organizations and the government, enterprises and the public also have ways of cooperation to be optimized, areas of cooperation to be expanded, cooperation projects to be standardized, and cooperation publicity to be strengthened; proposed to optimize partnerships, strengthen public welfare missions, adhere to intensive cultivation, and innovate cooperation models to achieve the goals of precise cooperation, empowerment cooperation, brand cooperation, and cross-border cooperation, and play a greater role in promoting the effective connection of poverty alleviation and rural

公共关系蓝皮书

vitalization.

Keywords: Social Organization; Poverty Alleviation; Public Relations

B. 8　Report on Development of China's Public Relations of Cultural Poverty Alleviation (2020):

—*Promoting Poverty Alleviation by Intangible Cultural Heritage Poverty Alleviation Employment Workshop*

Liu Xiaoshan / 122

Abstract: 2020 is a year of decisive victory in building a moderately prosperous society in all respects and eliminating poverty. Playing an important role in targeted poverty reduction, the Intangible Cultural Heritage Poverty Alleviation Employment Workshop not only achieves creative evolution and development of intangible cultural heritage in former revolutionary base areas, areas inhabited by ethnic groups, remote and border areas and poverty-stricken areas, but also paves new way for Chinese cultural-aid cause, which demonstrates the hardworking and intelligent working people's unswerving spirit towards a well-off life. This paper points out that the development of intangible cultural heritage poverty alleviation employment workshops in China is both a requirement and a demand. Among them, the government attaching great importance is the guarantee; cultivating distinctive brands is the goal; cultivating leaders is the fundamental; telling the story of poverty alleviation is the focus; expanding sales channels is the key; and extensive publicity and guidance is support. At the same time, it analyzes and summarizes the current three leading development models of intangible cultural heritage employment workshops in China by the government, enterprises, and individuals, and then proposes suggestions for optimizing top-level design, innovative development thinking, focusing on industrial linkages, strengthening market development and talent construction to promote intangible cultural heritage countermeasures and the high-quality development of poverty alleviation employment workshops.

Keywords: Intangible Cultural Heritage Poverty Alleviation; Employment Workshop; Targeted Poverty Reduction; Public Relations

B. 9 Report on Development of China's Public Relations of Chinese Women's Cause and Poverty Reduction (2020):

—*the Role of Women in China's Fight against Poverty*

Cao Li, Xu Xiaojing / 140

Abstract: Women are not only the main targets of poverty alleviation, but also an important force in reducing poverty. To lift women in impoverished area out of poverty is the key to win the battle against poverty and achieve sustainable poverty eradication, because it concerns the live and development of women, the transfer of poverty across generations, harmony and happiness of the family, and the overall poverty alleviation process. In the practice of shaking off poverty, women have held up half the sky as the new force in the poverty alleviation industry and the main force in the poverty alleviation workshop. However, women still faces problems such as gender discrimination, insufficient education, lack of female statistics and special policy support when overcoming poverty. Therefore, it is necessary to construct a harmonious and inclusive society to eliminate discrimination and prejudice against women; guarantee women's basic medical care and health services to solve the problem of women being poor and returning to poverty due to illness; provide women with equal and high-quality education to ensure that women have equal employment opportunities; establish along-term and stable mechanism for women's poverty alleviation to prevent them from falling back into poverty; mobilize women to devote themselves to rural revitalization in the new era.

Keywords: Women's Poverty Alleviation; Intergenerational Transmission; Role of Womenfolk; Public Relations

V   Regional Reports

Abstract: The Red Spirit is the revolutionary spirit of the Communist Party of China with patriotism as the core and communism as the goal. It mainly includes the Jinggangshan spirit, the Long March spirit, and the Yan'an spirit that have gradually formed in various periods of the Chinese revolution. The fight against poverty is a historic project, a solemn promise made by the Communist Party of China to the people, and a great cause of significance to the Chinese nation and mankind. Carry forward the red spirit to shake off poverty is implementing the requirements of effectively promote the propagation force, guidance, influence, and credibility of the party's media public opinion. The red spirit is fully integrated in the propaganda of poverty alleviation, and strategic public opinion work is prominently manifested in four aspects: firstly, choosing the new mode of thinking of Internet Plus Publicity to improve the propagation force of public opinion; secondly, using the directness of interpersonal and community communication to improve the guiding force of public opinion; thirdly, using the image of film and television media to improve cultural appeal and influence of public opinion; fourthly, taking the unique advantages of time and space media to improve the credibility of public opinion.

Keywords: New Media; The Red Spirit; Poverty Alleviation; Public Opinion Force; Henan Province

B. 11   Public Communication Process and Effect Analysis in Riverside
　　　　Poverty Alleviation Experiment

Dong Qiang, *Chen Banglian and Song Haiyan* / 169

Abstract: In early 2015, in response to the call of the Party Central
Committee for precise poverty alleviation, the working team of Professor Li
Xiaoyun of China Agricultural University took root in Hebian Village and carried
out a riverside poverty alleviation experiment. Over the past six years, the riverside
poverty alleviation experiment has received great attention and coverage from various
media. The process of riverside poverty alleviation experiment shows the
characteristics of all round participation of public communication, mainly from two
aspects. The first reason is that poverty alleviation, as a strategic plan highly valued
by the current country, has also led to great media attention and dissemination in all
aspects. Another reason is that the riverside poverty alleviation experiment focuses on
social innovation in the national poverty alleviation policy design, and the media is
not only a recorder, communicator, but also a collaborator in the process.

Keywords: Riverside; Povertly Alleviation Experiment; Public Communication

VI   Communication Reports

B. 12   Report on Public Opinion Risk and Public Opinion Guidance
　　　　in China's Poverty Alleviation in 2020

Zhou Ting, *Deng Tianqi and Ren Ruoti* / 183

Abstract: 2020 was the year to achieve the goal of building a moderately
prosperous society in all respects and the final year for winning the battle against
poverty. During this year, various media had reported on topics related to poverty
alleviation, forming a good public opinion atmosphere of "completion of poverty

alleviation task with highquality"; however, there were public opinion emergencies that affected the public's perceptions and attitudes of poverty alleviation project. After summarizing the overall situation of public opinion in China's poverty alleviation in 2020, this paper concludes the types of public opinion risk in five major areas of poverty alleviation including targeted poverty alleviation and poverty relief effort through consumption, and sorts out the laws of public opinion risk in poverty alleviation, and puts forwards suggestions for strengthening public opinion guidance to better respond to public opinion emergencies in the field of poverty alleviation in the new era.

Keywords: Poverty Alleviation Public Opinion; Emergency; Public Opinion Risk; Public Opinion Guidance

B. 13 Research on the International Dissemination and Influence of China's Poverty Reduction Experience

Zheng Dongfang, Liu Chunlin / 198

Abstract: China's poverty reduction work has made great contributions to the world's poverty reduction cause. On the one hand, the international dissemination of China's poverty reduction experience helps the international community to share poverty reduction experience and promote global poverty eradication. More importantly, it shows the Chinese phenomenon to the world. Based on related news reports in English, French, Russian, Arabic on 'Google' and 'Yandex' and Spanish and English videos on YouTube, this paper understands the number of reports and international communication subjects of China's poverty reduction experience, and expounds the influence trend of international communication of China's poverty reduction experience, and the influence on communication of mass media in other countries, regions, and media at home and abroad.

Keywords: China Experience in Poverty Reduction; International Communication; International Communication Impact; Google; Yandex; YouTube

Ⅶ Cases

Abstract: With the continuous development of the Internet, the concept of media convergence came into being. In addition to the traditional media, the new media also plays an important role in poverty alleviation. Central enterprises participate in poverty alleviation in a positive way on media, and stimulate people's confidence in poverty alleviation guided by empathy to promote the development of poverty alleviation. Industrial poverty alleviation needs to promote products through the media to enhance brand awareness and promote product market competitiveness. In this study, taking China National Nuclear Corporation (CNNC) as an example, through the analysis of the current situation of industrial poverty alleviation, CNNC makes full use of media carriers to comprehensively integrate different media, such as radio, television, and newspapers, which have both similarities and complementarities, in terms of manpower, content and publicity, so as to create a new path of industrial poverty alleviation dissemination with resource integration, content integration, publicity and mutual benefit integration.

Keywords: Industrial Poverty Alleviation; Media Role; Dissemination Path

Abstract: The National Poverty Alleviation Award and Model Selection are the

highest honors in the field of poverty alleviation in China. In-depth study of the deeds and dissemination of the winners explores the outstanding characteristics of their arduous struggle and their courage to take responsibility, as well as due diligence, dedication to help the poor, dedication, innovation, and reformation in practice. It also reveals their great role in forming a strong force for poverty alleviation, promoting socialist core values and contributing to China's poverty reduction wisdom to the world.

Keywords: Poverty Alleviation; National Poverty Alleviation Award; Model; Demonstration

B. 16   Research on Influencer Marketing in Online Live Video
Broadcast in Poverty Alleviation by Consumption

Huang Zhiwei / 242

Abstract: Poverty is a key problem in the process of China's modernization and a common challenge the world is facing today. In 2020, China's poverty alleviation work has been successfully completed, and its poverty reduction programs, methods and measures explored and implemented have made important contributions to global poverty governance. The proposed method and concept of 'poverty alleviation by consumption' has made poverty alleviation and poverty reduction work methodologically significant, and showed the direction for the sustainable development of agricultural assistance and revitalization in the next step. In the process of 'poverty alleviation by consumption', online live video broadcast and influencer marketing on the Internet have played a positive role. This paper systematically sums up the phenomenon that all sectors of society and celebrities participate in 'poverty alleviation by consumption' through online live video broadcast and live marketing, and analyzes the role and constraints of celebrity effect in the process. It also points out that the media will play a greater role in economic revitalization in the post poverty alleviation era, and help build a learning and innovative society.

Keywords: Poverty Alleviation by Consumption; Celebrity Effect; Online Video; Live Broadcast E-commerce

VIII　Appendix

Abstract: 2019 and 2020 have witnessed Covid − 19, amendments to the
Fugitive Ordinance law, Sino-US trade friction, poverty alleviation, and the
popularity of live broadcast, destined to be not ordinary. The world is always
unwittingly refreshing people's opinions with new things, and challenging people's
limits with new tests time and again. As a discipline closely related to practice, the
academic circle of public relations is changing in response to the great changes in the
world. The purpose is to obtain more innovative research results, provide key
ideological enlightenment and methodological guidance for public relations subjects,
including countries, governments and enterprises, helping organizations adapt to
environmental changes and obtain more opportunities for survival. The author has been
engaged in public relations academic research and social practice for more than 30
years, keeping paying attention to the frontier academic research in the field of public
relations at home and abroad. Based on the long-term tracking of public relations
academic circles, this study comprehensively and deeply sums up the academic research
results of public relations at home and abroad from September 2019 to September
2020. According to the research trends and research hotspots in this year, this study
analyses seven important topics: public relations theory research, public relations of
national image, public relations of state organs, public relations of corporate image, new
media and public relations, public relations crisis management and public relations
teaching innovation, so as to summarize research results and research trends, and predict
future research directions of public relations combined with environmental changes.

Keywords: Public Relations Academic Research; Public Relations Theory;
Public Relations Research Trend

社会科学文献出版社

皮 书

智库报告的主要形式
同一主题智库报告的聚合

❖ 皮书定义 ❖

皮书是对中国与世界发展状况和热点问题进行年度监测，以专业的角度、专家的视野和实证研究方法，针对某一领域或区域现状与发展态势展开分析和预测，具备前沿性、原创性、实证性、连续性、时效性等特点的公开出版物，由一系列权威研究报告组成。

❖ 皮书作者 ❖

皮书系列报告作者以国内外一流研究机构、知名高校等重点智库的研究人员为主，多为相关领域一流专家学者，他们的观点代表了当下学界对中国与世界的现实和未来最高水平的解读与分析。截至2021年，皮书研创机构有近千家，报告作者累计超过7万人。

❖ 皮书荣誉 ❖

皮书系列已成为社会科学文献出版社的著名图书品牌和中国社会科学院的知名学术品牌。2016年皮书系列正式列入"十三五"国家重点出版规划项目；2013~2021年，重点皮书列入中国社会科学院承担的国家哲学社会科学创新工程项目。

权威报告·一手数据·特色资源

皮书数据库
ANNUAL REPORT(YEARBOOK)
DATABASE

分析解读当下中国发展变迁的高端智库平台

所获荣誉

- 2019年，入围国家新闻出版署数字出版精品遴选推荐计划项目
- 2016年，入选"'十三五'国家重点电子出版物出版规划骨干工程"
- 2015年，荣获"搜索中国正能量 点赞2015""创新中国科技创新奖"
- 2013年，荣获"中国出版政府奖·网络出版物奖"提名奖
- 连续多年荣获中国数字出版博览会"数字出版·优秀品牌"奖

成为会员

通过网址www.pishu.com.cn访问皮书数据库网站或下载皮书数据库APP，进行手机号码验证或邮箱验证即可成为皮书数据库会员。

会员福利

- 已注册用户购书后可免费获赠100元皮书数据库充值卡。刮开充值卡涂层获取充值密码，登录并进入"会员中心"—"在线充值"—"充值卡充值"，充值成功即可购买和查看数据库内容。
- 会员福利最终解释权归社会科学文献出版社所有。

数据库服务热线：400-008-6695
数据库服务QQ：2475522410
数据库服务邮箱：database@ssap.cn
图书销售热线：010-59367070/7028
图书服务QQ：1265056568
图书服务邮箱：duzhe@ssap.cn

社会科学文献出版社 皮书系列
SOCIAL SCIENCES ACADEMIC PRESS (CHINA)
卡号：423749491553
密码：

基本子库
SUB DATABASE

中国社会发展数据库（下设 12 个子库）

　　整合国内外中国社会发展研究成果，汇聚独家统计数据、深度分析报告，涉及社会、人口、政治、教育、法律等 12 个领域，为了解中国社会发展动态、跟踪社会核心热点、分析社会发展趋势提供一站式资源搜索和数据服务。

中国经济发展数据库（下设 12 个子库）

　　围绕国内外中国经济发展主题研究报告、学术资讯、基础数据等资料构建，内容涵盖宏观经济、农业经济、工业经济、产业经济等 12 个重点经济领域，为实时掌控经济运行态势、把握经济发展规律、洞察经济形势、进行经济决策提供参考和依据。

中国行业发展数据库（下设 17 个子库）

　　以中国国民经济行业分类为依据，覆盖金融业、旅游、医疗卫生、交通运输、能源矿产等 100 多个行业，跟踪分析国民经济相关行业市场运行状况和政策导向，汇集行业发展前沿资讯，为投资、从业及各种经济决策提供理论基础和实践指导。

中国区域发展数据库（下设 6 个子库）

　　对中国特定区域内的经济、社会、文化等领域现状与发展情况进行深度分析和预测，研究层级至县及县以下行政区，涉及省份、区域经济体、城市、农村等不同维度，为地方经济社会宏观态势研究、发展经验研究、案例分析提供数据服务。

中国文化传媒数据库（下设 18 个子库）

　　汇聚文化传媒领域专家观点、热点资讯，梳理国内外中国文化发展相关学术研究成果、一手统计数据，涵盖文化产业、新闻传播、电影娱乐、文学艺术、群众文化等 18 个重点研究领域。为文化传媒研究提供相关数据、研究报告和综合分析服务。

世界经济与国际关系数据库（下设 6 个子库）

　　立足"皮书系列"世界经济、国际关系相关学术资源，整合世界经济、国际政治、世界文化与科技、全球性问题、国际组织与国际法、区域研究 6 大领域研究成果，为世界经济与国际关系研究提供全方位数据分析，为决策和形势研判提供参考。

法律声明

"皮书系列"（含蓝皮书、绿皮书、黄皮书）之品牌由社会科学文献出版社最早使用并持续至今，现已被中国图书市场所熟知。"皮书系列"的相关商标已在中华人民共和国国家工商行政管理总局商标局注册，如LOGO（▱）、皮书、Pishu、经济蓝皮书、社会蓝皮书等。"皮书系列"图书的注册商标专用权及封面设计、版式设计的著作权均为社会科学文献出版社所有。未经社会科学文献出版社书面授权许可，任何使用与"皮书系列"图书注册商标、封面设计、版式设计相同或者近似的文字、图形或其组合的行为均系侵权行为。

经作者授权，本书的专有出版权及信息网络传播权等为社会科学文献出版社享有。未经社会科学文献出版社书面授权许可，任何就本书内容的复制、发行或以数字形式进行网络传播的行为均系侵权行为。

社会科学文献出版社将通过法律途径追究上述侵权行为的法律责任，维护自身合法权益。

欢迎社会各界人士对侵犯社会科学文献出版社上述权利的侵权行为进行举报。电话：010-59367121，电子邮箱：fawubu@ssap.cn。

社会科学文献出版社